活用論の前線

三原健一・仁田義雄（編）

益岡隆志　野田尚史　吉永 尚　西山國雄　田川拓海

くろしお出版

序

　日本語研究において活用論は最重要分野の一つであると言ってよい。語構成と密接に関わるので、形態論の視座が必要であるのは当然のこととして、三上章と寺村秀夫がそれぞれの著作の中で強調したように、活用論は意味に関わる問題でもある。そして、もう一つ必要とされるのは、統語論の観点からの分析であろう。かくの如く、活用論は多岐に亘って探求されるべき分野であり、現代日本語においては特に、明らかにすべきことが手つかずのまま山のように積み重なっていると言っても過言ではない。にもかかわらず、個別の優れた研究はもちろんあるのだが、日本語研究の中で、活用論が鋭意に取り組まれているとは言えない状況がかなり長い間続いているように思われる。そしてさらに、動詞の活用に関して特に、(理論言語学の)統語論的観点からなされた分析がほぼ皆無というのが現状である。このような状況を何とかしたいという意図で編まれたのが本書である。が、ここに至るまでに多少の経緯があるので、そのことを少し書いておきたい。

　2007 年 10 月に筑波大学で開催された日本語文法学会大会において、竹沢幸一を統括者として「日本語活用形への理論的アプローチ」というパネルセッションが持たれた。内丸裕佳子、西山國雄と共に、編者 (三原健一) も講師を務めたが、講師は全て、アプローチは相互に異なるものの理論言語学畑の研究者であった。パネルセッションでは、活発な質疑応答が行われたと評価できるかと思うが、その後、日本語学者も含めた上でもう一つセッションを組むべきではないかと思うようになった。そして、2011 年 11 月に大阪大学で日本言語学会大会が開催されることになった機会を捉え、理論言語学及び日本語学の視点に基づく研究を同じ壇上で提示するという企画を申し出たところ、幸いにも採用され、「活用論の前線」と題されたシンポジウムが実現することとなった。司会・総括は仁田義雄、講師は野田尚史、田川拓海そして三原であった。

　シンポジウムを持つことが決まった段階で、ぜひとも論文集にしたいとい

う希望を持っていたが，上記4名の他に，活用論に関してこれまでにも発言されてきた益岡隆志，西山國雄，吉永尚のお三方に執筆を快諾いただき，論文集の骨子が決まることとなった。そして，くろしお出版の池上達昭氏に出版の是非を打診したところ快く受け入れていただき，今回の刊行が可能となった。

　論文集を編むにあたって執筆者にまず依頼したことは，「可能ならば」という条項付きではあったが，それぞれの執筆者が，日本語の活用形をどのようなものと考えるか（枠組みやシステムなど）をまず示し，その後で具体的な分析を提示するということであった。と言うのも，活用論に今一つ元気がないのは，「新しいパラダイムで活用論を考える」という方向性が見えないからではないか，もっと簡単に言えば，「どのようにして活用論に切り込めばよいのか分からない」といった諦念のようなものがあるからではないかと思えるからである。本書は，各執筆者が自分の信じる（それぞれ別の）方法論で活用論を展開しており，一つの方向に収斂させるといった努力は編者としては何も行っていない。しかし，収斂させないことこそが編者が意図したことである。各論文を読んで，活用論には多様な方法があり得ることを実感し，そして，新たな方向を目指そうという研究者・学生がもし出てくれば，それでよいのだと思う。

　各論文の概要は次のようになっている。
　仁田義雄「語と語形と活用形」は，助動詞や助詞の大部分を語以下の存在（語を構成する語構成要素）とする単語観に立ち，活用形を，語内部レベルでの形態論的な形とはせず，動詞などが文の成分になり切った時の形として捉える。その結果取り出される活用形が，並列形，副詞形，中止形，連体形，条件形，逆条件形，終止形である。それぞれの活用形は，自らが作り出す節の述語になり得る語形であり，活用形の内部に文法カテゴリーによる変化形を含む。語形を，一つの語が担う幾つかの統合的な意味——機能を表し分けるための語の変化形とし，活用形をその一部に位置付けた上で，活用を，統合的な意味——機能のある特定のタイプを表す語形を形成するために，語幹に接着する語尾（助辞を一部含む）を取り替える現象であるとするのである。
　益岡隆志「日本語動詞の活用・再訪」は，活用を，語論（形態論）と文論（構文論）のインターフェイスの問題として位置付け，かつ，膠着語という日本語の言語類型的特性を念頭に置いて活用の範囲を定めるという方法を

取っている。著者は，益岡（2000）で現代日本語における動詞の活用を既に論じており，本稿はそれを再考しようとするものである。著者は，佐久間鼎を初めとする先行研究を概観した上で，現代日本語の動詞の活用体系を提示しているが，特に，その活用体系の中の「中立形」（連用形）と「テ形」が詳細に論じられる。「中立形」は準語幹的な性格を持っており，名詞用法など様々な機能を果たす一方，「テ形」は中立形に「テ」が付加したものであり，「テ」の付加により広義の連用機能を持つことになる。

　野田尚史「動詞の活用論から述語の構造論へ――日本語を例とした拡大活用論の提案――」は，「拡大活用論」という名づけのもと，旧来の動詞という語の活用体系だけではなく，述語の構造を分析・記述できる形態変化系列を捉えられる枠組みを提案している。ヴォイスやアスペクトやテンス，あるいはていねいさやムードなどの文法カテゴリーによる形態変化を「内の活用」と呼び，どのような節の述語になるかによる形態変化を「外の活用」と名づける。この二つを区別することにより，ヨーロッパ系言語などと日本語の「活用」の統一的分析・記述が可能になり，さらに，形態論としての活用論から文法論としての活用論への転換ができるというのが主論点である。

　吉永尚「テ形節の意味と統語」は，先の三人による日本語学的分析と，後の三人による理論言語学的分析の中間に位置する論考である。まず，活用形全体における「テ」形の位置付けを示した上で，連用形との意味機能の相違が論じられる。また，接続機能を担う「テ」形節について，接続の各用法の観察から，「並立」と「先後」の二タイプに分類できることが示される。さらに，このように抽出される意味類型と句構造上での位置との相関に歩を進め，接続に関わる時間的性質や論理的性質の強弱が構造位置の上下に関わっていると結論付けている。そして最後の節で，これまであまり表だっては論じられてこなかった，否定形式の「ナクテ」と「ナイデ」についても考察が加えられている。

　三原健一「活用形から見る日本語の条件節」は，生成文法理論の観点から日本語動詞の活用形を論じたもので，Cartographyと呼ばれる句構造を援用し，語幹形としてV位置に生成された動詞が，順次動詞移動を経るごとに顕現するのが日本語の活用形であるとする。その結果現れるのが，連用形，不定形，テ形，連体形，終止形の5種の活用形である（ただし，テ形は本論文では扱われていない）。不定形を積極的に認める点に独自性がある。そし

て，この枠組みのケーススタディとして条件節を扱っているのだが，これは，日本語の条件節には，（順接基本形に限ってみても）「（食べ）れば」「（食べ）たら」という連用形型，「（食べる）と」という不定形型，「（食べる）なら」という終止形型の3種があるからである。

　西山國雄「活用形の形態論，統語論，音韻論，通時」は，表題からも分かるように，理論言語学の幅広い視点から日本語動詞の活用を論じたものである。まず，形態素をなるべく細かく分けるという立場から，五段動詞の活用形を語根と母音部分に分割し，その母音がどのような役割を持つのかという問題が検討される。次いで，統語論の観点から，投射の主要部かどうか，そしてそうであるならどのような素性を持つ範疇かといった問題が俎上に上げられる。さらに，母音や子音の有無が音韻的理由によるのか，あるいは統語的理由によるのかという根源的な問題にも歩が進められる。そして最後に，終止形と連体形（準体詞），及び，それから発達した「の」節について，通時的視点も取り入れた分析が提示されている。

　田川拓海「分散形態論を用いた動詞活用の研究に向けて——連用形の分析における形態統語論的問題——」は，生成文法理論の一形態である分散形態論（Distributed Morphology）の枠組みを用い，活用形態と生起環境の非一対一対応という問題に対して，連用形のケーススタディを通して論じたものである。具体的には，子音語幹動詞における連用形（i形）が多種多様な環境に現れることが，i形を非該当形（elsewhere form）であるとすることによって捉えられることが示される。また，i形が非該当形であることは，形態そのものに指定を与えたり，非該当規則（elsewhere rule）を仮定することによるのではなく，後期挿入・競合という分散形態論の概念を導入することにより，最小限の形態・音韻規則から自動的に導かれることが論じられている。

　本書は，どこにもそう謳ってはいないが，仁田義雄教授の退官記念論文集を兼ねたものでもある。つまり，大阪大学における仁田義雄の最後の仕事ということである。それもあり，この「序」は編者の一人（三原）だけで書いた。どうかご了解願いたい。国立大学の独立行政法人化以降，我々は「教員」と呼ばれるようになり，「退官」という言葉も使われなくなったが，仁田教授は，やはり「退官」という言葉で送り出すのが相応しいと思う。

編者

目　次

序　　*i*

語と語形と活用形 .... 仁田 義雄　*1*
 1.　はじめに　*1*
 2.　語とは　*1*
 3.　語形形成——活用形について——　*10*

日本語動詞の活用・再訪 .... 益岡 隆志　*27*
 1.　はじめに　*27*
 2.　動詞活用の研究史　*28*
 3.　私見の概要　*33*
 4.　動詞の活用体系　*37*
 5.　中立形とテ形　*42*
 6.　おわりに　*47*

動詞の活用論から述語の構造論へ .... 野田 尚史　*51*
——日本語を例とした拡大活用論の提案——
 1.　この論文の主張　*51*
 2.　ヨーロッパ系言語の「活用」と日本語の「活用」　*52*
 3.　「内の活用」と「外の活用」　*57*
 4.　動詞の活用論と述語の構造論　*62*
 5.　主文述語の構造と従属節述語の構造　*68*
 6.　拡大活用論の提案　*72*

テ形節の意味と統語 .... 吉永 尚　*79*
 1.　はじめに　*79*
 2.　活用形としてのテ形　*79*
 3.　テ形と連用形の相違　*85*
 4.　接続用法の二分類　*89*
 5.　テ形節の統語構造　*98*

6. 「ナイデ」と「ナクテ」の相違について　*106*
　　7. 結語にかえて　*112*

活用形から見る日本語の条件節 ……………………………… 三原 健一　*115*

　　1. はじめに　*115*
　　2. 活用形の認定と句構造　*116*
　　3. 条件節の意味類型　*119*
　　4. 条件節と動詞移動　*134*
　　5. 結語にかえて　*148*

活用形の形態論，統語論，音韻論，通時 ……………………… 西山 國雄　*153*

　　1. 本稿での方法論：理論言語学　*153*
　　2. 学校文法の問題点　*156*
　　3. 仮定形　*158*
　　4. 連用形　*159*
　　5. 未然形と通時的視点　*160*
　　6. 音韻規則の分類と帰結　*162*
　　7. 動詞連体形の形態論，統語論，音韻論，そして歴史的変化　*164*
　　8. 古語助動詞の終止形と連体形　*171*
　　9. 古語形容詞の終止形と連体形　*174*
　　10. 準体詞「の」の出現と発達　*177*
　　11. 結語　*184*

分散形態論を用いた動詞活用の研究に向けて …………… 田川 拓海　*191*
―― 連用形の分析における形態統語論的問題 ――

　　1. はじめに　*191*
　　2. 活用（形）の形態統語論的研究　*192*
　　3. 分散形態論と活用研究　*199*
　　4. ケーススタディ：i 形の分布　*204*
　　5. 残された問題　*209*
　　6. おわりに　*213*

執筆者一覧　*218*

語と語形と活用形

仁田 義雄

1. はじめに

　本稿では，筆者の立場から動詞を中心とした活用形について述べる。まず，その前提として，筆者が語や語形をどのような存在・現象として捉えようとしているのか，そして，そのような捉え方で動詞を捉えるとすれば，動詞が文中のさまざまな統語位置で取る変化形である，動詞の語形や活用形をどのように定立しなければならないかを，粗々と述べていく。また，形容詞や，筆者が判定詞と仮称する名詞述語を形成する存在についても触れておく。

2. 語とは
2.1 語という存在の捉え方をめぐって

　まず，語に対する筆者の基本的な考え方・立場を簡単に述べる。筆者の取る考え方・立場は，決して新しいものではない。古くは松下大三郎，近いところでは森岡健二，さらに，彼らと立場や分析方法は少しばかり異なるが，奥田靖雄や鈴木重幸らを中心とする「言語学研究会」のメンバーによって，既に提唱されているものに，極めて近いものである（松下（1930）や森岡（1994）や奥田（1985）などを参照）。松下大三郎や森岡健二さらに言語学研究会の語に対する基本的な考え方・立場を，本稿の筆者は，正しい方向にあると考えている。語をめぐっての彼らの考え方・立場は，一般言語学的に見ても，通言語的なレベルで伝統的な方法に照らしてみても，正当なものである，と思われる。

　いわゆる助詞の方が，いわゆる助動詞に比べて自立性が高いことは認めるし，また，助動詞の一部は，語として位置づけられるにしても，本稿の基本

的な考え・立場は，次のようなものである。従来いわゆる付属語という資格やあり方で，語として認定され，語の地位を付与されていた助詞や助動詞を，語とは認めず，語以下の存在，語にさまざまな文法的意味・機能を付与し表示する，語の内部構成要素として位置づける，というものである。

　上述のような本稿の立場では，次のようになる。「山」が語であり一語であるとともに，「山ガ」「山ニ」「山ヲ」「山デ」が語であり一語である（つまり，二語ではない）。また，いわゆる単純語ではないものの，「オ山」「ミ山」「山々」「山里」「山人」なども，語であり一語である。さらに，「読ム」が語であり一語であるとともに，「読メ」「読モウ」「読ンダ」「読メバ」「読ンデモ」「読ミ」「読ンデ」「読ンダリ」が，語であり一語である。また，「読マセル」「読メル」「読ミ取ル」や「読ミ（転成名詞）」「読ミ書キ」「読ミ物」なども，語であり一語である。

2.2　語彙-文法的な単位としての語

　言語学の世界には，語という存在はさほど必要不可欠なものではない，という考えもあるが（たとえば，André Martinet（アンドレ マルティネ）の *La linguisitique: Guide Alphabétique*，1969，邦訳『言語学事典』大修館書店など参照），本稿では，文法とは，語を材料にして当該言語（たとえば日本語）の適格な文を組み立てる際の規則・法則性であるとし，文とともに語を，文法という領域における基本的な単位体的存在である，とする立場を取る。

　語をどのように規定・定義するかは，文をどのように規定・定義するかと同様に，はなはだ難しい問題である。そういったものに対して，十分な規定を下せるとは思えないが，やはり，本稿なりに，語の規定・定義を行っておく必要があろう。

　語を，語彙-文法的な単位である，とまず規定しておく（この考え方・立場は，言語学研究会の考え方・立場と基本的に同じものである）。語が語彙-文法的な単位である，ということは，語が，ある一定の語彙的意味を表すという，語彙的な側面を有しているとともに，ある一定の文法的な意味や機能（群）を担うという，文法的な側面を有している，ということを意味している。

　〈語彙的意味〉とは，物，事，動き，状態，動きや状態のあり様などといった世界の一断片をある切り取り方で切り取って表したものである。もっと

も，こう述べたからといって，総ての語が同じような語彙的意味を有していると主張しているのではない。語の表す語彙的意味は，名詞のように素材的・対象的性格の高いものから，感動詞やいわゆる陳述副詞のように，話し手の心的態度を内容とするもの，さらに，接続詞のように，文と文との関係・つながりのあり方を表す，といったものまで多岐にわたっている。特に，接続詞が表すものは，文と文とのつながりといった関係的なものである。その意味で，接続詞が担う語彙的意味は，特殊で，典型的なものではない。接続詞は，本稿で語以下の存在とする，いわゆる接続助詞とつながっていくところを有している。そうではあるにしても，「しかし！」などのように，単独で文をなしうることなどから，接続詞は語の資格を有していると考えられる。

　語が，語彙的意味を有していることによって，文は一定の意味内容を担い表すことができる。語に語彙的意味が存在しなければ，語は，一定の語彙的意味を表すところの，文を構成する分節された文の構成要素（成分）にはなりえない。たとえば，天井や床や壁が部屋全体に対して，天井・床・壁として存在しうるのは，天井・床・壁が，部屋全体に対して，天井・床・壁といった関係を帯びさせられているからだけではなく，天井・床・壁が，天井・床・壁にふさわしい実質・材質を持っているからにほかならない。無内容なものが関係を帯びさせられることはない。関係とは，内容の存在の様式である。語が，ある関係を帯びて文の構成要素でありうるのは，まずもって，語に語彙的意味が存するからにほかならない。

　語は，語彙的意味を有することによって，文の構成要素になりうる資質を持つ。自らが有している語彙的意味の類的なあり方（これを，その語の有する範疇的語義あるいはカテゴリカルな語義と呼んでおく）を反映して，その語がどういった文の構成要素になるのかが，大枠において決まってくる。より正確に言えば，語の有している類的な語彙的意味のあり方が，その語の帯びている文法的な意味・機能（群）に，大きな影響を与える。

　語の有している文法的側面とは，文形成にあたっての，語の有している結合能力・結びつき方や結びつきのある位置（たとえば，述語の終止の位置）を占めた時に担う文法的意味の総体である。語は，一定の結合能力を持ち，ある結びつき方において他の語と結びつきながら，文という上位の統一体的全体を形成する。語が文を構成しうるのは，語が他の語と結びつく能力を有しており，他の語との結びつき方が，何らかのあり方（語順をも含めて）で

表示され，語に担われうるからにほかならない．語は，他の語と結びつく能力を有し，それを何らかのあり方で表示していることによって，文の構成要素になりうるのである．上位の単位を構成するにあたっての結びつき方というものを持たない下位的単位といったものは，ありえない．語が言語における最上位の単位ではなく，文という，上位の存在の構成要素であることからすれば，語は，他の語との結びつき方を帯びた形でしか存在しえない．語がその文の中で帯びている，他の語との結びつきのあり方は，その語のその文の中における存在のあり方である．

2.3　文の構成要素としての語

　語は文の構成要素に直接的になりうる存在であり，文は語から構成されている(当然，その間に中間的な構成要素の存する場合のあることを認めたうえで)という考えを承認するかぎり，言い換えれば，語は，常に間接的にしか文を構成していない，といった立場を取り，それを証拠立てないかぎり(「花，咲ク。」といった文の存在することからして，この立場を堅持することは，不可能だと思われる)，語は，常に一定の文法的な意味や機能(群)を帯びてしか存在しないことを認めざるをえないであろう．

　言い換えれば，文法的に無機能な語など存在しないのである．語において，語彙的意味を担う部分と文法的な意味‐機能を担う部分とのありようが，言語によって異なるだけであろう．ラテン語の名詞のように，数と格を語尾で表し分ける言語(たとえば，'domin·us'「主人が」は，単数であり主格という関係的意味を帯びた語形であり，'domin·ī'「主人たちが」は複数・主格であり，'domin·um'［単数・対格］，'domin·ōs'［複数・対格］である．もっとも，名詞の変化形がこれで尽きているわけではない)もあれば，ヴェトナム語のように，文法的小辞が全くないわけではないが，基本的に，語は，形を変えることがなく，文を組み立てる時にその語が置かれる位置，いわゆる〈語順〉が文法的機能の重要な表示者である言語もある．前者が屈折的な言語と言われ，後者が孤立的な言語と言われるものである．文の構成要素として働いている語を文から取り出した時，その語の表している文法的側面の現れの顕在性が，前者では顕わであり，後者では潜在的である(文法的に多機能な語であれば，その潜在性はさらに増す)，というふうに，異なることも事実である．しかし後者のような言語であっても，ある語順を占めるこ

とによって，ある文法機能を担いうる，という潜在的な能力の中に，その語の，ある一定の文法的な意味や機能（群）を担うという，文法的な側面が存する，と捉えられる。

　語が顕わな形態的な変化形によってではなく，語順のような手段によって，文法機能の表示を担うという現象は，日本語においても，「太郎」「次郎」などの〈ハダカの名詞〉が，ある語順（統語位置）を占めることによって，「太郎，次郎，叩いちゃった。」「彼は，太郎。」のように，主語やヲ格補語さらに述語などの文法機能を表しうるし，ある種の補語（カラ格補語やト格補語）や規定語にはなりがたい（なりえない）ということに現れている。また，「にこにこ」や「あらゆる」などという語は，このままで，動作の行われ方を修飾したり，名詞を修飾限定したりする，という文法的な意味や機能を担った存在である。言い換えれば，語彙的側面と文法的側面をともに有している。

　語順だけでなく，語のカテゴリカルな意味が文法的な意味・機能の担い手・表示者になりうる。たとえば，「あいつ，お菓子，食べちまいやがった。」と「お菓子，あいつ，食べちまいやがった。」では，「あいつ」と「お菓子」がハダカ名詞であり，語順が交替させられているにも拘わらず，ともに「あいつ」が主語，「お菓子」がヲ格補語として解釈されるのは，語のカテゴリカルな意味が影響を与えているからである。

　語の語彙的意味を担い表す部分と，その語の帯びている文法的な意味や機能を表示する部分とが，相対的に独立性を有し，比較的自由に取り外しできる場合（たとえば，日本語の名詞といわゆる格助詞などがこれに当たろう。日本語が膠着的な言語と言われるゆえんである）があるにしても，語彙的意味だけを担う語といったものは，文の構成要素になりうるという語のあり方からして，基本的にはありえない。通例の辞書が行っているように，語の語彙的意味の側面に焦点を当てて捉えることが可能であるにしても，文法的な機能（群）から解放された語など存在しない。当の語を文中において他の語と結びつける働きである，文法的な機能（群）を喪失してしまえば，語は，もはや文法的な存在であることを止めてしまう。

　以上述べてきたことから，自立することのない，いわゆる助動詞や助詞は，語以下の存在であり，語が担う文法的な意味や機能の表示者といった，語の内的構成要素として扱うべきだ，ということが分かろう。

2.4　語を求めて

　語が文の最小の構成要素に直接的になりうる存在である，ということは，言い換えれば，最小の文は一語でなっているということでもある。一語文や，場や文脈と相補い合ういわゆる省略文といった存在が，これである。語であることの現象的な現れは，最小自由形式であるとともに，単独で文を形成しうることである。単独で文を形成しうる存在は語である。さらに言えば，最小の文章・談話は一文によって形成されうることによって，語とは，最小の文，さらに最小の文章・談話になりうる存在である。

　上で触れたように，語は基本的に単独で文になりうる。以下少しそのことを見ていこう。

　　（ 1 ）　（すごいスピードで走ってきた車を見て）「車！」
　　（ 2 ）　（街角で知り合いのAさんに会って）「どちらへ？」
　　（ 3 ）　「君も行くか？」「行く。」
　　（ 4 ）　（木枯らしの吹く戸外に飛び出して）「寒い！」
　　（ 5 ）　「どれくらい痛い？」「とても。」
　　（ 6 ）　「彼，来る？」「たぶん。」
　　（ 7 ）　「その……。」「何だよ。はっきりしろよ！」
　　（ 8 ）　「何にしましょう。」「例の。」
　　（ 9 ）　「すぐにやれよ。」「でも。」
　　（10）　「あれっ！」

のそれぞれは，いずれも，文であり，文として機能している。また，いずれも，単独で発せられる形式を一つしか含んでいない。したがって，これらの文を形成している存在は，語であり，しかも一つの語である（つまり，二語や句ではない）。（ 1 ）（ 2 ）は，名詞一語によって形成された文である。（ 3 ）は動詞一語からなる文であり，（ 4 ）は形容詞一語によって出来ている文である。また，「痛っ！」も形容詞に由来する一語文である。さらに，いわゆる形容動詞も，［（真っ赤に色づいた紅葉を見て）「きれいだぁ。」］のように，それだけで文を作りうる。（ 5 ）はいわゆる程度副詞一語からなる文であり，（ 6 ）はいわゆる陳述副詞一語で出来ている文である。（ 7 ）（ 8 ）は，連体詞と呼ばれることのある語一語から形成されている文である。（ 9 ）は接続詞一語からなっているし，（10）は感動詞一語で出来ている文である。これは，いずれも単独で文を形成している。したがって，これらはいずれも

語である。

　それに対して，いわゆる助詞や助動詞は，言うまでもないが，単独で文を形成することはない。たとえば，

　　(11)　「誰が来るの？」「*が。」
　　(12)　「たくさん着込んでいるね。」「*からね。」
　　(13)　「僕の提案，どうなる？」「*られるよ。」
　　(14)　「とうとう当日になったね。」「*ましたね。」

のようである。「が。」「からね。」という助詞だけでは文にならない。「彼が。」とか「寒いからね。」にしなければ，文を形成できない。また，「られる。」や「ました。」という助動詞だけでも，文にはならない。「受け入れられるよ。」とか「なりましたね。」にする必要がある。単独で文を形成することのない助詞や助動詞は，したがって，文の構成要素としての語ではない。

　ただ，従来，助動詞として一括されていたものの中には，

　　(15)　「今度の事故で，原子力行政は根底から見直しを迫られそうだよ。」「{だろうな。／らしいね。}」
　　(16)　「ここ，あなたの席ですか？」「ですよ。」

のように，文を形成しうるものがある。「ヨウダ」「ミタイダ」「ソウダ」なども，このタイプである。さらに，「カモシレナイ」のような形式も，

　　(17)　「台風，上陸するんじゃない。」「かもしれないね。」

のように，文を形成しうる。これらの形式は，それ自体で文を形成しうることにおいて，語としての資格を有している。本稿では，単独で文を形成するこれらの助動詞類を，〈判定詞〉と呼んで，語の一類として扱う（既に，山田孝雄が，存在詞あるいは形式用言と呼んで，これらの一部を語として扱っている。山田（1936）など参照）。

　もっとも，語か語以下の存在かが截然としているわけではない。

　　(18)　今度の物件，家賃は安いけど，古すぎるよ。

の下線部は，いわゆる接続助詞であり，自立することのない語以下の存在である。しかしながら，

　　(19)　「今度の物件，安いよ。」「けど，古すぎるよ。」

の下線部は，接続詞用法であり，「ダケド」の場合の方が坐りは良いものの，[「今度の物件，安いよ。」「けどね。」]のように，単独で文を形成しうる。既に触れたように，接続詞は，語彙的意味からして関係的なものであ

り，いわゆる接続助詞のある種のものは，自立しうる語形に付加されるという，独立度の高いものである。

2.5 語形群としての語——語形変化・語形——

　語は，語彙 - 文法的な単位である。したがって，語は，語彙的意味を有するとともに，他の語に対する結びつき方・関係のあり方（群），つまり，文法的な意味 - 機能（群）を帯びて存在する。複数の文法的な意味 - 機能を有する語は，自らの有する異なった文法的な意味 - 機能を表し分けるために，外形の一部を変える。語が，自らの有する異なった文法的な意味 - 機能を表し分けるために，外形の一部を変えることを，〈語形変化〉と呼ぶ。語形変化によって作り出される，ある特定の文法的な意味 - 機能を具有した特定の形式を，〈語形〉と呼んでおく。

　語は潜在的な存在である。文を分割して得られるのは，ある特定の文法的な意味 - 機能を具現した語の顕現体・実現体である語形である。文中に具体的に現れるのは，語でなく，語形である。語は，いくつかの語形を束ねる抽象的な潜在的存在である。

　一つの語を形成する語形群は，語彙的意味と，基本的な〈受け〉としての統合的 (syntagmatic) な意味 - 機能を同じくし，〈係り〉的な統合的な意味 - 機能および，系列的 (paradigmatic) な文法的意味を異にして存在している。同一の語を形成する語形群によって作り出される語形群のひと組みを，〈語形系列 (paradigm)〉と呼ぶ。たとえば，

(20)　tabe・tari, tabe・φ, tabe・te, tabe・tara, tabe・ru, tabe・ta, tabe・yô, tabe・ro, ……

(21)　友人 - φ, 友人 - ガ, 友人 - ヲ, 友人 - ニ, ……,
　　　友人 - コソ, 友人 - サエ, 友人 - デモ, 友人 - シカ, ……

のそれぞれは，「食ベル」「友人」という語の語形である（本稿では，〈語尾〉と〈助辞〉を区別し，語形中の「・」で後の形式が語尾であることを，「-」で後の形式が助辞および接辞であることを示している。(20) や (21) に現れる「φ」は，なんら顕在的な外形が出現しないことを表している）。どこまでを，その語の語形群として扱うのかは，大きな問題であり，その文法記述（文法論）の語に対する基本的な立場・姿勢によっている。上掲の「食ベル」を例に取れば，それぞれの語形は，語彙的意味や格成分を受けうるなど

といった受けの機能を同じくし，係り方やテンスなどの文法的意味において異なりながら，対立しあって，語形系列を形成する（もっとも，語形系列は上のような平面的な存在ではない。各々の語形は，ある係り方を担う語形ごとに，文法カテゴリのあり方に応じて，相互に対立し合いながら，体系的な語形系列を形成する）。

(21)には，名詞の語形変化が例示してあるが，上段の〈格〉と下段の〈取り立て〉では，異なるところを有している。格によって表される文法的意味・機能は統合的なものであるが，取り立てによって表されるそれは，一次的には系列的なものである。系列的な関係・意味の指定を受けない語形（たとえば，「さあ」「とても」などはこの例）は存するが，統合的な関係づけを受けない語形はない。ドイツ語の形容詞が，数・性で語形を変えるものの，統合関係を持つ名詞の格に応じて形を変えることから分かるように，語形および語形の形成にとって，統合的な関係づけは，一次的である。このことは，名詞の格と取り立ての，語形変化・語形系列における存在のありよう・確かさにおいても観察できる。格にあっては，無標形式（(21)の「友人-φ」）が，他の有標形式との対立において，ある一定の統合的関係を担う形式として存在しているのに対して，取り立てにあっては，無標形式が，他の有標形式との対立において，有標形式が表す取り立て的意味とは異なったある取り立て的意味を積極的に担った存在である，とは考えられない。

どのような系列的な関係・意味が文法的な存在であるかは，言語によって異なる。また，文法記述の文法的な意味の取り扱い方によっても，変わってくる。言い換えれば，言語や，当の文法記述における文法的意味の取り扱い方いかんによって，ある系列的な意味や関係は，派生的な別の語の形成であったり，語のある語形の形成であったりする（日本語の「少年」から「少年たち」へは，派生的な語の形成であるが，英語の'boy'から'boys'へは語形の形成である）。

以上述べてきたところから，語の規定を行えば，概略次のようになろう。語は，単独で文になりうる自立した最小の存在であり，語義・文法的機能・（語）形態の統一体である語形（群）によって形成された語彙-文法的単位である（ある語の語形群・語形系列をどこまで広げるかによって，一つの語・同一の語の総体が変わってくる）。

3. 語形形成——活用形について——

　特定の文法的な意味 - 機能を具有したある特定の語形を実現するための形態論的過程が，〈語形形成〉である。言い換えれば，語形変化を実現するための形態論的過程が語形形成である。以下，動詞を中心に，語形形成について見ていく。

3.1　従来の活用・活用形の問題点

　語形形成のうち，本書の主題である，活用・活用形に対して，本稿ではどのように捉えようとしているのかについて，まず触れておこう。最初に動詞の活用について見ていく。

　従来の国文法での動詞の活用論が問題を有していることは，鈴木（1954）「学校文法批判―動詞論を中心として―」が既に早くから指摘している（この論文は，鈴木（1972）に収録されている）。たとえば，国文法での動詞の活用形とは，「書カ／書コ（未然形）」「書キ／書イ（連用形）」「書ク（終止形）」「書ク（連体形）」「書ケ（仮定形）」「書ケ（命令形）」，といったものである。語を，文の構成要素に直接的になりうることによって，単独で文になりうる自立した最小の存在である，という捉え方をし，活用形をそういった語の語形である，という立場に立てば，従来の活用形は，動詞が語の構成要素と結びつく語形形成のある段階での形態論的過程を捉えたものであることは認めるものの，次のような基本的な問題点を有していることになる。

　まず，「書カ」「書コ」「書イ」，さらに仮定形の「書ケ」という，決して単独で文中に出現することのない形式を，動詞の活用形として含んでいることが上げられる。これでは，語の部分でしかないものを，語の，統合的な意味 - 機能を担い表し分ける語形として定立することになってしまう。つまり語形形成の途中にある段階での形態変化でしかないものが，語形を形成する形態変化と同列に取り上げられている。次に，この活用論では，終止形や連体形が担い表している文法的カテゴリ・文法的意味を，正確には取り出せないことが上げられる。ある活用形は，（有さない場合をも含めて）ある系列的な意味や関係を有して存在する。したがって，ある活用形として現れる語形は，類的存在たるある系列的意味や関係の一種である文法的意味を帯びたものである。たとえば連体形や終止形は，テンスという文法カテゴリを帯びてしか現れない。従来の活用論では，「書イ・タ」が「動詞＋過去の助動

詞」と分析されるのに対して，「書ク」は，動詞のみということになる。これでは，「書ク」は，テンス的意味を帯びていない語形として捉えられかねない。［書ク―書イタ］が形成している，［非過去―過去］というテンスの上での対立が正確には取り出せない。

3.2　本稿での動詞の活用・活用形

　本稿では，活用・活用形を，次のように規定する。動詞の〈活用〉とは，動詞の担う統合的な意味‐機能のある特定のタイプを表す語形を形成するために，語幹に接着する語尾（助辞を一部含む）を取り替える現象である。動詞の〈活用形〉とは，動詞の有している係りの統合的な意味‐機能の，それぞれを担い表し分けている語形である。これは，語を上述のような姿勢で捉え，動詞の活用形を，動詞の統合的な意味‐機能による変化形，つまり動詞の語形である，とする立場に立っていることによる。

　本稿では，そのような動詞の活用形として，並列形・副詞形・中止形・連体形・条件形・逆条件形・終止形と仮称するものを設定する。

　ここで，いわゆる五段活用の「書ク」（強変化動詞・子音動詞）と，一段活用の「受ケル」（弱変化動詞・母音動詞）を例にとって，本稿で考える一次的な活用形を例示しておく。

	書ク	受ケル
並列形	kai・tari	uke・tari
副詞形	kak・i-nagara kak・i-tutu	uke-nagara uke-tutu
中止形	kak・i kai・te	uke・φ uke・te
連体形	kak・u kai・ta	uke・ru uke・ta
条件形	kak・eba kai・tara kak・u-to	uke・reba uke・tara uke・ru-to
逆条件形	kai・temo kai・tatte	uke・temo uke・tatte
終止形	kak・u kai・ta kak・e kak・ô	uke・ru uke・ta uke・ro／uke・yo uke・yô

図　動詞の活用形一覧

のようになろう。

　以下，この活用形一覧についてごく簡単に説明を加えおく。述語を形成することが，動詞の主要な機能であることを受けて，動詞の各々の活用形は，まずもって種類の異なる〈節〉の述語形成である。言い換えれば，動詞の活用形は，種類の異なる節の述語を形成する語形である（もっとも，「打つ，投げる，走る，これが良い外野手の要件だ。」「逃げるが勝ち。」の下線部のように，不定形とでも名づけられる動作概念だけを表す使い方もある）。つまり，副詞形で形成される節は副詞節であり，中止形で作られる節は中止節であり，連体形によって形成されるのが連体修飾節であり，終止節で出来ているのが主節である。また，上掲の図に記されたような活用形を設定したということは，本稿では，動詞の一次的な活用形によって形成される節の種類として，並列節・副詞節・中止節・連体節・条件節・逆条件節・主節を設定している，ということでもある。

3.3　活用形の内部構造瞥見

　次に，活用形の内部構造についてごく簡単に見ていく。これはまた一次的な活用形とそれ以外のものとを分けることにもつながる。

　〈語幹〉とは，一次的な活用形の場合，語彙的意味を担い，基本的に形を変えず，各活用形において共通して存する基幹的要素である。〈子音動詞〉（いわゆる五段活用の動詞）には，語幹が二種ある。上掲の「書ク」で示せば，'kak'となる〈基本語幹〉と'kai'となる〈音便語幹〉とである。それに対して，〈母音動詞〉（いわゆる一段活用の動詞）では，語幹は一種類である。上掲の「受ケル」であれば，'uke'がそれである。語幹は自立することはない。母音動詞では，語幹と語基が同じ形をしているだけである。「受けがいい」「もらい受け」のように，自立し，語構成の要素になるのは〈語基〉の方である。語幹に接着して，どのような種類の節の述語になる語形か，つまり活用形のどれであるかを決定するのが，〈語尾〉である。子音動詞の場合，語尾は，基本語幹に接着するものと，音便語幹に接着するものに分かれる。それぞれ，次のようになる。

　　基本語幹 'kak' ＋ 語尾 'i' 'u' 'e' 'ô' 'eba'
　　音便語幹 'kai' ＋ 語尾 'te' 'ta' 'tara' 'temo' 'tatte' 'tari'

また，音便語幹につく語尾には，「飛ンダ(ton·da)」の場合の'da'のように，異形態が存在する。'ta／da''te／de''tara／dara''temo／demo''tatte／datte''tari／dari'のように，基本語幹につく語尾と音便語幹につく語尾との間で，異形態が存する。語尾には異形態が存するが，助辞には，異形態という形態の異なりは存在しない（このことについても，鈴木(1996)が既に触れている）。語尾と助辞における異形態の有無は，両者に存する自立性（逆に言えば融合度）の異なりの現れであろうか。

　それに対して，'nagara''tutu'は助辞である。これらは語幹ではなく，語基に付着している，という立場をここでは取る。語基が自立性を有していることに応じて，助辞は，語尾に対して独立性（切り離せる度合い）の高いものとなっている（「ナガラ」などは「ながら族」という複合語的存在をも生み出している）。くっつく相手が自立することのない形式であるということは，全体がより高い一体性を有しているということである。したがって，自立することのない語幹に接着する語尾は，独立性が極めて低い。

　単独で出現することのない語幹に語尾がついて形成されるのが，活用形の基本であれば，語基に助辞のついた「書キナガラ／書キツツ」は，周辺的な活用形ということになろう。さらに「書クト」になると，語幹'kak'が語尾'u'を伴った形式（既に自立しうる語形と同じ形態）に，助辞「ト」のついた形であり，活用形形成の形態論的過程という点からすれば，より周辺的である（ただ，「書ク-ト」は，「書イタ-ト」が対立として存在しないことから，次に述べる既に語形として存在しうるものにさらに助辞などが付着したものとは，タイプが違い，全体で条件形に属する活用形であると捉えておく）。

　ここで，いわゆるサ変活用（「スル」）とカ変活用（「来ル」）の場合について瞥見しておく。

並列形	副詞形	中止形	連体形	条件形	逆条件形	終止形
si·tari	si-nagara si-tutu	si·ϕ si·te	su·ru si·ta	su·reba si·tara su·ru-to	si·temo si·tatte	su·ru si·ta si·ro／se·yo si·yô

図　サ変動詞の活用形一覧

並列形	副詞形	中止形	連体形	条件形	逆条件形	終止形
ki・tari	ki-nagara ki・tutu	ki・φ ki・te	ku・ru ki・ta	ku・reba ki・tara ku・ru-to	ki・temo ki・tatte	ku・ru ki・ta ko・i ko・yô

図　カ変動詞の活用形一覧

上の図のような活用形が設定できよう。「スル」にあっては，語幹として 'si' 'su' および 'se・yo「セヨ」'という古めかしい命令形を作る時の 'se' が取り出せる。「来ル」にあっては，'ki' 'ku' 'ko' が取り出せる。「キ」という「来ル」の中止形の使用は，今や書き言葉においても稀ではなかろうか。

3.4　周辺の活用形・活用形の周辺・複雑な語形

　語幹に語尾（助辞を一部含む）が接着し，文の成分としてはじめて自立する語形になったものを，（一次的な）活用形として取り出した。動詞が表し分けている係りの統合的な意味 - 機能は，図「動詞の活用形一覧」に上げられた語形で尽きているわけではない。「活用形一覧」の語形（一次的な活用形）以外の語形が用意されている。次のようなものがそれである。

　　　条件を表す語形　　　　書ク - ナラ
　　　原因を表す語形　　　　書ク - ノデ／書ク - カラ
　　　逆原因を表す語形　　　書ク - ノニ
　　　接続関係を表す語形　　書ク - シ／書ク - ガ／書ク - ケレドモ，…

「ナラ」「ノデ」「カラ」「ノニ」「シ」「ガ」「ケレドモ／ケレド／ケド」は，助辞であり語尾ではない。上に上げられた語形は，それぞれの統合的な意味 - 機能を担う語形の総てではない。無標の語形を代表形として上げてある。上掲の語形は，いずれもテンスによる変化形を持つ。つまり，「書イタ - カラ」や「書イタ - シ」などが存在する。言い換えれば，これらの助辞は，自由形態（単独で文の成分になる語形）としても現れうるテンスを帯びた形式に，さらに付着しているものである。「書クナラ」は，条件形と呼ばれる活用形の仲間である。他に「書ケバ（kak・eba）」「書イタラ（kai・tara）」や「書クト（kak・u-to）」が存する。「書ケバ」や「書イタラ」は，語尾が接

着しており，その融合度は高い。「書クト」にしても，既に触れたように，前置する「書ク」は既に語形でありうる形態であるが，「書イタ」と対立しないことにより，前置する「書ク」は，真に文の成分として働きうる語形（活用形）としては扱いがたい。したがって，「｛書ク／書イタ｝ナラ」に比して，融合度が高い。上に掲げたこれらの助辞は，「ナガラ」「ツツ」に比しても，独立性が高い。その独立性の高さは，名詞本体に付着して，係りの統合的な意味‐機能を表し分ける，いわゆる格助詞（本稿ではこれを〈格助辞〉と呼ぶ）の独立性と同程度であると考えられる。

　上掲の「書クナラ」「書クカラ」「書クガ」などが，動詞が有する係りの統合的な意味‐機能の，それぞれを表し分けるための変化形であることは確かである。したがって，これらの形態的な異なりが語形変化であり，それぞれの形式は「書ク」の語形である，と考えられる。ただ，これら諸形式を活用形（つまり，原因形と接続形など）と呼ぶのは問題があろう。かりに活用形扱いをするにしても，二次的なものである。周辺的な活用形である。

　また，「会ッテ‐カラ」「会ッテ‐ヨリ」なども，既に語形（一次的な活用形）であるものに，「カラ」「ヨリ」という助辞が付着したもので，これ全体で一つの活用形ではない。

　さらに，係りの統合的な意味‐機能を表し分けている形式には，「会ッテ＋後」「会ッテ＋以来」や「居ル＋ウチニ」「来タ＋オリ（ニ）」「出タ＋トタン」「帰ル＋間際ニ」や「ヤル＋タメニ」や「ヤッタ＋タメニ」や，「ヤル＋場合」「ヤル＋以上」「ヤル＋上ハ」などのように，形式化した語が付加されているものさえ存する（間に挿入してある「＋」は，付加されるものが，形式語的な独立度・自立性の高い存在であることを示している）。これらは，もはや周辺的な活用形でさえなく，たかだか活用形の周辺に位置する存在であろう。後接する語の（文法）形式化が希薄になれば，ある語の語形から，二語言い換えれば二つの文の成分の連結に移り動いていく。動詞の，係りの統合的な意味‐機能を表し分ける形式には，一語が明確であるものから，二語的なものへと，さまざまな段階があることを認めておかなければならない。

　語の語形を形成する内部構成要素には，語尾もあれば助辞もあり，接辞や形式化した語（これにはいわゆる補助動詞と呼ばれるものや，さらに形式化した語に助辞や接辞や語尾の連なったものなど，さまざまなものが存する）がある。

係りの統合的な意味‐機能を表し分けるための変化形ではないが、動詞の、文法カテゴリに属する文法的意味の異なりを表し分ける形式には、複雑なものが少なくない。

　「受ケル＋ダロウ」からして、これ全体を一つの活用形ということはできない。既に語形である「受ケル」に、自立性はそう高くないものの語として認定できる判定詞が付加された形態である。このようなものには、「受ケ{ル／タ}＋カモシレナイ」「受ケ{ル／タ}＋ニチガイナイ」「受ケ{ル／タ}＋ラシイ」「受ケ{ル／タ}＋{ヨウダ／ミタイダ}」などが上げられる。これらには、さらに「受ケ{ル／タ}＋カモシレナイ＋ソウダ」のような複雑な形式が存する。やはりこれも、複雑ではあるが、語形であろう（この例では「受ケル」の複雑な語形ということになろう）。

　いわゆるデオンティック（当為評価）を表すとされる形式をどう扱うか、という点にも問題が存する。デオンティックをモダリティという文法カテゴリをなす存在と位置づける立場に立てば、デオンティックを表す諸形式は、複雑な語形ということになろう。デオンティックというようなものを認めなければ、本稿のような語認定に立つとしても、「行ク‐ベキダ」を除いて、「行ク‐シカ＝ナイ」、「行ク‐マデモ＝ナイ」からして既に二語的存在になろう（挿入されている「＝」は、後接する存在が語的存在であることを示している）。このような語的存在を含んだ形態には、「行カナケレバナラナイ」、「行カザルヲエナイ」や「行ッテモイイ」「行ッテイイ」や「行ッテ{ハイケナイ／ハダメダ}」や「行ッタライイ」「行ッタラ{イケナイ／ダメダ}」や「行ケバイイ」「行クトイイ」「行クトダメダ」や「{行ク／行ッタ}ホウガイイ」などが上げられる。

　また、「行クワケニハイカナイ」「行クコトハナイ」や「行ク必要ハナイ」なども、文法的意味の取り出し・取り扱いという点では、全体で一つとして扱った方が整合的だと思うものの、形態的には、組み立て的構造を有し、語形の問題としてはさほど簡単ではない。

　さらに、「走ルコトガデキル」なども、意味的には「走レル」にほぼ同じであるものの、「走ルコトガ＝トテモ＝デキル」のように、間に明確に語である存在を挿入できてしまう。内部に組み立て構造を有する形式の形態論的な扱いは、難しい問題である。

3.5　文法カテゴリの表し分け

　図「動詞の活用形一覧」の連体形・終止形には，統合的な意味 - 機能以上のものを既に含んだ語形が上げられている。連体形として上げられている'kak·u''kai·ta'は，連体という統合的な意味 - 機能とともに，テンスという文法カテゴリにおける系列的な文法的意味を表し分けている語形である。言い換えれば，'kak·u''kai·ta'は，連体という統合的な意味 - 機能において，異なっているわけではない。ただ，動詞が連体形を取る時，その活用形は，テンスを帯びた語形でしか現れない，ということである。終止形においては，それぞれの語形は，動詞のタイプにもよるが，終止という統合的な意味 - 機能とともに，〈述べ立て〉〈命令〉〈意志〉という発話・伝達のモダリティに関わる系列的な文法的意味，および述べ立てのタイプにあっては，さらにテンスという文法カテゴリにおける系列的な文法的意味を表し分けている。

　動詞述語は，さまざまな文法カテゴリを具有する存在である。どのような文法カテゴリを含み表しうるかは，その動詞が述語になる節のタイプによって決まっている。既に述べたように，活用形の種類・異なりは，それが述語となる節の種類・異なりでもあった。したがって，それぞれの活用形には，その活用形に実現する文法カテゴリが決まっている。

　図「動詞の活用形一覧」には，テンスに対してのみ，それを表し分ける変化形が活用形として示されていた。動詞の担い表す文法カテゴリは，テンスのみではない。有標の「書イタ」が過去というテンスを含んだ語形（活用形）であるだけでなく，無標の「書ク」がテンスを含んだ語形である，ということは，

　　（1）　{*昨日／明日}彼は彼女に手紙を書く。

において，「書ク」が，「明日」とは共起しうるものの，「昨日」とは共起できないことからも分かろう。「書ク」は，非過去（この場合は未来）というテンス的意味を含んだ活用形である。さらに言えば，「書ク」は，テンスのみを含んだ語形ではない。

　　（2）　明日彼は彼女に手紙を書く。
　　（3）　明日彼は彼女に手紙を書かない。
　　（4）　明日彼は彼女に手紙を書きます。

との比較から，「書ク」は，非過去・肯定・普通という文法的意味を帯びた語形である，ということが分かる。言い換えれば，連体や終止の活用形は，

テンス・肯否・丁寧さを帯びた語形である。

　テンス・肯否・丁寧さは，動詞だけではなく，「彼は優しい―彼は優しかった」，「彼は優しい―彼は優しくない」，「彼は優しい―彼は優しいです」や「彼は学生だ―彼は学生だった」「彼は学生だ―彼は学生でない」「彼は学生だ―彼は学生です」から分かるように，形容詞や名詞述語を作る判定詞にも現れる文法カテゴリである。

　極めて簡単に触れるだけであるが，後で見る〈ヴォイス〉や〈アスペクト〉は，動詞しかもある語彙的意味のタイプの動詞にしか現れない文法カテゴリである。したがって，この種の文法カテゴリに属する文法的意味の表し分けに関わる変化形は，活用する総ての語類に生じるわけではない。それに対して，テンス・肯否・丁寧さは，活用する総ての語類に現れうる。

　テンス・肯否・丁寧さは，活用する総ての語類に現れるものの，それらが出現する節の種類が異なっている。テンス・肯否・丁寧さの出現は，節の種類によって決定されている。活用形の各々は，まずもって種類の異なる節の述語としての語形形成であった。したがって，活用形の異なりは，テンス・肯否・丁寧さの含み方・出現のさせ方の異なりでもある。言い換えれば，それぞれの活用形には，その活用形に実現する文法カテゴリが決まっている。図「動詞の活用形一覧」では，語尾でもって形成される文法カテゴリであることによって，テンスに対してのみ，それを表し分ける変化形が活用形として示されている（したがって，活用形一覧を示す語形系列としては当然不十分である。活用形の各々によって現れに異なりの出るテンス・肯否・丁寧さを加える必要があろう）。

　連体形や終止形以外の活用形が，文法カテゴリによる変化形を全く持たないわけではない。また，出現する文法カテゴリはテンスだけでもない。以下に，上述のテンス・肯否・丁寧さという文法カテゴリによる変化形を加えた活用形を示す。

　　　　並列形　　書イタリ―書カナカッタリ
　　　　　　　　　　　｜　　　　　　｜
　　　　　　　　　書キマシタリ―書キマセンデシタリ

　　　　副詞形　　書キナガラ／書キツツ

語と語形と活用形 | 19

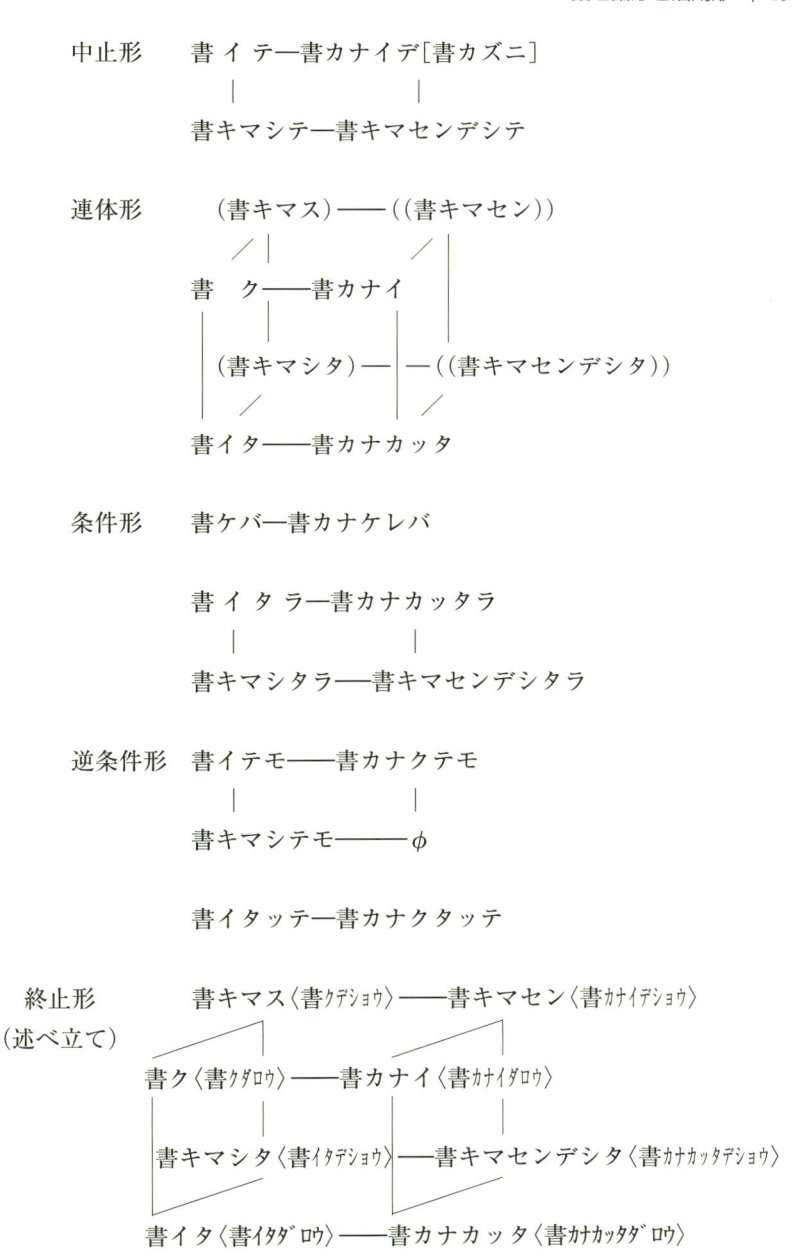

中止形　　書イテ――書カナイデ［書カズニ］
　　　　　　　｜　　　　　｜
　　　　　　書キマシテ――書キマセンデシテ

連体形　　　（書キマス）――((書キマセン))
　　　　　　／｜　　　　　／｜
　　　　　書　ク――書カナイ｜
　　　　　｜｜　　　｜　｜
　　　　　｜（書キマシタ）―｜――((書キマセンデシタ))
　　　　　｜／　　　　　｜／
　　　　　書イタ――書カナカッタ

条件形　　書ケバ――書カナケレバ

　　　　　　書イタラ――書カナカッタラ
　　　　　　　｜　　　　　｜
　　　　　　書キマシタラ――書キマセンデシタラ

逆条件形　書イテモ――書カナクテモ
　　　　　　　｜　　　　　｜
　　　　　　書キマシテモ―――φ

　　　　　　書イタッテ――書カナクタッテ

終止形　　　書キマス〈書クデショウ〉――書キマセン〈書カナイデショウ〉
（述べ立て）
　　　　　書ク〈書クダロウ〉――書カナイ〈書カナイダロウ〉

　　　　　　書キマシタ〈書イタデショウ〉――書キマセンデシタ〈書カナカッタデショウ〉

　　　　　書イタ〈書イタダロウ〉――書カナカッタ〈書カナカッタダロウ〉

　図　文法カテゴリによる変化形を加えた活用形

のようになろう。以下少しばかり説明を加える。

　並列形は，肯否と丁寧さによる変化形を有している。下段の丁寧体形の使用は多くない。特に「丁寧＋否定」の「書キマセンデシタリ」は稀である。また，並列形の表す統合的な意味 - 機能は間接的なものである。「書イタリ読ンダリ＋｛シナガラ／シテ／スレバ／スル／シロ｝」が示しているように，並列形は，後接する動詞「スル」の動作内容を担い，統合的な意味 - 機能の異なりは，「スル」の活用形にゆだねている（「彼ト彼女ト＋｛ガ／ヲ／ニ／カラ｝」のような名詞の並列が間接的成分であるのと基本的に同じである）。したがって，後接動詞「スル」が副詞形を取る時，肯定でしかなく，肯否が現れない（丁寧さの出現もないだろう）。

　副詞形には，肯定しかなく否定がない，したがって肯否の対立がない。テンスや丁寧さの文法カテゴリは存在しない。副詞形には文法カテゴリによる変化形は存在しない。副詞形によって形成される副詞節は，最も従属度の高い小さな節である。

　連体形は，肯否・丁寧さ・テンスの三項対立であり，したがって，三次元的な対立構造を有している。ただ，丁寧体形の生起は，全く存しないわけではないが，大変低いものと思われる。そのことが，「（ ）」や「（（ ））」で示されている。「（（ ））」の方が，「（ ）」に比して，より使われ方が少ないことを表している。又引きではあるが，

　　（5）　従兄になって居ります人が福岡大学の病院に居りますので，……
　　　　　　　　　　（鈴木泉三郎「二人の未亡人」，三尾砂『話しことばの文法』より）

は，丁寧体の連体形の実例である。

　条件形について触れる。「スレバ」型の条件形では，丁寧体形は生起しない。「書キマスレバ」はほとんど使わないし，「書キマセネバ」はない。「シタラ」型でも，「丁寧＋否定」の「書キマセンデシタラ」の生起は低い。「スルト」型は，省略されているが，基本的に「シタラ」型と同じである。

　逆条件形では，「シテモ」型が，丁寧さを有するものの，否定の「書カナクテモ」に対立する丁寧体形は通例存しないと考えられる。「シタッテ」型においては，丁寧さの分化はない。

　以上触れた並列形・中止形・連体形・条件形・逆条件形では，全体として丁寧さの分化が不十分であろう。これには，これらの節の従属性の高さ，文的度合いの低さに起因している。

最後に終止形について触れておく。終止形の'kak･u''kai･ta''kak･e''kak･ô'の四つの語形は，モダリティの異なりによる変化形である。'kak･u''kai･ta'は述べ立てに属し，'kak･e'は命令を表し，'kak･ô'は意志および誘いかけを表す語形である。図「文法カテゴリによる変化形を加えた活用形」では，文法カテゴリによる変化形が明確で分かりやすい述べ立てが取り上げられている（命令には否定である「書クナ」があり，意志・誘いかけには丁寧体である「書キマショウ」がある。さらに意志・誘いかけには，補充形として「書クマイ」や「書キマスマイ」などの位置づけや，命令では「書イテクダサイマセ」や「書カナイデクダサイマセ」などの位置づけの問題がある）。取り上げた終止形には，肯否・丁寧さ・テンスの文法カテゴリによる変化形が存し，さらに，認識のモダリティによる変化形がそれに加わる。認識のモダリティによる変化形を「〈〉」の中に入れて示してある（ただ，付加される形式「ダロウ」が語相当であるということも，その一つであるが，認識のモダリティの，文法カテゴリとしてのあり方は，他のものとは少しばかり違う。「彼はたぶん手紙を書く。」において，終止形は形態的に無標形式で，無標形式は，通例，断定を表す語形であるが，「タブン」の共起によって，文全体の認識のモダリティ的意味は推し量りになっている。テンスにあっては，「*昨日彼は手紙を書く。」のように，無標形式は非過去でしかなく，「昨日」のような語を共起させない）。また，「書キマシタデショウ」のような，「マス」のさらに加わった，丁寧さの二回出現するタイプは抜いてある。

　以上見てきたように，活用形が文法カテゴリによって形成された変化形を包んでいる。言い換えれば，動詞は，文法カテゴリによる変化系列を含み込んで活用している。統合的な機能を表し分ける語形は，系列的な意味を表し分ける語形変化を内に含んで，変化している。

3.6　語彙 - 文法カテゴリによる変化形

　図「文法カテゴリによる変化形を加えた活用形」では，文法カテゴリとして，肯否・丁寧さ・テンスが取り上げられている。肯否・丁寧さ・テンスは，総ての動詞に存在する。出現する動詞のタイプを選ばない（既に触れたように形容詞にも判定詞にも存在する）。その意味で，これらは，純粋に文法的なカテゴリである。それに対して，ヴォイスに属する語形として扱われ

る使役の「書カセル」や受身の「書カレル」，およびアスペクト形式である「書イテイル」は，「文法カテゴリによる変化形を加えた活用形」から除いてある。これらのカテゴリは，その出現を動詞の語彙的タイプによって制限されている。その意味で，これらは語彙‐文法的なカテゴリである。有標形式は，無標の形式と対立しつつも，何らかの派生的意味を含んで存在している（「スル」が動き動詞であるのに対して，「シテイル」は状態動詞である，というふうに，既に，カテゴリカルな意味に異なりが生じている）。

　ここで少しばかり，この種の語彙‐文法的なカテゴリの形態論的な構造を瞥見しておく。

　　使役：kak-aseru ／ uke-saseru
　　受身：kak-areru ／ uke-rareru
　　アスペクト：kai・te + iru ／ uke・te + iru

上には，ヴォイスとして使役・受身，アスペクトとして持続相を表す形式が取り上げられている。左側に子音動詞，右側に母音動詞の例が上げられている。

　使役・受身は語幹に接辞が付着することで形成される。使役を形成する接辞として，'aseru' 'saseru'（両者を '(s)aseru' として一括することも可能）を取り出し，受身を形成する接辞として，'areru' 'rareru'（両者を '(r)areru' として一括することも可能）を取り出す。受身しかも直接受身は，能動形と対立し，文法カテゴリをなすが，間接受身の場合は，既にかなりの程度に語彙的である。使役はさらに語彙的である。使役の場合，語形形成というより，派生語の形成という〈語形成〉の性質が基本である。受身は，最も従属度の高い副詞節から生起する。したがって，有標のヴォイスを帯びた形式は，並列形・副詞形・中止形・連体形・条件形・逆条件形・終止形の総てに活用する。そして，「見ラレマシタリ」「見ラレナガラ」「見ラレマセンデ」「見ラレナカッタ」「見ラレマセンデシタラ」「見ラレマシテモ」「見ラレマセンデシタ」などのように，それらの活用形が取りうる肯否・丁寧さ・テンスによる変化形を取る。

　アスペクトの持続相を表す形式は，いわゆる中止形（テ形）に 'iru' という補助動詞が付加されることで形成される（'iru' が前接する形式を中止形とい

うのは正確ではない。前接形式は，既に中止形の表す統合的な機能を有していない。厳密な意味ではもはや本稿でいう活用形ではない。したがって，完結相と持続相の形態的対立を取り出すことを目的とするなら，「見ル―見テイル」の対立として取り出す方が分かりやすい）。持続相は，副詞形では出現しない。それ以外の並列形・中止形・連体形・条件形・逆条件形・終止形に活用する。そして，「見テイタリ」「見テイマセンデ」「見テイナカッタ」「見テイマセンデシタラ」「見テイマシテモ」「見テイマセンデシタ」などのように，それらの活用形が取りうる肯否・丁寧さ・テンスによる変化形を取る。

さらにヴォイスとアスペクトでは，基本的に「ヴォイス＋アスペクト」という配列順を取る。「見ラレテイマシタリ」「見ラレテイマセンデ」「見ラレテイナカッタ」「見ラレテイマセンデシタラ」「見ラレテイマシテモ」「見ラレテイマセンデシタ」などのようになる。

直接受身やアスペクトを取りうる動詞は，無標の形式においても，無標が表す文法的意味（能動や完結相）を帯びて現れている。「見タラ」は，テンスの出現しない条件形であることによって，この形態で肯定・普通という文法的意味を表すとともに，能動であり完結相であることをも表す形式である。

3.7　形容詞・判定詞の活用

ごく簡単に形容詞・判定詞の活用について触れておく。

形容詞としてはイ形容詞を取り上げる（ナ形容詞は一部を除いて判定詞の活用と変わらない）。例として「広イ」を取り上げる（内部構造は無視する）。

　　並列形：広カッタリ／広クナカッタリ
　　中止形：（広ク）／広クナク
　　　　　　広クテ／広クナクテ
　　条件形：広ケレバ／広クナケレバ
　　　　　　広カッタラ／広クナカッタラ
　　逆条件形：広カッテモ／広クナクテモ
　　　　　　　広カッタッテ／広クナカッタッテ
　　連体終止形：広イ／広クナイ
　　　　　　　　広カッタ／広クナカッタ

のようになろう。左側が肯定形であり，右側が否定形である。終止形に命令形や意志・誘いかけ形を持つ動詞と異なり，またナ形容詞のように「丈夫な男」という連体独自の形態を持つこともないので，イ形容詞においては，連体終止形と一括してある。

　丁寧さの分化を持つ活用形は，形容詞では極めて少ない。丁寧体形は，

　　　逆条件形：―／（広クアリマセンデシタラ）
　　　終止形：広イデス／広クナイデス［広クアリマセン］
　　　　　　　広カッタデス／広クナカッタデス［広クアリマセンデシタ］

くらいしか存しないだろう。逆条件形では肯定形がない（非存在を「―」で示してある）。中止形「広クアリマセンデシテ」もめったに現れないだろう。連体の場合が丁寧体形を持つことはないだろう。「［　］」は別語形の存在を示している。ご丁寧体は，丁寧体形より多く存する。まだ使用されうると考えられる肯定形についてのみ示しておく。「並列形：広ウゴザイマシタリ」，「中止形：広ウゴザイマシテ」，「条件形：(広ウゴザイマスレバ)，広ウゴザイマシタラ」，「逆条件形：広ウゴザイマシテモ，((広ウゴザイマシタッテ))」，「終止形：広ウゴザイマス／広ウゴザイマシタ」のようになろう。

　最後に，名詞述語を形成する判定詞について瞥見しておく。肯定系列だけ見れば，「デアル」の活用変化は活発であるが，否定系列では「ダ」の否定系列の語形が補充形として現れる。したがって，判定詞の活用形は，「ダ」と「デアル」が補完しながら形成している，と捉えるのが言語現象にかなっていると思われる。

　　　並列形：デアッタリ，〔ダッタリ〕／―，〔デナカッタリ〕
　　　中止形：デアリ，〔デ〕／―，〔デナク〕
　　　　　　　デアッテ，〔―〕／―，〔デナクテ〕
　　　連体形：デアル，〔―，〈ノ〉〕／―，〔デナイ〕
　　　　　　　デアッタ，〔ダッタ〕／―，〔デナカッタ〕
　　　条件形：デアレバ，〔〈ナラ〉〕／―，〔デナケレバ〕
　　　　　　　デアッタラ，〔ダッタラ〕／―，〔デナカッタラ〕
　　　逆条件形：デアッテモ，〔―〕／―，〔デナクテモ〕

　　　　　　デアッタッテ，〔―〕／―，〔デナカッタッテ〕
　　終止形：デアル，〔ダ〕／―，〔デナイ〕
　　　　　　デアッタ，〔ダッタ〕／―，〔デナカッタ〕

のようになろう。「／」の左側が肯定形であり，右側が否定形である。「〔 〕」を付して示してあるのが，「ダ」の活用系列である。「デアレバ」に対応する「ダ」の条件形は，「ナラ」を補充形として位置づける。「ダ」の連体形は，基本的に存在しないが，「ノ」を補充形として位置づける立場もありうるだろう。終止形と連体形は，「デアル」では同じであるが，「ダ」では，非過去の「ダ」が終止形には現れうるものの，連体形には現れないことから，区別しておく必要があろう。

　丁寧体を担当する「デス」は基本的に肯定形のみであり（もっとも「デハナイデス」「デハナカッタデス」に対しては，「デス」の否定系列にある終止形として位置づけうるもの），否定形は「デアル」の丁寧体が補完している（「デアル」の肯定丁寧体については省略する）。

　　並列形：デシタリ／((デアリマセンデシタリ))
　　中止形：―／―
　　　　　　デシテ／デアリマセンデシテ
　　条件形：―／―
　　　　　　デシタラ／デアリマセンデシタラ
　　逆条件形：(デシテモ)／―
　　　　　　((デシタッテ))／―
　　終止形：デス／デアリマセン
　　　　　　デシタ／デアリマセンデシタ

のようになろう。逆条件形の「デアリマセンデシテモ」は実際には現れることはないだろう。

　以上，語・一語についての筆者の捉え方に立ちながら，語形や活用形というものに粗々と考察を巡らせてみた。

【付記】本稿は,仁田(1987)を踏まえ,仁田(2000)「単語と単語の類別」で展開した考えと同じ立場から論じられている。したがって仁田(2000)の内容と重なるところが少なくない。当該論文中,本稿に直接的に関わる部分を抜き出し,そこで論じられていないことを加え,該当箇所のほぼ倍の長さに補訂してある。

引用文献

奥田靖雄(1985)『ことばの研究・序説』むぎ書房.
鈴木重幸(1972)『文法と文法指導』pp. 53–69, むぎ書房.
鈴木重幸(1996)『形態論・序説』むぎ書房.
仁田義雄(1987)「語をめぐって」『女子大文学』38, pp. 1–15.
仁田義雄(2000)「単語と単語の類別」『文の骨格』pp. 1–45, 岩波書店.
松下大三郎(1930)『改撰標準日本文法訂正版』中文館.
森岡健二(1994)『日本文法体系論』明治書院.
山田孝雄(1936)『日本文法学概論』宝文館.

日本語動詞の活用・再訪

益岡 隆志

1. はじめに

　本稿の目標は，現代日本語の動詞の活用に対する私見を提示することである。この問題をめぐって，筆者は既に益岡(2000)で基本的な考えを述べておいた。本稿は，益岡(2000)で示した見方を現時点でもう一度捉えなおしてみるというものである。「再訪」と題した所以である。

　動詞の活用を議論するにあたってまず問題となるのは，「活用」とは何かという点である。この点について筆者は，常識的ではあるが，述語として働く動詞がその働き(機能)に応じて語形を変えるとき，その語形変化を「活用」と呼ぶという見方に立つ。そうした語形変化は，例えば名詞には認められないところから，名詞は活用しないという立場を取ることになる。

　世界の諸言語を語形変化という面から見ると，フランス語やロシア語のような「屈折語」と呼ばれる言語タイプと，中国語やベトナム語のような「孤立語」と呼ばれる言語タイプが対立的な関係を構成する。すなわち，屈折語は複雑な語形変化を示す言語タイプであり，孤立語は語形変化を示さない言語タイプであるという対立的な関係である。そのような対立の構図のなかで，「膠着語」と呼ばれる日本語は両者の中間に位置し，動詞などを中心に一定の語形変化が認められる。動詞の語形変化は"conjugation"と呼ばれるのが一般的であるが，日本語にも動詞の"conjugation"が認められると考えることに，特に異論はないであろう。

　本稿では，日本語の動詞の活用を"conjugation"の一種と見たうえで，動詞の活用体系やその体系にかかわる個別的な問題を論じてみたい。動詞の活用(conjugation)は，語の形の問題であるという点では，語の文法(語論)にかかわる。また，語の文／構文における機能が問題になるという点では，文の

文法（文論）にかかわる。したがって，動詞の活用は語論と文論の両方に跨るものであり，その意味において，語論と文論のインターフェースに位置づけられる研究課題である。このような，語論と文論のインターフェースという面を念頭に置きながら，以下，動詞の活用を論じていくことにする。

　本論での議論の進め方は以下のとおりである。まず次の第2節で，現代日本語の動詞の活用をめぐる研究史を概観する。それをもとに第3節で，動詞の活用に対する私見の概要を説明する。その見方のもと，続く第4節において動詞の活用体系を提示する。それに続く第5節で，第4節で提示した活用体系にかかわる個別的な問題——具体的には，「中立形」と「テ形」の問題——を取り上げることにする。

2. 動詞活用の研究史

　周知のとおり，日本語の活用の研究は古代語を対象として始められた。活用研究は日本語文法の研究において長い歴史を誇る研究課題である。古代語を対象とした活用研究は，阪倉（1966），川端（1979），山口（1985），松本（1995），坪井（2007），金水（2011）などに引き継がれ現在も多くの論議を呼んでいる。

　それに対して，現代語（同時代語）を対象とした活用研究は20世紀に入ってのち開始され，佐久間（1936），Bloch（1946），宮田（1948），三上（1963），渡辺（1971），寺村（1984），鈴木（1996）など，多数の見解が示されてきた。古代語から現代語に到る過程で大きな言語変化が生じたことから，古代語の活用と現代語の活用のあいだには種々の差異が認められる。そのため，現代語の活用の体系化にあたっては，古代語を対象とした活用の分析内容を大幅に見直すことが必要となる。

　そこで，以下本節において，現代語の動詞の活用を対象とした先行研究を少し振り返っておきたいと思う。具体的には，先に挙げた佐久間（1936），Bloch（1946），宮田（1948），三上（1963），渡辺（1971），寺村（1984），鈴木（1996）の研究の概要を述べることにする。

　まず，佐久間（1936）から始めることにしよう。佐久間は動詞を語幹と語尾（活用語尾）の結合と見たうえで，語幹が子音で終わる「強変化動詞」の

タイプと，母音で終わる「弱変化動詞」のタイプに分けた。[1] 強変化動詞の例には「読む」があり，その語幹は"yom-"である。一方，弱変化動詞の例には「起きる」があり，その語幹は"oki-"である。

そして，活用形として佐久間は「基本形」・「造語形」・「打消形」・「仮定形」・「命令形」・「未来形」・「既定形」・「中止形」の8種類を認定している。各活用形の語尾は，強変化動詞の場合はそれぞれ"-u"，"-i"，"-a"，"-eba"，"-e"，"-oo"，"-ita/-ida/-tta/-nda"，"-ite/-ide/-tte/-nde"であり，弱変化動詞の場合はそれぞれ"-lu"，"〜"，"〜"，"-leba"，"-lo"，"-yoo"，"-ta"，"-te"であるとされる。

動詞の活用研究に対する佐久間の大きな貢献は，動詞を語幹の形態に基づいて2つのタイプ（強変化動詞・弱変化動詞）に分けたことである。語幹と語尾（活用語尾）の形態を抽出した佐久間の功績は高く評価される。

佐久間に続く世代で佐久間と同様に動詞の活用に新たな見解を示したものとしてBloch(1946)，宮田(1948)，三上(1963)が挙げられる。まず，そのうちのBloch(1946)であるが，Blochは構造言語学の分析手法により，日本語動詞の活用(inflection)をめぐって語幹(stem)の違いをもとに，「書く」のような「子音動詞」(consonant verb)と「食べる」のような「母音動詞」(vowel verb)を区別する。そのうえで，Blochは動詞の活用形として"indicative"("non-past/past")，"presumptive"("non-past/past")，"imperative"，"hypothetical"("provisional/conditional")，"participle"("infinitive/gerund/alternative")という5類10形を認めている。各活用語尾は子音動詞では"-u/-ta"，"-oo/-taroo"，"-e"，"-eba/-tara"，"-i/-te/-tari"であり，母音動詞では"-ru/-ta"，"-yoo/-taroo"，"-ro"，"-reba/-tara"，"-φ/-te/-tari"であるとされる。

Blochの活用体系は佐久間のものに類似するが，10種類の活用形を5つの上位類にまとめている点が特徴的である。そのまとめ方に見られるのが，子音動詞における"-u/-ta"，"-oo/-taroo"，"-eba/-tara"，"-i/-te/-tari"という各対立関係，及び，母音動詞における"-ru/-ta"，"-yoo/-taroo"，"-reba/-tara"，"-φ/-te/-tari"という各対立関係である。

次に取り上げるのは宮田(1948)の見解である。宮田は活用形を語幹の部分と接尾辞の部分に分け，活用形には語幹のみでできているものと語幹に

---

[1] 「強変化」，「弱変化」の他に「混合変化」が挙げられているが，ここでは省略する。

接尾辞が付いてできたものがあるという。例えば「話す」という動詞の場合で言えば，"hanasi"，"hanasu"，"hanase"のような活用形は語幹だけでできているものであり，"hanasita"，"hanaseba"のような活用形は"hanasi-"，"hanase-"などの語幹に"-ta"，"-ba"などの接尾辞が付いてできたものであるとされる。

そのうえで，宮田は主要な活用形として「原形」・「本詞」・「分詞」という3グループを設け，そのなかの「本詞」に「現在形」・「過去形」・「現在叙想形」・「過去叙想形」・「命令形」を，「分詞」に「シテ分詞」・「スレバ分詞」・「シタラ分詞」を認定している。「話す」という動詞の場合で言えば，原形は"hanasi"，現在形は"hanasu"，過去形は"hanasita"，現在叙想形は"hanaso"，過去叙想形は"hanasitaro"，命令形は"hanase"，シテ分詞は"hanasite"，スレバ分詞は"hanaseba"，シタラ分詞は"hanasitara"とされている。

宮田の活用の捉え方で見逃せないのは，「原形」・「本詞」・「分詞」という大きな類を立てている点である。この大分類は，文/構文の構成における動詞の機能の違いに基づくものである。すなわち，本詞は主として文末で機能するもの，分詞は従属的な成分として機能するもの，原形はそのような特定の機能を持たないものとして理解される。

続いて三上（1963）であるが，三上は動詞活用の規則的な変化の型を佐久間と同じく「強変化」・「弱変化」と分けたうえで，強変化型の活用に2種類の語幹を設けている。「行く」の場合で言えば，"ik"と"it"の2種類である。そのうえで，活用形として三上は5類10形を認定する。

5類とは「中立形」・「自立形」・「条件形」・「概言形」・「命令形」の5つである。これら5類が2つの語幹それぞれに対して認められる。そのなかで，中立形の語幹の1つ——「行く」における"it"のような語幹——に2つの活用形が認定され，また，命令形の語幹の1つ——同じく，「行く」における"it"のような語幹——に活用形が欠けていることから，活用形は全体として10種類認められることになる。「行く」という動詞の場合であれば，"ik"語幹のほうに中立形「行き」，自立形「行く」，条件形「行けば」，概言形「行こう」，命令形「行け」の5つ，"it"語幹のほうに中立形「行って」・「行ったり」，自立形「行った」，条件形「行ったら」，概言形「行ったろう」の5つ，合わせて10種類が認められることになる。

三上の活用体系はBlochのものに類似する。とりわけ，「行く」における

"ik"と"it"のように，強変化動詞に2つの語幹を設ける点でBlochと同じ見方を取るという点に留意したい。文/構文を構成するうえでの機能の違いを重視する宮田と比較すると，三上の活用体系のほうが語の形態に重点を置いた体系であると言える。

　Bloch，宮田，三上に続く世代の研究として，次に，渡辺(1971)，寺村(1984)，鈴木(1996)の見方を話題にしたい。

　まずは渡辺(1971)から始めよう。渡辺の活用の分析に対する姿勢は，「構文的職能を基準として活用体系を考える」(p. 359)というものである。構文的職能――一般には構文機能・統語機能と呼ばれる――のあり方を追究する渡辺は，構文的職能として「陳述」・「連用」・「連体」・「並列」・「接続」・「誘導」という職能を認める。[2] それらの職能の違いに基づき，渡辺は活用形として「陳述形」・「連用形」・「連体形」・「並列形」・「接続形」・「誘導形」，及び，「独立形」(「叙述内容の独立性を担う」活用形(p. 371))という，合わせて7種類の活用形を認めている。そのなかで，動詞の活用形としては「誘導形」を除く「陳述形」など6種類が認定されている。「読む」という動詞の場合で言えば，陳述形は「読め」，連用形は「読み」，連体形は「読む」，並列形は「読み/読んで」，接続形は「読めば」，独立形は「読む」とされる。

　このように，渡辺の活用の見方は構文機能を重視するものであり，形態の面にはそれほど重きが置かれない。同じ「読む」という形態に「連体形」・「独立形」という異なる活用形が当てられたり，逆に，「読み」・「読んで」という異なる形態に同じ「並列形」という活用形が当てられたりする点に，そうした渡辺の姿勢がよく現れている。

　次に寺村(1984)であるが，寺村は「本書の関心は先に述べたように活用語尾の構文的職能とその意味にあるのであるけれども，活用形そのものは，元来，動詞や形容詞などの内部構造，つまり形態論のレベルのものである」(p. 43)と述べ，形態と構文上の機能の両面に等しく目配りするという立場を明らかにしている。このような立場は，「活用語尾を，形態論とシンタクスとのいわば相互乗り入れの領域と考える」(p. 43)という寺村の言葉によく現れている。現代風に言えば，形態論とシンタクスのインターフェースの問題として位置づけるということである。

---

[2] これら以外に「統叙」という職能が認定されている。

寺村の活用論のもう1つの特徴は，活用を「ムード」を基軸として体系化するという点である。具体的には，「確言」・「概言」・「命令」・「条件」・「保留」という5つのムードを認めたうえで，それら5つの類を動詞の語幹の違いに基づき「基本語尾」と「タ系語尾」で横断するという体系が立てられている。すなわち，確言の基本系/タ系として「基本形」(例えば「書く」)/「過去形」(「書いた」)，概言の基本系/タ系として「推量意向形」(「書こう」)/「過去推量形」(「書いたろう」)，命令の基本系として「命令形」(「書け」)，条件の基本系/タ系として「レバ形」(「書けば」)/「タラ形」(「書いたら」)，保留の基本系/タ系として「連用形」(「書き」)/「テ形/タリ形」(「書いて/書いたり」)という，合わせて10種類の活用形が認められている。

　このように，寺村の活用体系はBlochのものと三上のものに近い内容であり，構文機能を重視する宮田や渡辺の活用体系とは性格を異にする。

　最後に，鈴木(1996)の活用論を見てみよう。「活用のカテゴリーの形を活用形とよんでおく」(p. 175)とする鈴木の動詞活用論の基盤をなすのは，「テンス・ムード・きれつづき・みとめ方・ていねいさ・ボイス」といった動詞の「形態論的なカテゴリー」の概念である。そうした形態論的なカテゴリーは無標の形(unmarkedな形)と有標の形(markedな形)とで対立をなすとされている。例えば「みとめ方」の場合で言えば，無標の"mi-ru"と有標の"mi-nai"という対立が認定されている。

　鈴木の活用論のもう1つの特徴は，活用形に「語幹＋語尾」，「語幹＋語尾＋くっつき」，「語幹＋接尾辞＋語尾」という広範な語形を認める点である。その結果，「見る」の場合で言えば，"mi-ru"，"mi-yô"，"mi-ro"，"mi-φ"，"mi-reba"という「語幹＋語尾」の活用形に加え，"mi-ru-darô"，"mi-ru-to"，"mi-ru-nara"といった「語幹＋語尾＋くっつき」の活用形，"mi-na-i"，"mi-mas-u"，"mi-rare-ru"といった「語幹＋接尾辞＋語尾」の活用形が認められることになる。

　活用語尾だけでなく，「くっつき」や接尾辞が介在する活用形を認めるところから，鈴木の動詞活用体系は極めて規模の大きいものとなる。その点で渡辺や寺村の活用体系とは大きく異なっている。鈴木の活用論は，活用の対象範囲を広く見る立場を代表するものである。形態論的なカテゴリーを基盤とする鈴木の活用論は，ヨーロッパ諸言語における屈折の見方に近いものと

言ってよいであろう。[3]

3. 私見の概要

　前節で記した研究史を踏まえ，本節では，現代日本語の動詞の活用に関する私見の概要を述べることにする。筆者の見方の基本をなすのは，①活用を語論と文論のインターフェースの問題として位置づける，②膠着語という日本語の言語類型的特性を念頭に置いて活用の範囲を定める，という点である。

　まずそのうちの第1の点，すなわち，活用を語論と文論のインターフェースの問題として位置づけるという点を取り上げたい。

　このような見方は，前節で紹介した寺村（1984）の基本的な姿勢——前節で引用した「活用語尾を，形態論とシンタクスとのいわば相互乗り入れの領域と考える」(p. 43)という姿勢——を受け継ぐものである。[4] この点は既に益岡（2000）において，「活用は文論と語論（形態論）の両方に関係する」（p. 185）という言い方で指摘している。

　この見方をより丁寧に言い換えるなら，活用は語形変化という語の形態の問題であるという面と，それが文/構文における働き（機能）とどう結びつくかという文/構文レベルの問題であるという面の両面にかかわるということである。とりわけ動詞は，文/構文の主要部である述語として機能するところから，語の形態と文/構文における機能との関係（相関）という点が極めて重要な問題となる。[5]

　動詞の活用を動詞の形態と機能の相関と捉えたとき，動詞は語彙的意味を表す語幹と機能的意味を表す語尾（活用語尾）の2つの部分から構成される

---

[3] 動詞がかかわるヴォイス・アスペクト・テンス・ムードなどの文法カテゴリーは，ヨーロッパ諸言語のような屈折語の"conjugation"に由来するものであり，その意味では元来，形態論的なカテゴリーであると言える。したがって，日本語の活用体系の基盤を形態論的なカテゴリーに求めることは，日本語の活用体系をヨーロッパ諸言語のような屈折語の"conjugation"の体系に近づけることを意味する。

[4] こうした姿勢は，寺村に先行する三上の論述にも認められる。

[5] 活用を語の形態と機能の相関と見る本稿の立場は，前節で紹介した渡辺（1971）のような立場とは異なるものである。前節でも指摘したように，渡辺（1971）は機能（渡辺の用語法では「構文的職能」）を重視する立場を取っている。

という見方が導出される。この点を考慮すれば，動詞の形態と機能との相関という点は，動詞の語尾（活用語尾）の形態とその機能的意味との相関というように言い換えることができる。

　ここで，本稿の見方への理解を深めるために，上で述べた，動詞は語彙的意味を表す語幹と機能的意味を表す語尾（活用語尾）の2つの部分から構成される，という点について説明を補足しておきたいと思う。

　動詞は語幹が語彙的意味を表し，語尾が機能的意味を表すという点を，「食べる」という動詞を例に具体的に説明してみよう。"taberu"という形態は，"tabe-"という語幹と"-ru"という語尾——言うまでもなく，語尾は語形変化により様々な形態を取る——からなる。語幹の"tabe-"は，この動詞固有の語彙的意味を表し，その語幹を取ることで語としてのアイデンティティを表すことになる。一方，語尾の"-ru"という形態は，この動詞を主要部とする文/構文に自立性を与えるといった働きをすることを表す。動詞は文/構文レベルにおいて何らかの機能を果たすことから，その機能を表示する語尾を取ることになる。

　このような動詞の特徴は，名詞と比較することで，より明確に理解することができる。そこで，名詞との比較を通じて，この点を敷衍することにしよう。名詞は動詞とは異なり，語彙的意味を表すにとどまり，語形を変えることはない。[6] 名詞が文/構文レベルで何らかの機能を果たすためには，そのような機能（機能的意味）を表す要素——不変化詞（助詞）など——を付加する必要がある。例えば名詞「鉛筆」は，「鉛筆を」や「鉛筆は」のように，不変化詞（助詞）などの付加を経てはじめて文/構文レベルで機能することができる。

　その点から言えば，動詞の語幹というのは，いわば機能を付与される以前の名詞に相当するものである。「食べる」の例で言えば，語幹"tabe-"は名詞相当のものであり，語尾"-ru"が付加されてはじめて文/構文レベルで機能することができるわけである。動詞は語幹が語彙的意味を表し，語尾が機能的意味を表すという点は，このように理解することができよう。

　この点に関連して，もう1点補足しておきたいことがある。それは，動詞の機能という点についてである。述語として働く動詞は，その機能の面からは，所与の文/構文を完結させる場合と後続部分に接続させる場合に大別

---

[6] ただし，これは日本語の話である。言語によっては名詞にも語形変化が認められる。

される。いわゆる「切れ続き」の問題であり，完結させる場合が「切れ」に当たり，接続させる場合が「続き」に当たる。例えば「食べる」の場合であれば，"tabe-yoo"などは完結させる形であり，"tabe-reba"などは接続させる形である。

そこで，動詞の活用形を機能の面から，"tabe-yoo"のような完結させるタイプと"tabe-reba"のような接続させるタイプに分け，これらのタイプをそれぞれ「完結系」，「接続系」と呼ぶことにしよう。さらに，動詞の活用形のなかには，これら2タイプのどちらにも属さないものが見られる。例えば「食べる」という動詞の場合であれば，"tabe"のような活用形がそれに該当する。このような活用形のタイプを，完結系と接続系のどちらにも属さず，いわば両者のあいだに位置するという意味で「中間系」と仮称する。

このような「中間系」を加えると，動詞の活用形は「完結系」・「接続系」・「中間系」の3つに大別されることになる。ちなみに，この3分類は前節で紹介した宮田（1948）の「本詞」・「分詞」・「原形」という分類に類するものである。このような3分類を認める点については，宮田（1948）を受け継いでいると言って差し支えない。

次に第2の点，すなわち，膠着語という日本語の言語類型的特性を念頭に置いて活用の範囲を定めるという問題に移ることにしよう。

活用の対象範囲をどう見るかという問題については，大別すると，活用の範囲を広く見る立場と狭く見る立場に分けることができる。前節で紹介した先行研究のなかでは，鈴木（1996）は前者を代表する例であり，佐久間（1936）やBloch（1946）は後者の例である。

そうした研究状況にあって，筆者は活用の範囲を狭く見る立場を取る。それは，語の形態に関する従来の言語類型を重く見ることに因る。その言語類型とは，言うまでもなく，屈折語・膠着語・孤立語といったタイプのことである。言語研究において活用研究を牽引してきたのは，ヨーロッパ諸言語など屈折語のタイプである。膠着語に属するとされる日本語はそのような屈折語に比べ，当然，語形変化の規模は小さいものになる。その一方で，膠着性の強い日本語は，語形成（語構成）のなかの派生についてはその規模が大きいものとなる。とりわけ，動詞がかかわる派生は複雑である。その点を反映して，これまでの日本語の語形成（語構成）の研究において，派生の研究は

複合の研究とともに大きな関心を呼んできた。[7]

　留意を要するのは，活用の対象範囲と派生の対象範囲のあいだの関係である。基本的には，活用の範囲を広く取れば取るほど派生の範囲は狭くなり，反対に，派生の範囲を広く取れば取るほど活用の範囲は狭くなる。鈴木（1996）のような立場に立てば基本的に，活用の範囲は広くなり，逆に，派生の範囲は狭くなる。

　ここで筆者の立場をもう一度繰り返せば，日本語の膠着性の強さを認める立場のもと，派生の対象範囲を広く取り，それに対応して活用の対象範囲を狭く取るというものである。ちなみに，派生の対象範囲を極端に広く取ることにより活用を事実上認めないという見方もあり得るが，筆者はそうした立場は取らない。

　要は，形態論全体を見据え，活用と派生のバランス——あるいは，複合も加えて言えば，活用と派生・複合のバランス——をどう取るかが肝要であると考えている。活用と派生の区別は，前者が語の内部の形態変化であり，後者が接辞と呼ばれる形態を介した語と語のあいだの関係であるという点が基本となるが，周知のとおり，実際には両者の境界はそれほど明確なものではなく，かなりの程度に連続的である。

　そのような活用と派生の関係について，本稿では，派生語は基本となる非派生語と同じパラダイムに従って活用する——例えば，派生動詞は非派生動詞と同じパラダイムに従って活用する——という見方に立つ。

　この点を，具体例を挙げて少し説明しておこう。ここでは，よく話題になる"sase(ru)/rare(ru)"の事例で考えてみる。"sase(ru)/rare(ru)"は動詞に付加される派生接辞か，それとも動詞の活用形を作る形態かという問題である。この点について，筆者は動詞の派生接辞と見る。すなわち，"sase(ru)/rare(ru)"は基本となる動詞の語幹に付加して別の動詞を派生するということである。例えば「食べる」という動詞の場合であれば，この動詞の語幹である"tabe-"に付加して，"tabe-sase(ru)/tabe-rare(ru)"という別の動詞を派生させる。この場合，この派生動詞は非派生動詞と同じパラダイムに従って活用するという点が重要である。

　ついでながら，ここで，派生接辞と助動詞・助詞（不変化詞）の違いとい

---

[7] この点については，阪倉（1966），村木（1991），影山（1993）などを参照されたい。

う問題にも言及しておきたいと思う。日本語のような膠着語においては，周知のとおり，派生接辞と助動詞・助詞の違いもそれほど明確なものとは言えない。派生接辞は語を構成する要素であり，助動詞・助詞のほうは独立した語であるという総論に異論はないであろうが，個別の事例についての判定は容易ではない。

例えば，上に挙げた"sase(ru)/rare(ru)"の場合はどうであろうか。本稿では，これらを派生接辞と見るのであるが，助動詞という見方もあり得ないわけではない。実際，伝統的な見方では，助動詞として扱うことは珍しくない。本稿では，派生接辞と助動詞を具体的にどう区分するかという境界問題に深入りする余裕はないが，[8] こうした問題を考える際にも，屈折語・膠着語・孤立語といった言語類型を十分考慮する必要がある。日本語を諸言語から切り離して単独で取り扱うということでは，問題の決着は困難となる。諸言語の状況を十分踏まえつつ，境界問題を具体的に検討していくことが求められる。

以上，本節では，日本語の動詞の活用をどう捉えるかという問題をめぐって，活用を語論と文論のインターフェースの問題として位置づけるという点と，膠着語という日本語の言語類型的特性を念頭に置いて活用の範囲を定めるという点を中心に私見を述べた。

4. 動詞の活用体系

前節に続いて本節では，前節で述べた基本的な考え方に基づき現代日本語の動詞の活用体系を示すことにする。本節で提示する活用体系は，益岡(2000)の活用体系に修正を施したものである。そこで，まずは益岡(2000)における活用体系を振り返っておきたい。

益岡(2000)で提出した活用体系は以下のとおりである。活用形は全体で11種類である。

---

[8] 動詞については，概略，次節で提示する「自立形」(「基本自立形」など)に付加するのが語(助動詞・助詞)であり，それ以外のものに付加するのが派生接辞であると考えている。この問題については，渡辺(1971)，鈴木(1996)などを参照されたい。

	基本系語尾		タ系語尾	
自立	-u/-ru	〈自立非過去形〉	-ta(-da)	〈自立過去形〉
意志推量	-oo/-yoo	〈意志推量形〉	-taroo(-daroo)	〈過去推量形〉
命令	-e/-ro	〈命令形〉		
条件	-eba/-reba	〈基本条件形〉	-tara(-dara)	〈タ系条件形〉
			-tatte(-datte)	〈逆条件形〉
中立	-i/-φ	〈基本中立形〉	-te(-de)	〈テ形〉
			-tari(-dari)	〈タリ形〉

　上記の活用体系について少し解説を加えたい。まず，活用の種類として「自立」・「意志推量」・「命令」・「条件」・「中立」の5つを設定している。このうちの「意志推量」，「命令」，「条件」は意味に基づいた名称である。それに対して「自立」，「中立」という名称は三上（1963）から採ったものであるが，これらは意味とは直接の結びつきを持たない。

　次に，語幹と語尾に「基本系」・「タ系」の区別を設けている。基本系の語幹には基本系の語尾が付加し，タ系の語幹にはタ系の語尾が付加する。[9] 基本系の語幹には主として，「読む」における"yom-"のような子音で終わるタイプと，「食べる」における"tabe-"のような母音で終わるタイプがある。益岡（2000）では，語幹が子音で終わる「読む」のような動詞を「子音語幹動詞」，語幹が母音で終わる「食べる」のような動詞を「母音語幹動詞」と呼んだ。本稿でもこの名称を用いることにする。

　上で述べたとおり，基本系語幹には基本系語尾が付加する。基本系語尾は，子音語幹動詞の語幹に付加する場合と母音語幹動詞の語幹に付加する場合とでは，現れる形態が異なる。上記の活用表では，斜線の左に子音語幹動詞の語幹に付加する場合の形態を配置し，斜線の右に母音語幹動詞の語幹に付加する場合の形態を配置している。基本系語尾の箇所には，「自立」・「意志推量」・「命令」・「条件」・「中立」について形態が1つずつ認められることから，全体で5種類の活用形が立てられることになる。

　それに対してタ系のほうは，子音語幹動詞・母音語幹動詞のいずれの場合

---

[9] 「タ系」は，「t系」とでも呼んだほうが正確であるが，「タ系」という略式の名称を用いることにした。

も，付加される語尾は出だしの"t/d"の交替を除き共通である。例えば子音語幹動詞「読む」であれば，タ系語幹の"yon-"に"-da"や"-daroo"が付加され"yonda"や"yondaroo"となり，母音語幹動詞「食べる」であれば，タ系語幹の"tabe-"——基本系語幹と同じ形態である——に"-ta"や"-taroo"が付加され，"tabeta"や"tabetaroo"となる。タ系語尾には，「自立」・「意志推量」に関してはそれぞれ1つの形態が，「条件」・「中立」に関してはそれぞれ2つの形態が認められる。また，「命令」の部分にはタ系語尾は認められない。その結果，タ系語尾の箇所には全体で6種類の活用形が立てられることになる。

以上が益岡（2000）で提出した活用体系の内容である。第2節で紹介した先行研究に照らし合わせると，益岡（2000）の活用体系はBloch（1946），三上（1963），寺村（1984）の体系に類するものであることが了解される。その意味において，この活用体系はBloch・三上・寺村の系統に属するものと見ることができる。

それでは次に，本稿で考える活用体系に話を進めることにしよう。本稿で考える活用体系は，大筋において益岡（2000）で示した体系を引き継ぐものである。11種類の活用形もそのまま維持される。修正部分として大きいのは，第3節で述べたとおり，「自立」・「意志推量」・「命令」・「条件」・「中立」という5類に3つの上位枠を設ける点である。

その3つの上位枠とは，「完結系」・「接続系」・「中間系」である。このうちの「完結系」と「接続系」は，いわゆる「切れ続き」にかかわる対立項である。すなわち，「完結系」とは文/構文のまとまりに完結性を与えるものであり，「接続系」とは後続部分に特定の関係で結びつくという接続性を示すものである。残る「中間系」は完結・接続のどちらにも属さず，いわば両者の中間に位置するものである。[10] このような上位枠は，第3節でも指摘したように，宮田（1948）の「本詞」・「分詞」・「原形」という分類に通じるところがあり，その点では宮田の見方を受け継ぐものであると言うことができる。

益岡（2000）で提出した「自立」・「意志推量」・「命令」・「条件」・「中立」という枠は，本稿でも基本的に引き継ぐ。ただし，「中立」の箇所に置いた

---

[10] 「中間系」という命名は，当該の活用形の実相を必ずしも適切に表すものではないが，本稿では暫定的にこの名称を用いることにする。

タ系の「テ形」・「タリ形」は「単純接続」として接続系に移す。その変更を施したうえで、「意志推量」と「命令」を「完結系」に、「条件」と「単純接続」（「テ形」・「タリ形」）を「接続系」に、そして「自立」と「中立」を「中間系」にそれぞれ位置づけることにする。基本系語尾／タ系語尾の区別はそのまま維持される。そこで、活用体系の枠組みは以下のとおりとなる。

【完結系】
　　　　　　　　　基本系語尾　　タ系語尾
意志推量
命令
【接続系】
　　　　　　　　　基本系語尾　　タ系語尾
条件
単純接続
【中間系】
　　　　　　　　　基本系語尾　　タ系語尾
自立
中立

　この活用体系の枠組みに11種類の活用形が配置される。11種類の活用形そのものは益岡（2000）で示したものを引き継ぐが、「自立非過去形」・「基本中立形」という名称、及び、タ系条件形における語尾の形態の表示については修正を施す。すなわち、「自立非過去形」・「基本中立形」という名称をそれぞれ「基本自立形」、「中立形」という名称に変更する。また、タ系条件形における語尾の形態を"-tara(-dara)"から"-tara(ba)(-dara(ba))"に変更する。[11]

　これらの修正を施したうえで上記の活用体系の枠組みに11種類の活用形を配置すると、以下のような活用体系が得られる。

---

[11]　「自立非過去形」を「基本自立形」に変更するのは、当該の形態が「過去／非過去」というテンスの対立に関与するとは限らないことに因る。

【完結系】
	基本系語尾		タ系語尾	
意志推量	-oo/-yoo	〈意志推量形〉	-taroo(-daroo)	〈過去推量形〉
命令	-e/-ro	〈命令形〉		

【接続系】
	基本系語尾		タ系語尾	
条件	-eba/-reba	〈基本条件形〉	-tara(ba)(-dara(ba))	〈タ系条件形〉
			-tatte(-datte)	〈逆条件形〉
単純接続			-te(-de)	〈テ形〉
			-tari(-dari)	〈タリ形〉

【中間系】
	基本系語尾		タ系語尾	
自立	-u/-ru	〈基本自立形〉	-ta(-da)	〈自立過去形〉
中立	-i/-φ	〈中立形〉		

　この活用体系に関係して，本節の最後の話題としていわゆる「音便」の問題を取り上げておきたいと思う。「音便」と呼ばれる音韻変化がかかわるのは，具体的にはタ系語尾である。タ系語尾の"-taroo(-daroo)"("-taramu(-daramu)"が変化したもの)，"-tara(ba)(-dara(ba))"，"-tatte(-datte)"("-tatote(-datote)"が変化したもの)，"-te(-de)"，"-tari(-dari)"，"-ta(-da)"が付加する場合，子音語幹動詞における語幹が一定の条件のもとで特殊な形態を取る。例えば「読む」の場合であれば，語幹"yom-"はタ系語尾が付加する場合，"yon-"という特殊な形態になる。

　このような特殊な形態の現れは，音韻変化に起因する。古代語では"-te"などの形態が付加するときは，本稿でいう中立形——伝統的には「連用形」という名称が用いられている——の形態が保持され，"yomi-te"のような形態を取っていた。したがって，古代語において中立形に付加される"-te"や"-tari"は活用語尾ではなく，接辞または語(いわゆる「助詞・助動詞」)とみなすことができる。それはちょうど，現代語の"-tutu"や"-nagara"が"yomi-tutu"や"yomi-nagara"のように，先行する動詞に中立形の形態を保持させることから，接辞または語(この場合は，助詞)とみなされるのと同様で

る。[12]

　音便と呼ばれる音韻変化は，このように，中立形の形態を変容させる。そこで，元来「中立形＋接辞（あるいは，助詞・助動詞）」という構成であった構造を活用形（「語幹＋語尾」）に変容させたと見ることができる。すなわち，音便という音韻変化により，活用語尾のなかにタ系語尾が加わったということである。これは，より一般的な形で言い換えれば，膠着的な形態が屈折形態化していくプロセスということであり，音韻変化が語の形態のあり方に変容をもたらす現象と見ることができる。現代語の共時的な活用体系の背後にこのような通時的な変化がかかわっていることに留意する必要がある。[13]

5. 中立形とテ形

　本節では，前節で提示した活用体系のなかの中立形とテ形について，両者がどのような関係にあるのかという問題を中心に考察したいと思う。

　中立形とテ形の形態面での関係は，中立形に"-te"という形態が付加されたものがテ形であるというものである。子音語幹動詞の場合，テ形の形態は音便と呼ばれる音韻変化により複雑な様相を呈する。本稿の活用体系では，そのような関係にある中立形とテ形について，前者は「中間系」に，後者は「接続系」（より具体的には，「単純接続」）に位置づけたのであるが，一方を中間系に配置し他方を接続系に配置するという点について，その理由を説明しておく必要があろう。

　本稿における中立形とテ形に当たるものを，Bloch(1946)はそれぞれ"infinitive"，"gerund"と命名している。また，宮田(1948)はそれらを「原形」，「分詞」と名づけている。中立形に対する"infinitive"・「原形」という名称，テ形に対する"gerund"・「分詞」という名称はこれらの活用形の性格を適切に捉えたものであると筆者は考える。[14] 以下，この点をめぐって筆者の考えを述べることにする。

---

[12] 注8で述べたように，自立形（「基本自立形」など）に付加するのが語であるという見方に立つならば，"-tutu"や"-nagara"は語ではなく接辞とみなされることになる。

[13] 動詞の活用と音便との関係については，坪井(2007)などを参照されたい。

[14] ただし，Bloch(1946)の"gerund"という用語は，"participle"という用語に代えたほうがよいのではないだろうか。その点で，宮田(1948)の「分詞」という用語は適切なものと考えられる。

まず中立形の場合を考えてみよう．中立形の重要な特徴は，文／構文における機能が指定されない点である．活用形は，上述のとおり，一般に特定の機能を担うものであるから，その点で中立形は特異な存在であるということになる．このような，特定の機能との結びつきがないという特徴に基づいて，本稿ではこの活用形に対して「中立形」という名称を採用している．

　機能が無指定であるという意味において，中立形は語幹に準じるもの——言い換えれば，準語幹的なもの——と見ることができる．[15] このことは中立形が基本的に語彙的意味の表示にとどまるということを意味する．実際，母音語幹動詞の場合，中立形は語幹と同じ形態である．例えば「食べる」という動詞であれば，中立形も語幹もともに"tabe"という形態を取る．

　この点を別の角度から言い換えれば，中立形は名詞的な性格を持っているということである．第3節で述べたとおり，名詞は，言うまでもなく，語彙的な意味を表示するにとどまる．例えば，「鉛筆」という名詞はその語彙的な意味として，他の事物から区別される特定の事物を表す．名詞が文／構文において機能を果たすためには，「鉛筆を」・「鉛筆は」のように不変化詞（助詞）などを伴う必要がある．それに対して動詞は一般に，語幹の部分で語彙的な意味を表し，活用語尾の部分で文／構文における機能を表示する．

　文／構文における機能が指定されない中立形は，活用語尾の部分がいわば'空欄'になっており，実質上，語彙的な意味を表す語幹のみで成り立っていると言ってよい．上で「中立形は名詞的な性格を持っている」と記したのは，この点を念頭に置いてのことであった．中立形が名詞的な性格を持っていることは，中立形の振る舞いを見ることによって確認することができる．以下，この点を具体的に見ていくことにしよう．

　まず，中立形はそのままの形態で名詞として使用できる場合が少なくない．「走り，造り，招き，握り，包み」など枚挙に遑がない．辞書でも，中立形の形態が名詞として登録されているものが少なくない．また，中立形は語形成においても名詞と同じ働きを見せる．例えば複合名詞の場合，「品物」が「名詞＋名詞」という構成を持つのに対応して，「食べ物」は「中立形＋名詞」という構成である．同様に，「物音」が「名詞＋名詞」という構成を

---

[15] このことに関連して，本稿の中立形に当たるものをMyhill and Hibiya (1988)が"stem"と呼んでいる点が注目される．

持つのに対応して、「物入れ」は「名詞＋中立形」という構成を持っている。

　さらに、派生においても中立形が名詞と同じ振る舞いを見せる点が観察される。例えば「～がち（だ）」という派生形の場合、「病気」という名詞が「病気がち（だ）」という派生形を形成できるのと同様に、「休み」という中立形も「休みがち（だ）」という派生形を形成し得る。[16]

　中立形が名詞的な性格を持っていることは、動詞の尊敬形の現れ方にも窺える。動詞の尊敬形を代表するのは、「お読みになる」のような「オ＋中立形＋ニ＋ナル」という形式であるが、この形式における中立形の前後に「オ」と「ニ＋ナル」という形態が現れている点に留意したい。注目すべきは、「オ」と「ニ＋ナル」は「お土産」や「雨になる」という表現に見られるように、名詞の前後に出現する形態であるという点である。この事実は、「お読みになる」のような尊敬形に出現する中立形が名詞的な性格を持っていることを示唆している。

　同じことは、「お送りする」のような「オ＋中立形＋スル」という形式の尊敬形——「謙譲」と呼ばれることが多い——の場合にも当てはまる。「オ」が前接する点は「オ＋中立形＋ニ＋ナル」の場合と同じであり、「スル」が後続する点も、「運転する」のような「動作名詞＋スル」という形式との並行性から、中立形の名詞的な性格が窺われる。[17]

　動作名詞の現れ方と関連して、「読みはするが…」のような表現に現れる「中立形＋ハ＋スル」という形式も、中立形の名詞的な性格を示す事例に数えられる。この「中立形＋ハ＋スル」は「〜ハ＋スル」という形式の具現形である。この場合、「〜ハ＋スル」という形式が「運転はするが…」のように、「動作名詞＋ハ＋スル」という形式を取り得ることに留意したい。「動作名詞＋ハ＋スル」との並行性を考えると、「中立形＋ハ＋スル」における中立形が名詞的な働きをしていることが了解される。

　以上の考察から、動詞の中立形は語幹に準じるものであり、名詞的な性格を持っているということが明確になった。この点から見て、Bloch(1946)の

---

[16] 中立形は、「食べ歩く」のような複合動詞の形成でも大きな役割を果たす。語形成における構成要素として働くという特徴から言えば、動詞の中立形を佐久間(1936)が「造語形」と命名している点も了解できる。

[17] 「動作名詞」における「動作」は、動的な事態（出来事）全般を表す広義のものである。

"infinitive"や宮田（1948）の「原形」という命名は，中立形の性格を的確に表していると言うことができる。

　中立形の用法には，さらに，「連用中止」などと名づけられた連用的な使い方があるが，本稿ではこの用法には立ち入らない。この用法については，稿を改めて益岡（準備中）で論じたいと思う。

　それでは次に，テ形に目を転じることにしよう。テ形は中立形に「テ」が付いたものであるが，「テ」が付加することで，機能が指定されない中立形とは異なり，後続の述語句に連なるという広義の連用（連用修飾）の機能を持つことになる。連用の機能を持つという点では，伝統的な「連用形」という名称が相応しいのは，中立形ではなくてテ形のほうであると言える。[18]

　テ形が連用の機能を持っていることは，以下に挙げるようなテ形の諸用法の存在によって確認される。[19]

　　（１）　男たちは狩りをして，女たちは木の実を集めた。［並列］
　　（２）　手を洗って，おやつを食べた。［継起］
　　（３）　悲しい話を聞いて，涙がこぼれ落ちた。［原因・理由］
　　（４）　参加者は，幹事を入れて８人だ。［順接条件］
　　（５）　悪事を見て見ぬふりするのは，卑怯なことだ。［逆接］
　　（６）　立っておしゃべりをした。［付帯状況］
　　（７）　タクシーに乗って駅まで行った。［手段・方法］

　これらの例から明らかなように，テ形は後続の述語句に対する連用関係を幅広く表すことができる。さらに言えば，連用関係の主要な意味を包括的に表すという点で，連用関係を表示する汎用形であると見ることができる。日本語には連用関係を表す接続形式が多数存在するが，そのなかで，連用関係を幅広く表す汎用的な接続形式であるテ形は特別な位置を占めるものである。

　テ形のような，連用関係を幅広く表す動詞形式は言語類型論などで"converb"と呼ばれている。事実，日本語のconverbを考察対象とするAlpatov（1995）において，テ形は日本語のconverbの代表的な事例として話題にされ

---

[18] 上述のとおり，中立形にも「連用中止」と呼ばれる連用用法が認められる。連用中止の用法における中立形とテ形の異同については，益岡（準備中）で取り上げる。

[19] （１）〜（７）の例は日本語記述文法研究会（編）（2008）から採ったものである。例文に付した用法の名称も同書に拠る。

ている。テ形のconverbとしての側面に対する論議が今後さらに深まっていくことが期待される。

　テ形の連用表示機能という点にかかわって，補助動詞構文の形成の問題に触れておきたいと思う。日本語の補助動詞構文では，「読んでおく」や「読んでもらう」のように，動詞のテ形とそれに後続するもう1つの動詞が結合することにより述語が形成される。この種の動詞結合は，言語類型論などで"serial verb"と呼ばれているものに相当する。[20] 中立形が「読み取る」や「読み流す」のように，後続の動詞と複合することにより複合動詞を形成するのに対して，テ形がかかわる「読んでおく」や「読んでもらう」のような動詞結合は，述語としての機能的なまとまりは存するものの，「読み取る」や「読み流す」のような複合動詞に見られる一語化の性格は認められない。この点は，「読み取る」や「読み流す」のような複合動詞に不変化詞（助詞）が挿入できないのに対して，「読んでおく」や「読んでもらう」のような動詞結合には「読んではおいたが...」や「読んではもらったが...」のように不変化詞（助詞）が挿入できる，といった事実により確認される。

　このように，補助動詞構文における動詞結合は，機能的なまとまりを持つ一方で，複合動詞のような語としてのまとまりは見られない。テ形に後続する「おく」や「もらう」などの動詞が機能語化することで先行する動詞を補助する機能を果たすことはあっても，語を構成する要素として働くことはないということである。

　そこで，このような動詞結合におけるテ形の機能も，テ形に認められる連用機能の一種——特殊なものではあるが——と見て差し支えないであろう。上で見た（1）～（7）の例におけるテ形は，後続の述語句に連なるという意味で連用機能を持つと考えたのであるが，補助動詞構文の動詞結合におけるテ形も，後続の動詞が機能語化しているとは言え，動詞に連なるという形式的な側面は保たれている。補助動詞構文の動詞結合におけるテ形が連用機能を持つテ形の枠内に収まると見る所以である。

　以上，本節では中立形とテ形の関係について考察した。本節での考察を通じて，次のような点を示すことができた。まず形態的な面から言えば，中立形に「テ」が付加してテ形が形成されるということ，及び，音便と呼ばれる

---

[20] "serial verb"については，Aikhenvald(2006)などを参照されたい。

音韻変化を経てテ形が活用体系に組み込まれるということである。機能的な面から言えば、中立形は文／構文における機能が無指定であり、語幹に準じる性格を持つ。それに対してテ形は、「テ」が付加されることにより連用表示の機能を持つことになる。本稿の活用体系に照らして言えば、中立形が「中間系」に位置づけられるのに対して、テ形は「テ」の付加を通じて「接続系」のなかに位置づけられるということである。

　伝統的な日本語文法（国文法）では、本稿でいう「テ形」を活用形とはみなさず、「テ」を独立の語——具体的には、「接続助詞」——とみなしている。[21] 古代語であれば、「テ」を独立の語と見ることは１つの選択肢になり得るが、音韻変化を経た現代語の場合、「テ」を動詞の部分から切り離して独立の語と見るのは適切ではない。連用接続の機能を持つテ形という活用形を認定したうえで、中立形とテ形の関係を考えていこうとするのが本稿の立場である。

6. おわりに

　以上、本稿では、動詞の活用を語論と文論のインターフェースの問題として位置づけたうえで、現代日本語の動詞の活用体系をめぐって考察した。さらに、その体系のなかの「中立形」と「テ形」を取り上げ、それらの関係について詳しく検討した。

　周知のとおり、日本語の活用研究は古代語を対象とした研究から始まった。その長い研究史の成果として、我々は古代語の活用に関する多くの知見を手にしている。古代語から現代語に到る過程において、活用に関しても種々の変化が認められる。古代語の活用体系と現代語の活用体系は、それぞれの時代の日本語の実態に即した形で構築することが求められる。そのためには、古代語と現代語との対照研究が必要となる。本稿は現代語を対象としたものであるが、古代語との対照という重要な課題が残されていることを記しておきたい。

　もう１つの課題は、諸言語の活用（屈折）と比べることにより、日本語の活用を諸言語の活用（屈折）の捉え方のなかに適切に位置づけることである。活用（屈折）の規模が大きいのは印欧語のような屈折語と呼ばれるタイプ

21　例えば、田中（1977）などの論述を参照されたい。

の言語であるが，印欧語などで人称（person）や数（number）に基づく一致（agreement）と呼ばれる現象が見られるのに対して，日本語にはそのような現象は基本的には存在しない．日本語の活用を考える場合，そうした言語類型の違いを十分考慮すべきことは言うまでもない．また，日本語と同じ膠着語のタイプに属する言語であっても，活用がかかわる現象は同一ではないであろう．印欧語のような異なるタイプの言語との対照とともに，同じタイプの言語との対照も重要な課題である．諸言語との対照という課題は，日本語研究に課された重要な課題であると同時に，言語研究に対する日本語研究からの貢献という点でも大切な課題である．[22]

そうした大きな課題を考えるとき，本稿での考察は極めて限られた範囲に光を当てたものに過ぎないことになるのであるが，現時点で提出できるレポートとして，ささやかながら多少の私見を述べた次第である．残された諸課題は今後の考察に委ねたいと思う．

引用文献
影山太郎（1993）『文法と語形成』ひつじ書房．
川端善明（1979）『活用の研究Ⅱ』大修館書店．
金水敏（2011）「統語論」金水敏他（編）『シリーズ日本語史3　文法史』pp. 77–166，岩波書店．
阪倉篤義（1966）『語構成の研究』角川書店．
佐久間鼎（1936）『現代日本語の表現と語法』恒星社厚生閣．
鈴木重幸（1996）『形態論・序説』むぎ書房．
田中章夫（1977）「助詞（3）」『岩波講座日本語7　文法Ⅱ』pp. 359–454，岩波書店．
坪井美樹（2007）『日本語活用体系の変遷（増訂版）』笠間書院．
寺村秀夫（1984）『日本語のシンタクスと意味Ⅱ』くろしお出版．
日本語記述文法研究会（編）（2008）『現代日本語文法6　複文』くろしお出版．
益岡隆志（2000）「動詞の活用をめぐって」『日本語文法の諸相』pp. 177–188，くろしお出版．
益岡隆志（準備中）「中立形接続とテ形接続の分化」．
松本克己（1995）『古代日本語母音論』ひつじ書房．
三上章（1963）『日本語の構文』くろしお出版．
宮岡伯人（2002）『「語」とはなにか——エスキモー語から日本語を見る——』三省堂．
宮田幸一（1948）『日本語文法の輪郭』三省堂［くろしお出版復刊，2009］．

---

[22] 活用（屈折）に関する言語学的研究・言語類型論的研究については，Spencer（1991），Anderson（1992），宮岡（2002），Bickel and Nichols（2007）などを参照されたい．

村木新次郎（1991）『日本語動詞の諸相』ひつじ書房.
山口佳紀（1985）『古代日本語文法の成立の研究』有精堂.
渡辺実（1971）『国語構文論』塙書房.
Aikhenvald, Alexandra Y. (2006) Serial verb constructions in typological perspective. In Alexandra Y. Aikhenvald and Robert. M. W. Dixon (eds.) *Serial verb constructions.* pp. 1–68. Oxford: Oxford University Press.
Alpatov, Vladimir M. (1995) Converbs in Japanese. In Martin Haspelmath and Ekkehard König (eds.) *Converbs in cross-linguistic perspective.* pp. 465–485. Berlin: Mouton de Gruyter.
Anderson, Stephen R. (1992) *A-Morphous morphology.* Cambridge: Cambridge University Press.
Bickel, Balthasar and Johanna Nichols (2007) Inflectional morphology. In Timothy Shopen (ed.) *Language typology and syntactic description III: Grammatical categories and the lexicon.* Cambridge: Cambridge University Press.
Bloch, Bernard (1946) Studies in colloquial Japanese, Part I, Inflection. *Journal of the American Oriental Society* 66, pp. 97–109.
Myhill, John and Junko Hibiya (1988) The discourse function of clause-chaining. In John Haiman and Sandra A. Thompson (eds.) *Clause combining in grammar and discourse.* pp. 361–398. Amsterdam/Philadelphia: John Benjamins.
Spencer, Andrew (1991) *Morphological theory.* Oxford: Blackwell.

動詞の活用論から述語の構造論へ
―日本語を例とした拡大活用論の提案―

野田 尚史

1. この論文の主張

　この論文では，形態論としてではなく文法論として「活用」をとらえる「拡大活用論」を提案する。

　これは，「語」のレベルで「見る」のような動詞や「高い」のような形容詞の活用を考えるのではなく，「文の成分」のレベルで「見ていなかった」のような述語の活用を考えるということである。

　この論文では日本語を中心に議論を進めるが，日本語の「活用」とはまったく違うと考えられることが多いヨーロッパ系言語の「活用」との比較も行う。そして，「拡大活用論」ではさまざまな言語の「活用」を統一的に記述できることを述べる。

　具体的には，次の（1）から（5）のようなことを主張する。
　　（1）　ヨーロッパ系言語の「活用」と日本語の「活用」：
　　　　　人称・数・テンスなどによるヨーロッパ系言語の「活用」と，切れ続きによる日本語の「活用」はまったく違うように見えるが，それは言語の違いより「活用論」の違いによるところが大きい。
　　（2）　「内の活用」と「外の活用」：
　　　　　「活用」には，ヴォイスやテンスなど，動詞の文法カテゴリーの値を指定する「内の活用」と，仮定条件や付帯状況など，文中の他の成分に対する関係を指定する「外の活用」がある。
　　（3）　動詞の活用論と述語の構造論：
　　　　　「語」としての動詞などの形態変化を見ると，ヨーロッパ系言語と日本語の「活用」は大きく違うように見えるが，「文の成分」としての述語の構造を見ると，両者の違いは小さい。

（4）　主文述語の構造と従属節述語の構造：
　　　　　主文述語ではヴォイスやテンスなど，すべての文法カテゴリーの値が指定されるが，従属節述語では，従属度が高い従属節ほど，値が指定されない文法カテゴリーが多くなる。
　　（5）　拡大活用論の提案：
　　　　　さまざまな言語の「活用」を統一的な視点で見るために，「語」としての動詞などの形態変化ではなく，「文の成分」としての述語の構造を考える「拡大活用論」を提案する。
　この論文の構成は，次のとおりである。
　次の **2.** では，前の（1）に関して，ヨーロッパ系言語の「活用」と日本語の「活用」の違いはどこから来ているのかを考察する。
　3. では，（2）に関して，ヴォイスやテンスなどを指定する「内の活用」と，他の成分に対する関係を指定する「外の活用」を区別すべきことを述べる。
　4. では，（3）に関して，「語」ではなく「文の成分」のレベルで「活用」を考えると，ヨーロッパ系言語と日本語の違いは小さいことを主張する。
　5. では，（4）に関して，従属節述語の「活用」はさまざまな制約を受け，主文述語の「活用」とは違う点があることを述べる。
　6. では，（5）に関して，「文の成分」としての述語のレベルでさまざまな言語の「活用」を統一的にとらえる「拡大活用論」を提案する。

2.　ヨーロッパ系言語の「活用」と日本語の「活用」

　この **2.** では，**2.1** から **2.4** で，それぞれ次の（6）から（9）のようなことを考察する。
　　（6）　ヨーロッパ系言語の「活用」と日本語の伝統的な「活用」はまったく違うように見える。
　　（7）　ヨーロッパ系言語と日本語の伝統的な「活用」が違うように見えるのは，それぞれの「活用論」の違いによるところが大きい。
　　（8）　ヨーロッパ系言語と日本語の伝統的な「活用論」が違うのは，それぞれの言語の古典語の違いによるものだと考えられる。
　　（9）　現代のヨーロッパ系言語の「活用」を日本語の伝統的な「活用論」でとらえることも，現代の日本語の「活用」をヨーロッパ系

言語の伝統的な「活用論」でとらえることも可能である。

2.1　ヨーロッパ系言語と日本語の伝統的な「活用」

ヨーロッパ系言語では，「活用」とは，伝統的には，主語の人称・数，動詞のテンス・ムードなどによって動詞の形態が変化することを指すのが普通だった。

それに対して，日本語では，「活用」とは，伝統的には，動詞や形容詞，助動詞などが後の助動詞や接続助詞などに続いていったり，文末で終止したりするときに形態が変化することを指すのが普通だった。

このように，ヨーロッパ系言語の伝統的な「活用」と，日本語の伝統的な「活用」は，まったく違うように見えるものだった。

このことは古くから認識されており，たとえば時枝 (1950) では，次の (10) のように述べられている。

（10）　語が變化するといふ點だけを問題にするならば，英語，ドイツ語，フランス語等の verb の conjugation も活用であるといふことが出來るのであるが，conjugation と國語の活用とは，同じ語形變化でも，その性質が根本的に異なつてゐる。conjugation は，一語が，人称，單複數，時，法に從つて形を變化することを意味するのであるが，國語の場合は，これと異なり，動詞が他の語に接續したり，或はそれ自身で終止したりする場合に起こる語形變化である。國語の動詞の變化とは，動詞の斷續による語形變化であつて，これを動詞の活用といふのである。　　　　　(pp. 99–100)

2.2　ヨーロッパ系言語と日本語の伝統的な「活用論」

ヨーロッパ系言語の伝統的な「活用論」では，主語の人称・数，動詞のテンス・ムードなどの値によって動詞の活用形がどう変わるかを一つひとつ列挙するのが普通だった。

スペイン語の「-ar 動詞」である「hablar」（話す）を例にして，活用表の一部を示すと，次の表 1 のようになる。

表1　スペイン語「hablar」（話す）の活用表（一部）

	一人称・単数	二人称・単数	三人称・単数
直説法・現在	hablo	hablas	habla
直説法・点過去	hablé	hablaste	habló
直説法・線過去	hablaba	hablabas	hablaba

　表のいちばん上の行には左右に，人称と数の値が並んでいる。表1には「一人称・単数」「二人称・単数」「三人称・単数」という「単数」の3つしか載せていないが，実際にはこの右側に「一人称・複数」「二人称・複数」「三人称・複数」という「複数」の3つが並ぶ。

　表のいちばん左の列には上下に，法（ムード）と時制（テンス）の値が並んでいる。表1には「直説法・現在」から「直説法・線過去」の3つしか載せていないが，実際にはこの下に「直説法未来」「接続法現在」などが並ぶ。

　つまり，このような活用表では，人称と数，法（ムード），時制（テンス）のそれぞれがどんな値をとるかというすべての組み合わせに対する活用形が示されるということである。

　これは，野田（2000）で「並列方式」と呼ばれているものである。「並列方式」というのは，それぞれの活用形がそれ全体としてどんな文法的機能をもっているかを，基本的に表を作って列挙するものである。それぞれの活用形の内部がどんな形態から構成されているかとか，それぞれの形態がどんな文法的機能をもつかといった分析はしない。

　それに対して，日本語の伝統的な「活用論」では，動詞や形容詞，助動詞などが，後にどんな助動詞や接続助詞などが続くかによって形がどう変わるかを示すのが普通だった。

　「話す」という動詞に受身の「れる」と過去・完了の「た」が続いて「話された」という形になるときを例にすると，次のようになる。

　まず，五段動詞である「話す」の活用は，次の表2のようになる。

表2　日本語の「話す」の活用表

語	語幹	未然形	連用形	終止形	連体形	仮定形	命令形
話す	はな	さ，そ	し	す	す	せ	せ

動詞の活用論から述語の構造論へ | 55

　「話す」という動詞は語幹が「はな(話)」であり，後に受身の「れる」が続くときは未然形の「さ」という形をとるとされる。
　次に，受身の「れる」の活用は，次の表3のようになる。

表3　日本語の「れる」の活用表

語	語幹	未然形	連用形	終止形	連体形	仮定形	命令形
れる	ー	れ	れ	れる	れる	れれ	れろ, れよ

　受身を表す助動詞「れる」は語幹がなく，後に「た」が続くときは連用形の「れ」という形をとるとされる。
　そして，過去・完了の「た」の活用は，次の表4のようになる。

表4　日本語の「た」の活用表

語	語幹	未然形	連用形	終止形	連体形	仮定形	命令形
た	ー	たろ	ー	た	た	(たら)	ー

　過去・完了を表す助動詞「た」は語幹がなく，後に何も続かずに終止するときは終止形の「た」という形をとるとされる。
　表2から表4までで示した「はなさ(話さ)」「れ」「た」が連続すると，「はなされた(話された)」になる。
　表2から表4をまとめて表5として示す。四角で囲んだ部分「はなさ(話さ)」「れ」「た」から「はなされた(話された)」という形ができるというわけである。

表5　日本語の「話す」「れる」「た」の活用表

語	語幹	未然形	連用形	終止形	連体形	仮定形	命令形
話す	はな	さ, そ	し	す	す	せ	せ
れる	ー	れ	れ	れる	れる	れれ	れろ, れよ
た	ー	たろ	ー	た	た	(たら)	ー

　これは，野田(2000)で「直列方式」と呼ばれているものである。「直列方式」というのは，それぞれの活用形の内部がどんな形態から構成され，それ

らがどんな順序で並んでいるかを分析し，それぞれの形態がどんな文法的機能をもつかを述べるものである。

このように，ヨーロッパ系言語の伝統的な「活用論」と日本語の伝統的な「活用論」はまったく違う。しかし，それはそれぞれの言語の「活用」の違いによるというより，単にそれぞれの言語の「活用論」の違いによるものだと考えられる。

それぞれの言語の「活用論」の違いには必然性はあまりない。恣意的と言ってよいものである。これについては，次の **2.3** と **2.4** で述べる。

2.3 ヨーロッパ系言語と日本語の「活用論」の必然性

ヨーロッパ系言語の「活用」を記述するのに，活用形を一つひとつ列挙する並列方式の「活用論」が使われてきたのは，ヨーロッパ系言語が屈折語的な性格をもっていたからだと考えられる。

つまり，ヨーロッパ系言語の特に古典語は活用形の内部から文法的機能を表す形態を取り出しにくい性格だったため，直列方式が使いにくかったのだろう。日本語の場合は，「話された」という形から受身の機能を表す「れ」という形態や，過去・完了の機能を表す「た」という形態を取り出しやすいが，ヨーロッパ系言語ではそうした形態が取り出しにくかったということである。

そのため，さまざまな活用形の内部の形態と文法的機能の対応関係を分析せず，活用形を一つひとつ列挙する並列方式の「活用論」が使われたのだろう。

一方，日本語の「活用」を記述するのに，活用形の内部から文法的機能を表す形態を取り出す直列方式の「活用論」が使われてきたのは，日本語が膠着語的な性格をもっていたからだと考えられる。

つまり，日本語の特に古典語は活用形の内部から文法的機能を表す形態を取り出しやすい性格だったため，直列方式が使いやすかったのだろう。

しかし，ヨーロッパ系言語でも日本語でも，特に現代語では，文法的機能を表す形態の取り出しやすさにはそれほど大きな差があるとは言えなくなってきている。

ヨーロッパ系言語では，時代が新しくなるにしたがって，受身を表す「be ＋［過去分詞］」や，進行を表す「be ＋［現在分詞］」のような分析的な形が

増えてきた。

　一方，日本語では，時代が新しくなるにしたがって，「書いた」のような音便形や，「話しちゃう」のような縮約形など，融合的な形が増えてきた。

　つまり，ヨーロッパ系言語では屈折語的な性格が弱まり，日本語では膠着語的な性格が弱まってきているということである。

　その結果，特に現代語では，ヨーロッパ系言語では並列方式の「活用論」を使い，日本語では直列方式の「活用論」を使うという必然性は弱くなってきていると言える。

2.4　ヨーロッパ系言語と日本語の「活用論」の恣意性

　ヨーロッパ系言語の「活用」を記述するのに，伝統的な並列方式の「活用論」ではなく，日本語のように直列方式の「活用論」を使う試みも行われている。

　たとえば，出口（1971）は，スペイン語の「活用」を直列方式の「活用論」で記述したものだと言える。また，石井（1986）は，ラテン語の「活用」を直列方式の「活用論」で記述したものだと言える。

　一方，日本語の「活用」を記述するのに，伝統的な直列方式の「活用論」ではなく，ヨーロッパ系言語のように並列方式の「活用論」を使う試みも行われている。

　たとえば，鈴木（1972）や高橋（他）（2005）は，日本語の「活用」を並列方式の「活用論」で記述したものだと言える。

　そうした数々の試みを見ると，ヨーロッパ系言語では並列方式の「活用論」を使い，日本語では直列方式の「活用論」を使うという伝統的な方法は，特に現代語については必然性があまりなく，恣意的なものだと言える。

3.　「内の活用」と「外の活用」

　この **3.** では，**3.1** から **3.4** で，それぞれ次の (11) から (14) のようなことを考察する。

　　　(11)　松下（1928）は，過去や否定を表す「相」と，終止や条件など，他の成分に対する関係を表す「格」を区別している。

　　　(12)　松下大三郎の「相」と「格」という考えを引き継ぎ，「内の活用」と「外の活用」を区別することにする。

- (13) 「内の活用」は，ヴォイスや肯定否定，テンスなど，述語成分に現れる文法カテゴリーのそれぞれについて，どの値を選ぶかという選択である。
- (14) 「外の活用」は，文中の他の成分に対する関係を，「仮定「たら」」，「付帯状況「ながら」」などの中から1つ選ぶという選択である。

3.1 松下大三郎の「相」と「格」

松下 (1928: 466) は，次の (15) と (16) のように「相」と「格」を区別している。

- (15) 相：詞の連詞又は斷句の中に於ける立場に關係の無いもの
- (16) 格：詞の連詞又斷句中に於ける立場に關する資格

これをわかりやすく言い換えると，次の (17) と (18) のようになる。

- (17) 相：その成分が，句や文の中にある他の成分に対してどんな関係にあるかを表さないもの
- (18) 格：その成分が，句や文の中にある他の成分に対してどんな関係にあるかを表すもの

名詞の場合は，「相」と「格」には次の (19) と (20) のようなものがあるとされる。

- (19) 名詞の相：複数 (「弟たちを」)，尊称 (「弟ぎみを」) など
- (20) 名詞の格：主格 (「弟が」)，他動格 (「弟を」)，連体格 (「弟の」) など

名詞の「相」は，たとえば，名詞が「弟」という単数になるか，「弟たち」という複数になるかという違いである。この違いによって，その文の動詞などに対する関係が変わるわけではない。動詞に対する関係は，その後にくる「を」などの「格」で決まるのであって，「たち」の有無では決まらないからである。

一方，名詞の「格」は，たとえば，名詞が「弟が」という主格になるか，「弟を」という他動格 (「対格」に相当) になるかという違いである。この違いは，その名詞がその文の動詞に対してどんな関係にあるかを表すものである。つまり，「相」とは違って，その文の他の成分に対する関係を指定するものである。

動詞の場合は,「相」と「格」には次の(21)と(22)のようなものがあるとされる。

(21) 動詞の相：過去（「慈みき」），否定（「慈まず」），尊称（「慈ませ給ふ」）など
(22) 動詞の格：終止格（「慈む」），拘束格（「慈まば」），方法格（「慈みて」）など

動詞の「相」は，たとえば，動詞が「慈む」という肯定になるか，「慈まず」という否定になるかという違いである。この違いによって，その文の主文の動詞などに対する関係が変わるわけではない。主文の動詞に対する関係は，その後にくる「ば」などで決まるのであって，「ず」の有無では決まらないからである。

一方，動詞の「格」は，たとえば，動詞が「慈む」という終止格になるか，「慈まば」という拘束格（「条件格」に相当）になるかという違いである。この違いは，その動詞が主文の動詞になっているか，あるいは，その文の主文動詞に対してどんな関係にあるかを表すものである。つまり，「相」とは違って，その文の他の成分に対する関係を指定するものである。

なお，森岡(1994)は，松下の分類を整理し直し，松下の「相」を「法」と呼び直し，「格」を「態」と呼び直している。

3.2 「内の活用」と「外の活用」の区別

この論文では，松下大三郎の「相」と「格」という考えを引き継ぐ。松下のいう「相」と「格」はその機能がまったく違うものであり，それぞれを別次元のものとして分けることは，活用を考える上でも非常に重要だと考えるからである。

「活用」という観点からは，「相」にかかわる活用を「内の活用」と呼び，「格」にかかわる活用を「外の活用」と呼ぶことにする。

「内の活用」と「外の活用」は，それぞれ次の(23)と(24)のようなものである。

(23) 内の活用（松下の「相」にかかわる活用）：ヴォイスや肯定否定，テンスなど，述語成分に現れる文法カテゴリーのそれぞれについて，どの値を選ぶかという選択
(24) 外の活用（松下の「格」にかかわる活用）：文中の他の成分に対

する関係を，「仮定「たら」」，「付帯状況「ながら」」などの中から1つ選ぶという選択

この「内の活用」と「外の活用」については，次の 3.3 と 3.4 でもう少し詳しく説明する。

3.3 「内の活用」の指定のしかた

「内の活用」は，ヴォイスや肯定否定，テンスなど，述語成分に現れる文法カテゴリーのそれぞれについて，どの値を選ぶかという選択である。すべての項目について，その値を指定しなければならない。

たとえば「見ていなかった」という述語は，次の(25)のように指定される。

(25)　語幹：み(見)
　　　ヴォイス(使役)：非使役
　　　ヴォイス(受動)：非受動
　　　アスペクト：状態
　　　肯定否定：否定
　　　ていねいさ：非ていねい
　　　テンス：過去
　　　……

このうち，語幹は，動詞や形容詞などの語幹から1つが指定される。ヴォイスは，使役については「使役」か「非使役」かが指定され，受動については「受動」か「非受動」かが指定される。アスペクトは，アスペクトの下位分類(たとえば「状態」)のそれぞれについて，「状態」か「非状態」かといったことが指定される。肯定否定については「否定」か「肯定(非否定)」かが指定される。ていねいさについては「ていねい」か「非ていねい」かが指定される。テンスについては「過去」か「非過去」かが指定される。そのほか，ムードについても，「不確かさ」や「命令・依頼」などのムードの下位分類のそれぞれについて値が指定される。

これを簡単な表で表すと，次の表6のようになる。

表6 「見ていなかった」の「内の活用」の指定（一部）

語幹	ヴォイス		アスペクト	肯定否定	ていねいさ	テンス
	使役	受動	状態	否定	ていねい	過去
み（見）	×	×	○	○	×	○

　このような指定を受けると，「状態」というアスペクトは「てい（る）」という形態になり，「否定」は「な（い）」という形態になる。「過去」は「た」という形態になる。「非使役」や「非受動」「非ていねい」はゼロ形態，つまり形態が現れないことによってその意味が表される。表6では省略されているが，ムードの下位分類でもそれぞれがゼロ形態になる。その結果として，「見ていなかった」という形ができる。

3.4　「外の活用」の指定のしかた

　「外の活用」は，文中の他の成分に対する関係を，「仮定「たら」」，「付帯状況「ながら」」などの中から1つ選ぶという選択である。1つの動詞や形容詞に対して1つの値が指定される。

　「外の活用」の選択肢には，たとえば次の(26)のようなものがある。

　　(26)　「外の活用」の選択肢（一部）
　　　　　独立
　　　　　発言引用「と」
　　　　　逆並列「が」
　　　　　理由「から」
　　　　　仮定「たら」
　　　　　程度「ほど」
　　　　　同時「ながら」
　　　　　……

　このうち，「独立」というのは，単文や，複文の主文の文末で使われるものである。それ以外の「発言引用「と」」などは，発言の引用を表すときに「と」という形態をつけて使われるものということである。

　たとえば「見ていなかったら」という述語は，外の活用が「仮定「たら」」と指定されたものである。

　そう指定されると，内の活用の指定によってできた「見ていなかった」と

いう形に仮定を表す「たら」がつき,「見ていなかったら」という形ができる。

4. 動詞の活用論と述語の構造論

この **4.** では,**4.1** から **4.4** で,それぞれ次の (27) から (30) のようなことを考察する。

(27) 伝統的な「動詞の活用論」でヨーロッパ系言語と日本語の活用を比較すると,両者の表面的な違いだけがきわだつ。

(28) ここで提案する「述語の構造論」では,ヨーロッパ系言語と日本語の活用が比較しやすく,両者の共通点と相違点が見えやすい。

(29) 日本語の述語は,基本的に,語幹,ヴォイス,アスペクト,テンス,ムードなどが順に並ぶ構造をもっている。

(30) ヨーロッパ系言語の述語も,基本的に,語幹,ヴォイス,アスペクト,テンス,ムードなどが並ぶが,日本語と順序が逆になる。

4.1 動詞の活用論の問題点

ここで「動詞の活用論」というのは,「語」としての動詞や形容詞などを分析対象にする伝統的な活用論である。

動詞の活用論では,動詞や形容詞に次の (31) や (32) のようなものがついた形全体は動詞や形容詞の活用には含めないのが普通である。

(31) 日本語:「(ら)れる」「ている」「ない」「た」「らしい」など

(32) 英語:「be(+[過去分詞])」「not」「will」「have to」など

このようなものは別の語として扱い,それらが活用するときは,その語の活用として扱う。

こうした伝統的な「動詞の活用論」によってヨーロッパ系言語と日本語の活用を比較すると,それぞれの表面的な違いだけがきわだつ。それは,前の「2.1 ヨーロッパ系言語と日本語の伝統的な「活用」」で見たとおりである。その結果,ヨーロッパ系言語と日本語の活用の本質的な共通点や相違点が見えてこないという問題点が出てくる。

また,伝統的な「動詞の活用論」では,特にヨーロッパ系言語の場合,複雑な語形が記述しにくいという問題点もある。

ヨーロッパ系言語の活用の記述は,伝統的には,主語の人称・数,動詞

のテンス・ムードなどの値によって動詞の活用形がどう変わるかを一つひとつ列挙する「並列方式」である。そのため，たとえば英語の「isn't being recognized」のような複雑な語形は記述できない。原理的には記述できるとしても，このような語形まで入れると，語形の数があまりにも膨大になり，現実的には一つひとつ並べて記述することが難しい。

　日本語の活用の記述は，伝統的には，動詞や形容詞，助動詞などが，後にどんな助動詞や接続助詞などが続くかによって形がどう変わるかを示す「直列方式」である。そのため，たとえば「認識されていない」のような複雑な語形でも，ある程度は記述できる。少なくとも「認識されて」と「いない」のそれぞれの語形は記述できる。

　「認識されて」は，「認識する」が「認識さ」になって「れる」に続き，「れる」が「れ」になって「て」に続くというように記述できる。「いない」は「いる」が「い」になって「ない」に続き，「ない」は終止するときは「ない」の形をとるというように記述できる。ただ，「認識されて」に「いない」が続くことは，伝統的な活用論の範囲では記述が難しい。

　このように，特にヨーロッパ系言語では，複雑な語形の作り方が記述しにくいため，すべての語形を体系化することができないという問題点がある。

4.2　述語の構造論の利点

　この論文で提案する「述語の構造論」というのは，「語」としての動詞や形容詞などではなく，「文の成分」としての「述語」を分析対象にする新しい活用論である。

　これは，動詞や形容詞に次の(33)や(34)のようなものがついた「述語」全体の構造を分析する活用論ということになる。

　　(33)　日本語：「(ら)れる」「ている」「ない」「た」「らしい」など（=(31)）

　　(34)　英語：「be(＋[過去分詞])」「not」「will」「have to」など（=(32)）

　この新しい「述語の構造論」では，ヨーロッパ系言語でも日本語でも，述語の内部に含まれる文法カテゴリーはほぼ一致する。文法カテゴリーというのは，ヴォイス，アスペクト，テンス，ムードなどである。

　その結果，「述語の構造論」では，ヨーロッパ系言語と日本語の比較がしやすくなり，両者の本質的な共通点や相違点が見えやすくなる。

また，この新しい「述語の構造論」では，複雑な語形が記述しやすいという利点もある。

　「述語の構造論」は，主語の人称・数，動詞のテンス・ムードなどの値によって動詞の活用形がどう変わるかを一つひとつ列挙する「並列方式」ではない。基本的に，ヴォイス，アスペクト，テンス，ムードなどの文法カテゴリーの値がどのような順番で並ぶかを示す「直列方式」である。

　そのため，「isn't being recognized」や「認識されていない」のような複雑な語形も記述できる。具体的な記述方法は，次の「4.3　日本語の述語の構造」と「4.4　ヨーロッパ系言語の述語の構造」で述べる。

　このように「述語の構造論」では複雑な語形が記述しやすいため，すべての語形の形態と文法的機能の関係を体系的に示すことができる。

4.3　日本語の述語の構造

　文の成分としての日本語の述語は，基本的に次の(35)のような構造をもっていると考えられる。

(35) 　語幹 － ヴォイス － アスペクト － 肯定否定 － テンス － ムード － ていねいさ

　　　働k　　ase　　te i　　nakat　　ta　　rasii　　desu

語幹の後に，ヴォイス，アスペクト，肯定否定，テンス，ムードという文法カテゴリーの値を表す形態が順に続くということである。

　「働かせていなかったらしいです(働kaseteinakattarasiidesu)」であれば，この(35)のような対応になる。

　また，前の「4.1　動詞の活用論の問題点」と「4.2　述語の構造論の利点」であげた例「認識されていない(認識sareteinai)」であれば，次の(36)のような対応になる。

(36) 　語幹 － ヴォイス － アスペクト － 肯定否定 － テンス － ムード － ていねいさ

　　　認識s　　are　　te i　　na　　i　　φ(無形)　　φ(無形)

ただし，これらの文法カテゴリーの値を表す形態が現れる位置は，少し変わることがある。特にていねいさを表す形態は「です」と「ます」の2つがあることもあり，単純ではない。

「です」は，次の(37)のように肯定否定とテンスの間に入る場合と，その次の(38)のようにムードの間に割って入る場合がある。

(37)　聞い　　　てい　　　　ませ　　　ん　　　　でし　　　た
　　　語幹　アスペクト　ていねいさ　肯定否定　ていねいさ　テンス

(38)　聞い　　　た　　　そう　　　です　　　ね
　　　語幹　テンス　ムード　ていねいさ　ムード

「ます」は，次の(39)のようにアスペクトと肯定否定の間に入る。

(39)　聞い　　　てい　　　　ませ　　　ん　　　　でし　　　た
　　　語幹　アスペクト　ていねいさ　肯定否定　ていねいさ　テンス

日本語の主な文法カテゴリーと，それぞれの文法カテゴリーに属する代表的な形態をあげると，次の表7のようになる。

表7　日本語の文法カテゴリーとその代表的な形態

文法カテゴリー	文法的機能	形態の例
ヴォイス	使役	（さ）せる
	受動	（ら）れる
アスペクト	状態	ている
肯定否定	否定	ない，ん
テンス	過去	た
ムード	関係づけ	のだ，わけだ
	不確かさ	ようだ，らしい
	意志	（よ）う
	伝聞	[する]そうだ
	命令・依頼	てください
	確認	ね
ていねいさ	ていねい	です，ます

ヨーロッパ系言語の活用論では扱われるのに，日本語の活用論ではあまり扱われることがない文法カテゴリーがある。「内の活用」では，「人称・数」という文法カテゴリーである。しかし，日本語には相対的な人称が間接的に

表される語形として，たとえば次の(40)のようなものがある。
　　(40)　尊敬・謙譲の語形：「お〜になる」や「お〜する」
　　　　　受益表現の語形：「〜てくれる」や「〜てあげる」
　たとえば，尊敬の「お〜になる」が使われている次の(41)では，主格の人物が，一人称や一人称側の人間ではなく，三人称や三人称側の人間であることが間接的に表されている。
　　(41)　そのことはもうお話しになりました。
　また，たとえば，謙譲の「お〜する」が使われている次の(42)では，主格の人物が一人称や一人称側の人間で，与格「〜に」の人物が三人称や三人称側の人間であることが間接的に表されている。
　　(42)　そのことはもうお話ししました。
　相対的な人称が間接的に表されるこのような文法カテゴリーは，絶対的な人称が表されるヨーロッパ系言語の「人称・数」という文法カテゴリーと同じではない。ただ，どちらも動詞の主格やその他の格が何であるかを直接的にあるいは間接的に表すものだと言える。そのため，両者を統一的に扱うことも可能だろう。
　ここでは，相対的な人称が間接的に表される，前の(40)のような日本語の語形と，絶対的な人称が直接的に表されるヨーロッパ系言語の「人称・数」の語形を統一的に扱う。そして，その文法カテゴリーを「参与者」と呼ぶことにする。

4.4　ヨーロッパ系言語の述語の構造

　文の成分としてのヨーロッパ系言語の述語は，基本的に次の(43)のような構造をもっていると考えられる。

　　(43)　| ていねいさ | － | ムード | － | テンス | － | 肯定否定 | － | アスペクト | － | ヴォイス | － | 語幹 |

　ムード，テンス，アスペクト，ヴォイスという文法カテゴリーの値を表す形態の後に，語幹が続くということである。この順序は，基本的に日本語の順序と逆である。
　前の「4.1　動詞の活用論の問題点」「4.2　述語の構造論の利点」であげた例「isn't being recognized」であれば，次の(44)のような対応になる。

動詞の活用論から述語の構造論へ | 67

(44)
```
┌──────┐ ┌────┐ ┌────┐ ┌────┐ ┌──────┐ ┌────┐ ┌────┐
│ていね│─│ムー│─│テン│─│肯定│─│アスペ│─│ヴォ│─│語幹│
│いさ  │ │ド  │ │ス  │ │否定│ │クト  │ │イス│ │    │
└──────┘ └────┘ └────┘ └────┘ └──────┘ └────┘ └────┘
   │       │      │      │       │        │      │
 φ(無形) φ(無形)  is    n't    being         recognized
```

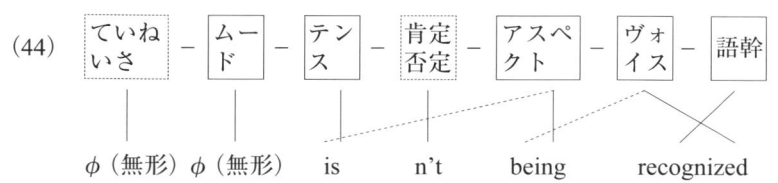

アスペクトとヴォイスからの線が2本になっている。これは，状態を表すアスペクトは「be」と動詞の現在分詞の組み合わせで表されるからである。また，受動を表すヴォイスは「be」と過去分詞の組み合わせで表されるからである。

こうした組み合わせの場合，「be」と現在分詞・過去分詞の位置が離れるのは，動詞の語幹と，語幹以外の部分の順序が日本語と逆にならず，日本語と同じように語幹が前で，語幹以外の部分が後にくるからである。

「is being recognized」の「is」「being」「recognized」それぞれの語幹と言えそうな部分と，語尾など，それ以外の部分の順序を仮に入れ換えると，次の(45)のように「be」と現在分詞・過去分詞の位置が離れずに，きれいな順序で並ぶ。

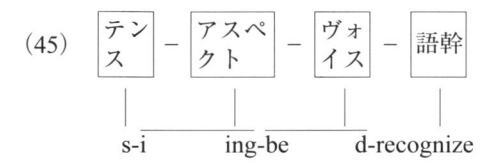

(45)
```
┌────┐ ┌────┐ ┌────┐ ┌────┐
│テン│─│アス│─│ヴォ│─│語幹│
│ス  │ │ペク│ │イス│ │    │
│    │ │ト  │ │    │ │    │
└────┘ └────┘ └────┘ └────┘
   │      │      │      │
  s-i   ing-be d-recognize
```

この(45)のように，それぞれの語幹と，語尾など，語幹以外の部分の順序を入れ換えると，「is」の語幹と「being」の語尾が隣接し，その2つで状態のアスペクトを表していることがわかりやすくなる。また，「being」の語幹と「recognized」の語尾が隣接し，その2つで受動のヴォイスを表していることがわかりやすくなる。

基本語順が「主語－目的語－動詞」であり，一般に「SOV型言語」と呼ばれる日本語のような言語の動詞では，語幹が前で，語幹以外の部分が後にくる。逆に，基本語順が「動詞－目的語－主語」であり，一般に「VOS型言語」と呼ばれる言語の動詞では，語幹が後で，語幹以外の部分が前にきやすい。

ただ，基本語順が「主語－動詞－目的語」であり，一般に「SVO型言

語」と呼ばれるヨーロッパ系言語では，助動詞などは動詞語幹の前にくるが，活用語尾と呼ばれるものは動詞語幹の後にくるため，前の(44)のように順序が乱れることになっているのだと考えられる。

また，ヨーロッパ系言語では，ていねいさを表す形態や否定を表す形態がさまざまなこともあり，述語の中で現れる位置はそれほど一定していない。

ヨーロッパ系言語では，このように前の(43)の順序のとおりにならないことはあるが，おおむね日本語とは逆の(43)の順序で，日本語と同じ文法カテゴリーが並ぶと考えてよいだろう。

なお，日本語の活用論では扱われることがあるのに，ヨーロッパ系言語の活用論ではあまり扱われることがない文法カテゴリーがある。「内の活用」では，「ヴォイス」や「肯定否定」，「ていねいさ」という文法カテゴリーである。

「語」としての動詞などではなく，「文の成分」としての述語を対象とする「述語の構造論」であれば，このようなものも日本語と同じように扱える。

「be＋[過去分詞]」のような「ヴォイス」を表す形態も，「not」のような「肯定否定」を表す形態も，「I would like to」のような「ていねいさ」を表す形態も，「文の成分」として「述語」のレベルでは，述語の一部になっている。そうであれば，ムード，テンス，アスペクト，ヴォイスなどの文法カテゴリーの値を表す形態が並ぶ，前の(43)のような構造の中に位置づけることができる。

また，ヨーロッパ系言語の活用論では，「仮定「たら」」になるか「同時「ながら」」になるかといった「外の活用」もあまり扱われることがない。

これらも，「文の成分」としての述語を対象とする「述語の構造論」であれば，日本語と同じように扱える。

仮定節を作る「if」のような形態も，付帯状況句を作る動詞の現在分詞なども，「文の成分」としての述語の一部だと考えれば，日本語と同じように，「外の活用」として位置づけることができる。

5. 主文述語の構造と従属節述語の構造

この **5.** では，**5.1** から **5.3** で，それぞれ次の(46)から(48)のようなことを考察する。

　　(46)　日本語でもヨーロッパ系言語でも，主文の述語では，「内の活

用」のすべての文法カテゴリーの値が指定される。
（47）　日本語では，従属度が高い従属節ほど，「内の活用」の文法カテゴリーの中で値が指定されないものが多くなる。
（48）　ヨーロッパ系言語でも，従属度が高い従属節ほど，「内の活用」の文法カテゴリーの中で値が指定されないものが多くなる。

5.1　主文述語の構造

　主文の述語では，ヴォイス，アスペクト，肯定否定，ていねいさ，テンス，ムードという「内の活用」のすべての文法カテゴリーの値が指定される。

　「見ていなかった」という主文の述語を例にすると，「内の活用」は次の表8の下から2行目のように指定される。ヴォイスの「使役」欄の「×」は「非使役」という値の指定を受けるという意味であり，アスペクトの「状態」欄の「○」は「状態」という値の指定を受けるという意味である。

表8　主文述語「見ていなかった」の「内の活用」の指定（一部）

語幹	ヴォイス		アスペクト	肯定否定	ていねいさ	テンス
	使役	受動	状態	否定	ていねい	過去
み（見）	×	×	○	○	×	○
み（見）	φ	φ	てい	なかっ	φ	た

　そのような指定を受けると，この表8のいちばん下の行のような形態が現れ，「み（見）ていなかった」という形になる。
　ここで重要なことは，「×」になっているのは，たとえば「使役」については「非使役」という値の指定を受けるということであって，指定を受けないという意味ではないということである。
　主文の述語では，すべての文法カテゴリーの値が指定される。
　これは，日本語だけでなく，ヨーロッパ系言語でもまったく同じである。

5.2　日本語の従属節述語の構造

　日本語でもヨーロッパ系言語でも，主文の述語ではすべての文法カテゴリーの値が指定されるということだったが，従属節の述語では違う。従属節

の述語では，「内の活用」のすべての文法カテゴリーの値が指定されるわけではない。

たとえば「〜たら」という従属節の中では，次の(49)が言えないことからわかるように，伝聞の「そうだ」というムードは現れない。値が指定されないムードがあるということである。

(49) *中止になる<u>そうだ</u>ったら，電話してください。

一般に，従属度が高い従属節ほど，値が指定されない文法カテゴリーが多くなる。

「外の活用」が「独立」，「仮定「たら」」，「付帯状況「ながら」」の場合に，「内の活用」の値が指定されるかどうかを表にすると，次の表9のようになる。斜線が引かれた欄は値が指定されない。空欄は値が指定される。

表9 日本語の従属節述語での文法カテゴリーの指定（一部）

内の活用 外の活用	語幹	ヴォイス		アスペクト	肯定否定	ていねいさ	テンス	ムード
		使役	受動	状態	否定	ていねい	過去	伝聞
独立								
仮定「たら」							/	/
付帯状況「ながら」				/	/	/	/	/

「見ていなかったら」という従属節の述語を例にすると，「内の活用」は次の表10の下から2行目のように指定される。ヴォイスの「使役」欄の「×」は「非使役」という値の指定を受けるという意味であり，アスペクトの「状態」欄の「○」は「状態」という値の指定を受けるという意味である。

表10 従属節述語「見ていなかったら」の「内の活用」の指定（一部）

内の活用 外の活用	語幹	ヴォイス		アスペクト	肯定否定	ていねいさ	テンス	ムード
		使役	受動	状態	否定	ていねい	過去	伝聞
仮定「たら」	み（見）	×	×	○	○	×	/	/
たら	み（見）	φ	φ	てい	なかっ	φ	/	/

そのような指定を受けると，この表10のいちばん下の行のような形態が現れる。語幹の「み(見)」に「てい」と「なかっ」がつき，最後に「外の活用」で指定された「たら」がついて，「み(見)ていなかったら」ができる。

斜線が引かれた欄は，指定ができないということである。言い換えると，選択肢がないということである。

「仮定「たら」」より従属度が高い「付帯状況「ながら」」では，値が指定されない文法カテゴリーがさらに多くなる。

「見られながら」という従属節の述語を例にすると，「内の活用」は次の表11の下から2行目のように指定される。ヴォイスの「使役」欄の「×」は「非使役」という値の指定を受けるという意味であり，「受動」欄の「○」は「受動」という値の指定を受けるという意味である。斜線が引かれた欄は，指定ができないという意味である。

表11　従属節述語「見られながら」の「内の活用」の指定（一部）

内の活用 外の活用	語幹	ヴォイス		アスペクト	肯定否定	ていねいさ	テンス	ムード
		使役	受動	状態	否定	ていねい	過去	伝聞
付帯状況「ながら」	み(見)	×	○					
ながら	み(見)	φ	られ					

そのような指定を受けると，この表11のいちばん下の行のような形態が現れる。語幹の「み(見)」に「られ」がつき，最後に「外の活用」で指定された「ながら」がついて，「み(見)られながら」ができる。

このように，日本語の従属節の述語では，主文の述語と違って，「内の活用」の文法カテゴリーの中で値が指定されないものがある。従属度が高い従属節ほど，「内の活用」の文法カテゴリーの中で値が指定されないものが多くなる。

5.3　ヨーロッパ系言語の従属節述語の構造

ヨーロッパ系言語でも，日本語と同じく，従属節の述語では「内の活用」のすべての文法カテゴリーの値が指定されるわけではない。

英語で「外の活用」が「独立」，「仮定「if」」，「付帯状況[現在分詞]」の

場合に,「内の活用」の値が指定されるかどうかを表にすると,次の表12のようになる。斜線が引かれた欄は値が指定されない。空欄は値が指定される。

表12　英語の従属節述語での文法カテゴリーの指定(一部)

外の活用 ＼ 内の活用	ムード 命令・依頼	テンス 過去	肯定否定 否定	アスペクト 状態	ヴォイス 受動	語幹
独立						
仮定「if」	／					
付帯状況[現在分詞]	／	／				

「仮定「if」」の行では,ムードの「命令・依頼」の欄に斜線が引かれている。これは,「if～」という節の中では命令・依頼のムードを表す形態は現れないということである。言い換えると,命令・依頼のムードについては選択肢がなく,指定ができないということである。

「付帯状況[現在分詞]」の行では,ムードの「命令・依頼」の欄だけではなく,テンスの欄にも斜線が引かれている。これは,現在分詞を使って付帯状況を表す句の中では命令・依頼のムードを表す形態だけではなく,テンスを表す形態も現れないということである。言い換えると,命令・依頼のムードについてもテンスについても選択肢がなく,指定ができないということである。

このように,ヨーロッパ系言語の従属節の述語でも,主文の述語と違って,「内の活用」の文法カテゴリーの中で値が指定されないものがある。従属度が高い従属節ほど,「内の活用」の文法カテゴリーの中で値が指定されないものが多くなる。これは,基本的には日本語とまったく同じである。

6. 拡大活用論の提案

この **6.** では,**6.1** から **6.4** で,それぞれ次の(50)から(53)のようなことを考察する。

　　(50)　「拡大活用論」というのは,従来の活用論のように「語」としての動詞などの形態変化を考えるのではなく,「文の成分」としての述語の構造を考える活用論である。

(51) 動詞などの形態変化は言語によって大きく違う。しかし，述語の構造は言語による違いは小さい。拡大活用論を使えば，さまざまな言語の述語の構造を統一的に扱うことができる。

(52) 拡大活用論で扱うのは，活用というより，文の成分としての述語の構造である。拡大活用論では，文を直接構成する成分を対象にするため，形態論というより文法論として位置づけられる。

(53) 文の成分としての述語を対象にした拡大活用論でさまざまな言語の「活用」を詳しく見直せば，いろいろな言語の本質的な共通点や相違点が見つかることが期待できる。

6.1　拡大活用論とは

　この論文では，「活用」を考えるときに，「語」のレベルで動詞などの形態変化を分析するのではなく，「文の成分」のレベルで述語の構造を分析することを提案した。

　従来の活用論は，日本語でもヨーロッパ系言語でも，基本的に「語」のレベルで活用を考えていたと言える。そのため，「文の成分」のレベルで活用を考えるというのは，従来の活用論より大きな単位で活用をとらえることになる。

　それは従来の活用論より扱う単位が拡大したということなので，この論文で提案した「文のレベルで述語の構造を分析する活用論」を「拡大活用論」と呼ぶことにする。

　「拡大活用論」というのは，従来の活用論のように「語」のレベルで「見る」のような動詞や「高い」のような形容詞の活用を考えるものではない。「文の成分」のレベルで「見ていなかった」のような述語の活用を考える活用論である。

6.2　拡大活用論の利点

　従来の活用論のように「語」のレベルで動詞や形容詞の形態変化を分析すると，言語による違いがきわだつ。動詞や形容詞の形態変化は言語によって大きく違うからである。

　しかし，拡大活用論によって「文の成分」のレベルで述語の構造を分析すると，言語による違いは非常に小さくなる。文の成分としての述語の構造

は，どの言語もそれほど大きく違わないからである。

そのため，拡大活用論を使えば，さまざまな言語の述語の構造を統一的に分析することができる。

その結果，これまで「活用」のタイプが互いにまったく違うと考えられてきた言語どうしを比較できるようになり，そうした言語どうしの表面的ではない本質的な共通点や相違点が明らかになる。

日本語とヨーロッパ系言語の比較では，たとえば次の(54)から(56)のような共通点があることがわかる。

(54) ヴォイスやアスペクト，肯定否定，テンス，ムード，ていねいさ，参与者という文法カテゴリーのそれぞれについて，どの値を選ぶかという「内の活用」がある。

(55) 文中の他の成分に対する関係を，「仮定「たら」」，「付帯状況「ながら」」などの中から，あるいは「仮定「if」」，「付帯状況[現在分詞]」などの中から1つ選ぶという「外の活用」がある。

(56) 主文述語ではヴォイスやテンスなど，すべての文法カテゴリーの値が指定されるが，従属節述語では，従属度が高い従属節ほど，値が指定されない文法カテゴリーが多くなる。

一方で，たとえば次の(57)のような相違点があることもわかる。

(57) 語幹，ヴォイス，アスペクト，肯定否定，テンス，ムードなどの形態が並ぶときの順序は，日本語とヨーロッパ系言語では基本的に逆になる。

また，従来のように「語」のレベルで考えると，「日本語の形容詞は活用するが，ヨーロッパ系言語の形容詞は活用しない」ということになる。しかし，「文の成分」のレベルで，述語の「be＋[形容詞]」という単位で考えれば，日本語の形容詞述語もヨーロッパ系言語の形容詞述語も同じように活用することになる。

このように，表面的には違うように見えるものも，拡大活用論を使えば，述語の構造を統一的にとらえられる場合が多くなる。

6.3 拡大活用論の位置づけ

従来の活用論は，「語」のレベルで動詞や形容詞の形態変化を扱うものだった。そのような活用論は，形態論として位置づけられる。

それに対して，拡大活用論は，「文の成分」のレベルで述語の構造を扱うものである。そのような活用論は，文を直接構成する「文の成分」を対象にするため，形態論というより文法論として位置づけられる。

そうなると，本当は「活用」という名称も使わないほうがよいのかもしれない。ただ，従来の活用論と比較する意味もあって，「拡大活用論」という名称を使うことにする。

「語」のレベルで扱われることが多い動詞や形容詞の形態変化の単位を拡大する試みは，これまでも行われてきた。たとえば，河野（1955）は，「用言結合體」という単位で朝鮮語の用言を扱っている。風間（1992）は，「動詞複合体」という単位で主に日本語の動詞を扱っている。宮岡（2002）は，「用言複合体」という単位でエスキモー語と日本語の用言を扱っている。

こうした試みは，この論文で提案した「拡大活用論」と同じ方向性をもっていると考えることもできる。ただし，「拡大活用論」とは違う点もある。「用言結合體」や「動詞複合体」「用言複合体」は，従来の活用論で扱っていた「語」という単位を拡大した形態論と位置づけてよいものだと考えられる。それに対して，この論文で提案した「拡大活用論」は，文を直接構成する「文の成分」である述語を単位として，その内部の構造を明らかにしようとする文法論として位置づけられる。

文法論としての「拡大活用論」では，形態として現れないこと，別な言い方をすると，ゼロ形態で現れることを重視する。

たとえば，主文の述語に使われる「見る」を例にすると，「内の活用」は次の表13のようにとらえられる。

表13　主文述語「見る」の「内の活用」の指定（一部）

語幹	ヴォイス		アスペクト	肯定否定	ていねいさ	テンス
	使役	受動	状態	否定	ていねい	過去
み（見）	×	×	×	×	×	×
み（見）	φ	φ	φ	φ	φ	る

ヴォイスの「使役」欄の「×」は「非使役」という値の指定を受けるという意味であり，その形態はゼロ形態になっている。ヴォイスの「受動」欄，アスペクトの「状態」欄，肯定否定の「否定」欄，ていねいさの「ていね

い」欄も「×」で，それぞれ「非受動」，「非状態」，「非否定（肯定）」，「非ていねい」の指定を受け，どの形態もゼロ形態になっている。

　文法論としての「拡大活用論」では，一つひとつの文法カテゴリーがどんな値の指定を受けるかということを重視する。それは，たとえば「受動」であれば「受動」と「非受動」が文法的に対立していて，そのどちらが選ばれるかが重要だと考えるからである。そのため，「非受動」という値を表す形態がなくても，そのゼロ形態が「非受動」を表していると考える。

　「内の活用」だけでなく，「外の活用」についても，ゼロ形態を重視する。主文述語の「見る」は，従属節の述語と違い，主文述語としてそこで終止するということを表す形態がない。それでも，「外の活用」は主文述語に使われる「独立」という値を指定し，それがゼロ形態で表されると記述される。

　なお，「用言結合體」や「動詞複合体」「用言複合体」という単位で分析されるのは，日本語や朝鮮語をはじめ，膠着語的な性格をもった言語である。しかし，「拡大活用論」は，ヨーロッパ系言語をはじめ，膠着語的な性格が弱い言語も対象にする。

6.4　拡大活用論の今後の課題

　拡大活用論では，さまざまな言語の述語の構造を統一的に扱うことができる。そのため，「活用」のタイプが違うと考えられてきた言語どうしの比較もしやすく，そうした言語どうしの表面的ではない本質的な共通点や相違点を明らかにすることができる。

　今後の課題としては，拡大活用論でさまざまな言語の「活用」を詳しく見直すことがあげられる。

　拡大活用論でさまざまな言語の「活用」を見直せば，たとえば，次の(58)から(60)のようなことが明らかになると期待できる。

　　(58)　それぞれの言語の述語には「内の活用」をするものとしてどんな文法カテゴリーがあり，どんな形態が対応しているか。

　　(59)　それぞれの言語の述語には「外の活用」として，どんな選択肢があり，どんな形態が対応しているか。

　　(60)　それぞれの言語では，どんな従属節の述語でどんな文法カテゴリーの値が指定されないか。

　文法論としての活用論である「拡大活用論」によって，従来の活用論では

見えなかった，いろいろな言語の「活用」，正確に言えば「述語の構造」が明らかになることを願っている。

引用文献

石井久雄（1986）「あるラテン語動詞活用表」『研究報告集』7（国立国語研究所報告85）pp. 171–187，国立国語研究所（発行）・秀英出版（市販品発行）．

風間伸次郎（1992）「接尾型言語の動詞複合体について——日本語を中心として——」宮岡伯人（編）『北の言語——類型と歴史——』pp. 241–260，三省堂．

河野六郎（1955）「朝鮮語」市河三喜・服部四郎（編）『世界言語概説 下巻』pp. 357–439，研究社辞書部．

鈴木重幸（1972）『日本語文法・形態論』むぎ書房．

高橋太郎他（2005）『日本語の文法』ひつじ書房．

出口厚実（1971）「スペイン語動詞屈折語尾の構造」『大阪外国語大学学報』23，pp. 35–60．

時枝誠記（1950）『日本文法 口語篇』（岩波全書114），岩波書店．

野田尚史（2000）「日本語とスペイン語の拡大活用論」『日本語と外国語との対照研究VI 日本語とスペイン語（3）』pp. 11–37，国立国語研究所（発行）・くろしお出版（市販品発行）．

松下大三郎（1928）『改撰標準日本文法』紀元社．(中文館書店，1930.)［復刊：勉誠社，1974.］

宮岡伯人（2002）『「語」とはなにか——エスキモー語から日本語をみる——』三省堂．

森岡健二（1994）『日本文法体系論』明治書院．

テ形節の意味と統語

吉永 尚

1. はじめに

　日本語の活用形の一つであるテ形には，テ形節と後続節を接続する働きや複合述語を形成する働きなどがある。本稿では，活用形全体の中で，テ形がどのように位置付けられるのかについて考え，その機能を概観し，類似した機能を持つとされる連用形との相違について考察する。また，接続機能を担うテ形節の用法について観察し，これらがテの性質に関係する中核的な意味内容によって「並立」「先後」の2タイプに整理できる事を提案する。

　テ形接続については多数の先行研究があるが，殆どは主節に対する従属度に関する論考であった。本稿では，テ形節自体やテ形接続文全体の句構造を考え，前述の二つの意味タイプとの関係性について考察する。さらに，テ形節の否定形式である「ナクテ」「ナイデ」についても同様に考察を加え，最終的にテ形節の意味と統語の関係性を明らかにしたい。

2. 活用形としてのテ形
2.1 日本語の活用形

　本稿では，日本語の活用形は，発話意図に応じて選ばれ定着した形であると考えている。文中に置かれた位置によって，語幹とそれぞれの機能に応じ形態変化した部分からなる動詞や形容詞本体が，機能範疇などの統語的な要素や有形の後続要素と協働する事によって，初めて文中で何らかの意味的・統語的な役割を与えられるものと判断している。

　従って動詞・形容詞本体には活用形個別の意味はなく，有形無形の後続要素を包括して活用形として個別の意味機能を持つので，本体と後続要素を合わせたものを活用形と考える。テ形，連用形，否定形（ナイ形），終止形・

連体形（ル形・タ形），仮定形，命令形など全ての活用形について，この基本的判断を適用したいと思うが，使役形・受け身形など陳述性の高い，少数の例外については，構造的に異なったものであると考えている。

形態的には，連用形や五段動詞のル形，命令形などは活用形末に母音が挿入される事を除いて膠着成分は付加されず，テ形，ナイ形，タ形，仮定形などは有形後続要素と協働し外見的相違が見られるが，全ての活用形は構造依存的であり，置かれた位置や後続要素の機能により価値が決定される。

また，本稿では，活用語尾の形態的・音韻的な変化については，それぞれの機能に応じて発音しやすいように音声形態が整えられ定着した形態であると考えている。例えば，一段動詞では語幹末に母音を持つため「食べマス」のように語幹に直接マスが付加されるが，五段動詞では語幹末が子音であるため「話し（hanas-i）マス」のように緩衝的な母音 i が挿入される。テやタに前接する五段動詞の音便（「書いて」「読んで」など）は，音声と意味機能両面の原因により定着したものと考える。[1]

イ形容詞では「寒くて」のようにイがクに音韻変化し，ナ形容詞（形容動詞）では「静かで」のように名詞と同様デが膠着した形態で表わされ，直観的に名詞性の強い事と連動していると判断されるが，これらの形容詞の音声現象についても，基本的にそれぞれの機能に応じて発音しやすいように音声形態が整えられていった結果，定着した形であると考えている。

活用形の意味機能については，ナイ形，仮定形，命令形などは活用形自体の意味が固定化し用法は比較的単純であるが，ル形・タ形は，終止形・連体形など，文末での言い切り機能を初めとした時間的性質を担う活用形としての用法が発達し，連用形・テ形では複合語の素材や接続機能（中止法）など，さらに多方面にわたって用法が発達している事が観察される。

2.2　活用形全体におけるテ形の位置付け

前述のように，テ形の形態は，文の中止形・接続形としての機能を担うため最終的に定着した音声形態であると思われ，意味機能は連用形と同様に多

---

[1]　坪井（2001）では，音便について，活用語尾の音節が次に続く接辞（例えばテ）と融合し弱化した形が，何らかの役割を担った新しい語形として原形と異なる音韻に仕立て直されたものであるとしている（p. 65）。また，共に音便形を持つテ形とタ形はセットとしてかなり強固に形成された事が伺われ，関連性が強いとしている（p. 203）。

岐にわたっており，用法が発達した活用形であると言える。

　言語学研究会・構文論グループの一連の研究（1989a, b）では，中止形を担う活用形としてテ形（第二なかどめ形）を連用形（第一なかどめ形）の下位分類とみなしている。しかし，本稿では統語的な観点から，テ形は何らかの時間的性質（テンス要素）を持つが，連用形にはテンス要素など機能範疇を含まない点で，構造的に異なった活用形であると考えている。連用形は構造・形態の単純さにより，語句の素材となる性質（以下，素材性と呼ぶ）が最も強く「缶切り」「読み方」などの複合名詞の成分に取り込まれ，時間的性質を初め機能範疇が含まれない事を示しているが，テ形では，「*缶切って」「*読んで方」などのように複合名詞には取り込まれず，構造の異なりが見られる。

　また，有形の後続要素が付加されるものは活用形自体の意味が後続要素の意味機能に直接影響され，付加されないものは，文中での位置や機能範疇などの抽象的な統語要素によって意味的・統語的な役割を与えられると考えているので，テ形は後続要素であるテ自体の意味機能が活用形としての機能に深く関与していると考える。連用形は後続要素がない事により用途が多くなったと思われるが，テ形はテの持つ膠着・接続的性質とテンスマーカー的な時間的性質によって多くの用法が発達したと推測され，接続機能の他，アスペクト・依頼・授受など様々な複合述語を形成する機能を持つ。

　テの機能について先行研究を総合すると，過去・完了を表わす助動詞の活用形として時間表現機能を保持しつつ接続助詞化したものであるという考え方や，相対的過去マーカー「タ」のバリアントであり，テンス要素であるという考え方などに収束する。いずれにしても，比較的近い過去を表わしつつ接続機能を担った要素であると言えるであろう。[2] 三原（2011b）では，テ形が日本語の近接過去形式であるとしているが，第3節で再度述べる事とする。

　当節の結論として，テ形はテ自体の意味機能，即ち近い過去や接続性が焼き付けられた活用形であり，その性質によって用法が分化し発達した活用形

---

[2]　松村明（編）『大辞泉』（1995: 1756）では，「て」は接続機能を担う接続助詞であるという記述と，助動詞「つ」の連用形であるという記述がある。「つ」は主に完了を表わし連続形で同時性・反復性を表わすという。完了の「ぬ」との相違は「つ」が意志的動作に後続するのに対し，「ぬ」は自然発生的な事態を表わすものに後続する事とある。

であると判断する。時間的性質の面では，接続形として，ル形・タ形のような文末での言い切り機能は持たないが，連用形ほどは時間的性質から解放されていない。以下，活用形としてのテ形の機能を概観する。

2.3 テ形の機能
A. 接続機能
　　（1）　太郎はカバンを抱えて走った。（付帯用法）
　　（2）　次郎は書籍部に行って教科書を買った。（継起用法）
　　（3）　花子は体調を崩して仕事を一カ月休んだ。（因果用法）
　　（4）　雅子がピアノを弾いて明子が歌を歌った。（並列用法）

　これらのテ形は，様々な意味を持つテ形節の主動詞となるタイプであり，後続の主節とそれぞれの意味関係で繋がれている。（1）–（4）はテ形節の用法に関する先行研究（加藤（1995），仁田（1995），Hasegawa（1996），Nakatani（2004）など）を総合した結果，最も普遍的であると思われる意味パターンである。簡単にそれぞれの意味特徴を述べる。
1）付帯用法―テ形節が主節事態の付帯状況を補足説明するもの。
2）継起用法―テ形節事態が生じ，それが完了した後に主節事態が生じるという時間的先後関係を表わすもの。
3）因果用法―テ形節事態が原因理由になって主節事態の表わす結果を引き起こしているもの。
4）並列用法―ある意味範疇に属する要素を生じた時間に関係なく並べたもの。

　前節で述べたテの持つ近い過去と接続の意味機能がいずれも現れていると思われるが，以後，各用法を省略して付帯，継起，因果，並列と呼ぶ。
　日本語記述文法研究会（編）（2008: 279）では，上記の四種に「前触れ」「逆接」「順接条件」の三種を加えている。
　　（5）　問題が一つあって，父は英語が話せないのである。（p. 279）

「前触れ」として主節内容を提示し，二文がテで繋がっているとしているが，類似内容の節の並列に類するものと思われる。しかし，後で述べるように並列では前後入れ替えが許容されるが，この場合はできないので並列テ形節と独立文の間にあるものと考えたい。また，「逆接」として次のような例が挙げられている。

（6）　悪事を見て見ぬふりをするのは，卑怯なことだ。（p. 285）
　これらは「知っていて知らないふりをする」などの対句的慣用表現の延長にあり，イディオム的なフレーズを構成するものと判断する。[3] また，「順接条件」として，
　（7）　材料費は全部合わせて3000円だった。（p. 286）
のような例が挙げられているが，「1ドル百円と計算して〜」などと同様，テ形節事態が先に成立する必要があり，継起に連なると判断する。いずれも従来の分類に統合される可能性があると思われるが，今後さらに検討したいと思う。また，対比用法は並列に含めて考える事としたい。

B. 述語形成機能
　（8）　分かっている / 分かっていく / 分かってくる / 分かってしまう
　（9）　捨ててある / 捨てておく
　（10）　書いてやる / 書いてもらう / 書いてくれる
　（11）　読んでください / 読んでもいい / 読まなくてはならない / 読んでほしい / 読んでみる
　（12）　気がしてならない / 気になってしかたがない

　これらのテ形は様々な述語成分に前接するもので，（8）–（10）は形式動詞に前接しアスペクトや授受表現などを形成し，（11）（12）は慣用的な複合述語を形成しているが，他にも「〜てみろ」「〜てみせる」「〜てまわる」「〜てのける」など多様な複合述語を形成する。いずれもテの接続機能によって後続の文末形式が膠着した形態であると見られる。このような機能は連用形の一部にも見られるが，これは連用形の持つ素材性によるものであると考えられる。

C. 副詞的機能
　（13）　はっきり言って，今日の彼は試合で精彩を欠いている。
　（14）　無理して，そんな踵の高い靴なんか履くから足を挫くのよ。
　（15）　アナログ放送終了の警告が表示されてから，目に見えて販売が増

---

[3] 城田（1998）ではこのような逆接関係の用法を並列用法に連なるものと考えている。三原（2009, 2011b）では，イディオムとして捉えるという点で本稿と同様の記述がある。

えたそうだ。

　上例のようなテ形は，単独で慣用表現的な副詞句となっており，テ形節としての機能は形骸化して副詞的な性格が強くなっていると判断される。これらのグループには，テ形接続としての機能よりも修飾語としての性格が強くなった多くのものが含まれると思われるが，この機能については，後述の連用形との比較において再度触れる事とする。

D. 文末機能

　以上の機能の他に，文末のテ形が挙げられる。白川（2009: 143）では，文末にテ形節を持つ次のような文を，「言いさし文」としている。[4]

　　（16）「すみません，成田まで蟹を取りに行ったら，渋滞に巻き込まれて。」(p. 143)

　白川は，これらは文脈によって解釈が委ねられ，文レベルでは不完全な表現であるが，談話レベルでは，言い切りの形式と等価の完結性を備えていると言う。

　また，文末のテ形節は，「～らしくて」「～ようで」「～そうで」などのモダリティ要素や使役・受け身など多様な要素を取り込む事ができ，会話では頻繁に文末形式として用いられ，B.で挙げた依頼表現も，会話では「ちょっと待って。」のように文末形が多用される。

　文末のテ形については，不明な点も多く，これらが当節で挙げたテ形の機能のいずれかに類するのか，或いは別種の機能なのかについては，稿を改めて考えたい。

　以上，テ形の様々な機能を概観したが，いずれの機能もテの性質と深く関わっており，時間性と接続性を表出した機能である事が結論付けられる。

---

[4] 「て」が普通，接続助詞の一つとされているのに対して，白川（2009）では他の接続助詞と「て」は異なった点があるとしており，また，接続助詞の終助詞化という一般的な見方に対しても，完全な終助詞とは言えないとしている。また，城田（1998）では，文末のテ形について終止形と等価であるが，まだ文脈が続いている事を暗示し，話の前後の内容を呼応させようという気持ちを表わしているとしている。三枝（2006）では，文末のテ形節は書き言葉では殆どなく，話し言葉の発話末に多く用いられモーダルな要素があるとしている。

3. テ形と連用形の相違

次に,共に中止形として括られ,類似した活用形であるとみなされる連用形との特性の違いについて考察する。

連用形の特性として第一に挙げられるのは,素材性であろう。[5]「笑い」「語り」などのような名詞用法や,前述の「缶切り」「読み方」などの複合名詞,「叩き潰す」「泣き叫ぶ」などのような複合動詞を形成する性質があり,語構成の素材として様々な環境に出現する。それに対してテ形は,「触れて回る」などの少数の複合動詞を除いて,このような機能は乏しい。

しかし,テ形の機能のうち,テ形節と後続節を繋ぐ接続機能を持つものについては,どの用法においてもほぼ連用形と置き換えが可能であり,接続機能という点で,テ形と連用形は類似した機能を持つ。素材性の強弱については両者の相違は明確であるが,接続性については,先行研究の多くで機能的な類似が認められ,同種の活用形として括る立場が取られている。言語学研究会のなかどめ形研究の他,寺村(1984: 49, 56)ではテ形・連用形を共に保留・中止を表わすものとして括り,テ形はタ形のバリアントとして捉えている。

本稿では,これら二つの接続機能を比較し,類似性を帯びながらも相異なる性質を有する事を例証したい。まず,単純な構造の文において,相違を観察する。

3.1 単純文における接続機能の相違

　　(17)　太郎はカバンを抱え走った。(付帯)[6]

---

[5] 田川(2009)では,連用形は形態の単純さ故に様々な位置に現れる事ができ,置かれた位置で様々な意味機能を与えられ得るとしている。

[6] 三原(2011a: 75 註10)では「先行研究では連用形には付帯用法がない,あるいは,付帯よりも継起の意味が強くなるとされる事が多いようである(日本語記述文法研究会(編)(2008: 288)など参照)。」と指摘した上で,「私は心の中で自分に言い聞かせ何をするべきか考えていた。」など連用形で接続される節(連用形節)にも付帯状況の読みが可能なものがあるとしている。また「ながら」を付置したものと意味は変わらないとしており,さらに以下のような類例を加えている。
(i) a. 叱られている間,私は目を下に向け黙っていた。
　　b. 僕は,その時,両手に荷物をかかえ環状線に乗っていた。
　　c. 着の身着のままで,何も持たず(に)丘の上に避難した。

(18) 次郎は書籍部に行き教科書を買った。(継起)
(19) 花子は体調を崩し仕事を一カ月休んだ。(因果)
(20) 雅子がピアノを弾き明子が歌を歌った。(並列)

　上例は(1)–(4)を連用形に換えたものであるが，全て正文と認められる。一般的に，連用形が文章的，テ形が口語的というテキストスタイル面での相違はあるが，接続関係自体の相違は殆どないように思われ，確かに類似している。しかし，細かく観察すると，文法的なレベルでの接続関係の相違が少なからずある事が分かる。

　テ形接続の多くの先行研究で，付帯は最も主節への従属度が高いとされるが，連用形の付帯には(17)のように自然なものと，テ形と比較して座りの悪いものが観察される。

(21) 太郎は歩いて学校に行く。
(22)??太郎は歩き学校に行く。

　テ形節は主節事態を副詞的に状況説明し，完全に従属的な接続機能を持つのに対し，連用形ではこの機能が乏しいという事が考えられる。付帯でも，「泣いて謝る」「笑ってごまかす」など特に複合化が進み様態副詞的なものは「*泣き謝る」「*笑いごまかす」のように連用形に変換できない。

　また，接続機能とは別に，C.副詞的機能で挙げた慣用的な副詞句「はっきり言って」「無理して」「目に見えて」などのテ形節についても，連用形に変換しにくいものが多い。次の例文は(13)(14)をそれぞれ連用形に変換したものである。

(23)??はっきり言い，今日の彼は試合で精彩を欠いている。
(24)??無理し，そんな踵の高い靴なんか履くから足を挫くのよ。

　上例は，口語表現においてテ形が多く用いられるという語感的な違和感も起因していると思われるが，いずれも許容度が低い。

　連用形には，前に述べた素材性に起因すると思われる，「振り払う」「走り回る」「泣き喚く」のような複合動詞形成機能があり，前部の連用形動詞が後部動詞の付帯状況を説明しており，テ形節の付帯用法に連続していくものとも考えられる。しかし，複合動詞の形成には前後動詞の項の一致や意味的な選択制限が働き，相互互換性はそれほど高くないと思われる。[7]

---

[7] 池谷(2003)では，テ形接続で言い換えられる複合動詞について影山(1993)の複合動

言語学研究会・構文論グループによる第一なかどめ形（連用形中止法）・第二なかどめ形（テ形中止法）の一連の研究では，類似形態として共に中止形としながらも，連用形はより並列的であり，テ形はより従属的な働きを担うとしている。単純文の継起・因果・並列ではテ形と連用形の差異は目立たないが，テ形の従属的特性が明確になる付帯では相違が明らかになる。従属的性質は，言い換えると接続力の強さを示しているとも言えるであろう。テが持つ膠着的接続性や近い過去を表わす時間的緊密性によって，多様な様態説明の副詞句が発達したと考えられる。次に，複数の節が連続する文を観察する。

3.2　複雑文における接続機能の相違

　新川（1990）では，両者が混在する複雑文の場合，単純文より接続機能の相違が顕著になる事が述べられている。複雑文を三種に分類して，それぞれの接続機能の相違を観察する。[8]

ⅰ）連用形節＋テ形節＋主節
　（25）　時にシャワーがない施設で練習し，水道で顔を洗って選手は家路に就く。（連用形節が，後続のテ形節と主節で構成される複文と並列的関係で前置されている。）

ⅱ）テ形節＋連用形節＋主節
　（26）　入試方法の変更は，委員会が検討を重ねて秋頃までに答申を出し，正式決定の上，公表されるという。（テ形節と連用形節がまとまり，主節事態のための準備段階的内容を表わす。）

ⅲ）テ形節＋連用形節＋テ形節＋主節
　（27）　ノウハウの情報交換が進んで，選手のレベルが向上し，海外でプレーする選手が増えて，好成績につながった。（二つ目のテ形節

詞の分類を参考に考察し，テ形接続が二つの独立したイベントを自由に結合するのに対し複合動詞は二つのイベントが融合または並列して一つの動作として認識されなければならないため，項の一致や意味の制限があるとしている。また，動詞の複合性に関してはLi（1990）も参考にしている。

[8] 小説や社説など一文が長い場合には，上記のパターン以外に，テ形節や連用形節が前後に複数挿入されるものや，テ形節・連用形節がないものも見られるが，両者の接続機能の比較のため便宜的に設定した。例文はいずれも新聞記事から採取したものを一部修正し，文末に節の意味関係の説明を加えた。

までの内容が大きくまとまって，主節の理由を説明している。）
上例を全て連用形のみに書き換えると，全体的に落ち着きが悪い。

(28) ??時にシャワーがない施設で練習し，水道で顔を洗い選手は家路に就く。
(29) ?入試方法の変更は，委員会が検討を重ね秋頃までに答申を出し，正式決定の上，公表されるという。（事務的なため許容度が高い。）
(30) ??ノウハウの情報交換が進み，選手のレベルが向上し，海外でプレーする選手が増え，好成績につながった。

同様に，全てテ形のみに書き換えても，やはり落ち着きが悪い。

(31) ?時にシャワーがない施設で練習して，水道で顔を洗って選手は家路に就く。
(32) ?入試方法の変更は，委員会が検討を重ねて秋頃までに答申を出して，正式決定の上，公表されるという。
(33) ??ノウハウの情報交換が進んで，選手のレベルが向上して，海外でプレーする選手が増えて，好成績につながった。

複雑文では，一方の接続形式のみに偏ると，前後関係がうまく繋がらない。

新川(1990)では，第2なかどめ形(テ形)は従属，第1なかどめ形(連用形)は並列的接続であるとしており，新川の表現を借用すれば，場面の力を借りて，やっと意味解釈が可能になる位，連用形は関係性が希薄であると言う。

三原(2011b)では，テ形節は「ひとまとまり」を作り，その都度認知していく働きがあるとし，テ形は近接過去の形態であり，テ形接続文はどの意味類型においてもこの文法的性質を強く反映しているとしている。[9]

連用形は前述の素材性に加えて接続性という特性も併せ持っていると言え

---

[9] 三原(2011b)では，テ形節は認識過去を表わしテ形接続は基本的に全て認識的前後関係が必要であるとし，Hasegawa(1996)の例を挙げて単なる偶発的事態や情報追加，論理的逆行などは許容されないとしている。また，近い過去を表わす近接過去と遠い過去を表わす遠隔過去を区別する言語がかなりあるが，テ形は日本語の相対時制的な近接過去形式であるとし，古い時代の出来事でテ形節は不自然であるとして以下の例を挙げている。

(i) その五重塔は，平安時代末期に飛鳥寺の近くに{建立され/#建立されて}，戦後になって，奈良市によって今の場所に移されたのです。　　　　　（三原 2011b: 8）

るが，この接続性は，テ形のそれとは性質が異なっている事が観察される。

　テ形節の接続では，継起や因果のような時間的先後関係と，付帯や並列のような時間的緊密性による並立関係が共に時間的な意味合いを示すのに対し，連用形節の接続では時間表現の要素が乏しい。基本的には並列関係で続き，継起など先後関係の生じる場合には，動詞の性質や，総合的な文脈的要素に支えられて時間的な解釈が与えられているように思われる。このような両者の特性の相違には，テの膠着的接続性と近い過去を表わす時間的緊密性が関与している。テには何らかの時間的性質があり，それによって膠着接続するものと思われる。

　また，連用形の素材性と接続性という二つの性質は矛盾するものではなく，共に形態の単純さに起因するものであると思われる。単純な形態によって語構成の素材として様々な語に取り込まれ，統語的要素を伴わないために文脈や受け取り手の判断に依存しつつ，あまり強くない接続力で文を続けていくという機能を持つに至ったと思われる。言語学研究会の研究では，連用形を本質的に並列的な接続機能を担うものと結論付けたが，関係性の弱い接続は並列的に解釈されるのが無標であると言う点で，この特性を裏付けていると思われる。いずれにしても，連用形の接続機能はテ形の接続機能とは違う形で進化したものであると言う事ができるであろう。

4.　接続用法の二分類

　当節では，テ形節の意味・統語関係をより明確にするため，第2節で挙げた典型的な接続用法「付帯」「並列」「継起」「因果」を，中核的な意味によって二分する。「並立タイプ」，「先後タイプ」の二つの概念タイプを設定し，「付帯」「並列」の二つを「並立タイプ」，「継起」「因果」の二つを「先後タイプ」として括る事としたい。

　接続用法で挙げた例文を再掲する。[10]
　　（34）　太郎はカバンを<u>抱えて</u>走った。（付帯用法）＝（1）
　　（35）　次郎は書籍部に<u>行って</u>教科書を買った。（継起用法）＝（2）
　　（36）　花子は体調を<u>崩して</u>仕事を一カ月休んだ。（因果用法）＝（3）

---

[10]　仁田（2010: 233–234）では，シテ形接続（本稿ではテ形接続）の意味・用法が多岐にわたるのは接続形式自体が明確に固有の意義を有しておらず，用法の意味関係は従属節や主節の表わす事象タイプや相互関係をどう認定するかに依存するためとしている。

(37)　雅子がピアノを弾いて明子が歌を歌った。(並列用法) = (4)

　これらの用法分類は多くの研究で認められてきたが，それぞれどのような理由で前後節が意味解釈されるのかを考え，最終的に「並立タイプ」「先後タイプ」に二分できる事を述べる。[11]

4.1　付帯用法
　　(38)　太郎は頬杖をついて本を読んでいた。
　　(39)　長兄が働いて一家を支えている。

　付帯は多くの論考で，主節との関係が最も従属的であるという点でほぼ一致しており，前節の連用形との比較ではこの用法に最も顕著な相違が見られた。継起，因果，並列の意味関係が比較的単純であるのに対し，この用法は「姿勢・態度・服装」「方法・手段」「位置関係」など，テ形節動詞の性質や目的語などによって様々に下位分類できる。結果持続または動作持続を表わす動詞が選択され，状態的な無アスペクト動詞，客体変化動詞は選択されにくい。

　主節内容を様態副詞的に修飾・説明するという用法は，テの持つ膠着的性質と時間的な緊密性によるものと判断される。また，付帯用法の特徴は前後節の主語や時空間の一致である。これらは，少数の例外を除き直観的に認められる。様態副詞的に修飾・説明するためには時空間の重なりが必要であるため，最も事態同存の傾向が強く，テが本質的に持つ特徴のうち，膠着的性質がより顕著に表われていると思われる。

　さらに，この用法と他の用法との決定的な相違は，削除可能であるという点である。例文として挙げた (38)(39) でテ形節を削除しても，文全体の本質的な意味はさほど変わらない。継起，因果，並列では，テ形節を削除すると，文の意味に何らかの影響が見られる。

　他の用法との境界上にあるものに，

---

[11]　吉永 (2008: 第 2 章) では，付帯を「ナガラ，ママ」に置き換えられるかどうかによってテ1とテ2に分け，テ形節の意味内容によって5つに下位分類 (a 動作主の状態，b ものの状態，c 動作主の主体的動作，d 心理状態，e その他) し，継起，因果的継起，因果，並列，副詞的成分を，それぞれテ3，テ4，テ5，テ6，テ7とした。また，各用法を主語の意味役割や動詞の継続性，限界性，意志性の有無などにより特徴付けた。本稿では，これらの用法を中核的な意味によって整理することを試みる。

（40）　子供たちは落ち葉を集めて遊んだ。
のようなものが挙げられる。「落ち葉を集めるという行為で遊んだ」という解釈では方法・手段を表わす付帯に，「（落ち葉を）集めた後，落ち葉で遊んだ」では継起解釈になり，目的語に変化が及ぶ客体変化動詞は継起に傾きやすい。
　心理作用を意味するテ形動詞の場合，付帯よりも因果を表わす事の方が多くなり，「うんざりしながら」のような同時性を強調する表現との相違がある。
　　　（41）　彼はうんざりして電話を切った。
　前述のように各用法は連続し文脈や読み手の解釈に依存するが，典型的な付帯を表わすものは多数認められる。付帯は，テの持つ近い過去の性質によってテ形節事態が僅かに先行している事を表わしてはいても，同じくテの持つ膠着性によって，主節事態に様態副詞的に付加され同存並立する意味特性が顕著であり，「並立」の意味が強いと判断する。

4.2　継起用法

　　　（42）　ジャガイモの皮を剥いて柔らかくなるまで茹でます。
　継起はテ形接続の本来的な性質を代表するものと考えられ，テ形節事態の完了後，主節事態をテで繋いだもので，口語では手順方法・顛末・経歴など，複数の動作事態の連続に用いられる。
　仁田（1995, 2010）では，テ形接続を〈付帯状態〉〈継起〉〈並列〉の三類型とし，連続していく事を認めながらも，〈継起〉を〈時間的継起〉と〈起因的継起〉の三類四種に分類しており，〈時間的継起〉とは，単に時間的な先後関係だけがあり，起因的要素を含まないものとしている。[12]
　継起のテ形節に現れる動詞の性格は，前述のように動作的・意志的なものが多く無意志動詞は少ない。同一主語による連続動作が最も自然であり異主語は少ないが，次のような事象連続文も存在する。
　　　（43）　エレベーターのドアが開いて，見た事のある女性が降りて来た。
　無意志的・異主体であっても，因果性を差し挟まない時間的先後関係のみ

---

[12] 継起と因果を一括する立場には仁田（1995, 2010），三原（2009, 2011b）等があり，動詞の性格や事象内容で分化するが時間的先後関係は同様であるとし「継起」に統合している。また，三原では構造的に継起 A（VP 付加）と継起 B（FinP 付加）に二分している。

の場合には，継起解釈になる。

　また，この用法はテ形節事態の完了後に主節事態が生じるという時間的先後関係に支えられて解釈される性質のものであるので，形容詞などの状態性述語，無アスペクト動詞とは折り合いが悪く，テ形節，主節共に出現する率が非常に低い事は直観的に判断される。そして，心理動詞や心理形容詞などの開始・終了がはっきりしない性質を持つ心理表現とも適合せず，前後節のどちらかに現れた場合には，因果解釈に傾く傾向が強い。

　継起は純粋な時間的先後関係を表わすが，因果と連続関係にあり，両義的な文も多く，前後の文脈などによって解釈が揺れる。

　　（44）　木の実はだんだん重くなって落ちて来ました。
　　（45）　その俳優は映画の主演が決まって有名になった。

いずれも，テ形節や主節が無意志動詞であるため，意志制御できない事によって因果に傾く。また，意志的動作動詞の連続でも両義的な場合がある。

　　（46）　その作家は関西に疎開して芦屋を舞台とした長編小説を書いた。

このような文は，もともと明確な意味区分はなく，何らかの理由で因果関係としての視点の統一が起きると因果解釈に傾き，そうでない場合は時間的先後関係が強く出て継起解釈に傾く。継起を強調したい場合は，「疎開してから」のような継起要素が選択されるであろう。

　付帯の意味特性は「事態の並立」であったが，継起は明確な「事態の先後」を表わし「先後タイプ」であると判断する。連続事態は原則として並存・共有時間を意味せず，直列性の強さが特徴であり，近い過去を表わすテの時間的性質が明確に表出していると言える。

4.3　因果用法

　　（47）　長時間正座して，足が痺れてしまった。

先後関係があっても，前後節どちらかに無意志述語がある場合，「〜して，〜する。」という積極的な動作連続ではなく，「〜の結果，〜になった。」という因果解釈に傾きやすい。

　　（48）　子供たちは喜んで，走り回った。
　　（49）　大きな音でドアが閉まって，びっくりした。

吉永（2008）では，前後節を問わず心理動詞・形容詞があると因果に傾きやすくなるとし，事象の視点が心理動詞・形容詞の経験者（Experiencer）に

固定され，因果との親和性が高くなるとした。

　（50）　試合で，田中君が二点入れて鈴木君がもう一点入れた。（継起）
　（51）　試合で，田中君が二点入れて鈴木君は嬉しかった。（因果）

（50）（51）共に前後節で主語は異なるが，（51）では文全体の視点が鈴木君という経験者主語に固定されている。文全体の意味の最終決定は，視点がどこに置かれるかに影響されるが，経験者は動作主より優先的に視点が置かれやすく因果解釈に傾く。[13]

　日本語記述文法研究会（編）（2008: 128–129）でも「心理的な内容を表現するテ形接続文は因果関係を示すものが多い。」とあり，本稿の考え方と一致する。

　継起には現れない形容詞述語も多い。

　（52）　この部屋は涼しくて気持ちがいい。
　（53）　この頃忙しくてゆっくり話もできない。
　　　　（二例ともテ形節の後に読点を入れると並列解釈に傾く。）

　以上の考察から，従属節や主節の表わしている事象タイプと意味解釈は相互に関係し，意志的動作だけから構成される時間的連続事態の多くは継起関係に解釈され，テ形節か主節のどちらかに無意志的・状態的・心理的事象がある場合には因果解釈に傾くという事が結論付けられる。形容詞述語の場合には，時間ではなく論理的な因果関係で繋がっていると言えるであろう。

　日本語学習者はテ形接続を比較的よく使う傾向があるが，形態の簡便さと有用性によるものと思われる。因果では主語の一致や述語の選択制限がないので自由に節を組み合わせている事による誤用が多い。

　（54）？有名な選手が参加して試合は面白い。
　（55）？今晩友達が来て飲み物を買います。

（54）は「選手が参加する」という意志的動作と「試合は面白い」という主観的な無意志的事態をそのままテで繋ぎ，（55）は動作事態の時間的先後関係が逆転している事による誤用である。テには「カラ」のような強い接続機能はなく，前後節の時間的・論理的先後関係や形式，統一性に支えられて意味解釈が与えられるので，これらの条件が満たされない場合には正しく解

---

[13] Sato and Kishida (2009) では心理述語文など経験者解釈が認められる際には，視点超投射が関与し，経験者の視点が最優先的に解釈を決定する事を提案し，句構造的な分析を行なっている。

釈されない。

　　（56）　会議が十時からあって朝早く家を出た。

　上例では，時間の先後関係が逆転していても因果解釈が許容される。テ形節が「あって」という非動作性述語であり，先に認知され主節の条件的な理由となっており，その結果，論理的先後関係があるので因果解釈が成立する。

　また，事態の重なりという点で，継起との相違が見られる。

　　（57）　かぜをひいて学校を休んだ。

　上例では「かぜをひいた」が「学校を休んだ」に先行してはいるが，「かぜをひいている状態」と「学校を休んでいる状態」が重なる事も含意している。状態性述語などの論理的因果関係の文では，時間的直列性を明確に表わさない点で，時間的直列性が顕著な継起との相違が見られる。しかし，時間的であれ論理的であれ，先に原因事態があり，後に結果事態があるという点で，付帯の特性である「並立」とは明確な相違があると考える。

　以上の考察から，因果の主要特性は継起と同様に事態の時間的・論理的な「先後」であり，因果においても，近い過去を表わすテの時間的性質が現れていると考えられる。テ形節の原因理由が条件となっているため付帯・継起と同様，主節との前後入れ替えは許容されない。

4.4　並列用法

　　（58）　遠足で三年生は奈良に行って，五年生は京都に行った。[14]

　複数の事態を，生じた時間に関係なく列挙したものが並列とされ，テ形節事態と主節事態には，付帯のような副詞的な従属性や，継起・因果のような先後関係は必要ではなく，節内容がそれぞれ独立して並立している。テ形節の従属性が最も低い，つまり独立性が最も高いとみなされ前後節を入れ替えても文の意味に変化が生じない。（58）の前後節を入れ替えて観察する。

　　（59）　遠足で五年生は京都に行って，三年生は奈良に行った。

　一般的に関係性の希薄なものを並べた時，並列的に解釈する場合が最も無標である。関係性が希薄であるという事は，言い換えると，主語の一致や述

---

[14] 異主語の場合，両方「は」または「が」でマークされると対比的意味が強くなる。ただし，テ形節全般に出現する主語（〜は）は，ほぼ全て純粋主題ではないと判断する。

語の選択制限から解放され，主従節の組み合わせが自由であるという事であり，状態性述語や異主語の文も多く見られる。

（60）　新しくできた商業施設は面白いものがたくさん<u>あって</u>，値段が安い。

また，対比的なものは前後節でひとまとまりになっているものも多い。

（61）　雅子はバッグを<u>買って</u>，明子は靴を買った。
（62）　こっちは<u>広くて</u>あっちは狭い。

さらに，時間的な先後関係から逸脱したものも見られる。

（63）　田中君は来年ヨーロッパから<u>帰って来て</u>，鈴木君は今秋アメリカに行く。

しかし，この場合，話者の認識の中で二つの事象は並存し，関係は希薄であっても，全く無関係ではない。(63)では，二人の今後の予定という論理的な統一テーマ内の事象がテで繋がれている。寺村(1991)では並列接続には共通の意味条件があり，「*昨日は<u>雨で</u>月曜日だった。」などは許容されないとしている。

関係の希薄な並列であっても，連用形の並列と比べると，連用形・テ形が混在する文で観察したように，ニュアンスの違いが生じる。テ形節事態の認知後，テの時間的緊密性によって後続節が論理的に並列されるという点で，この用法においても，テの時間的性質が現れている。

しかし，継起や因果の主要特性が「事態の先後」を表わすものであったのに対し，並列に先後は含意されず，主要な特性は統一テーマにおける「独立事態の同存的並立」である。前後節の入れ替えが許容される事などから，並列のテは，時間的性質を持ちながら等位的に二つの事態を並立させる接続的性質を持つ要素であると言える。

4.5　「並立タイプ」と「先後タイプ」

当節の結論として，付帯・継起・因果・並列の四用法は中核的な意味内容によって，「並立タイプ」，「先後タイプ」に収束する事を提案する。

どちらのタイプにおいても，テは時間的性質を持ったテンス要素であり，時間的・論理的にひとまとまりにして後に繋ぐ機能を持つものとして考えるが，置かれた位置によって意味用法は同一ではない。「並立タイプ」のテでは，付帯は従属性が強く，並列は等位性が強い接続的な膠着性を示し，「先

後タイプ」のテでは，継起は時間性，因果は論理性が強い。

「テ形とタ形は関連性が強い」（坪井 2001: 203）事を既に述べたが，テンス要素であるタは置かれた位置によって様々な意味用法を分化させている。タと関連性が強く，バリアントとして見られる事の多いテについても，テンス要素としての性質に多様な意味を担うようになった可能性は考えられる。

本稿が考える二つのタイプのイメージを表と図によって以下に示す。

表1　用法分類とタイプ分類，時間・論理分類及びテの性質

用法＼性質	タイプの分類	時間・論理分類	テの性質
付帯	並立タイプ	時間的並立	従属的な膠着性が強いテンス要素
並列	並立タイプ	論理的並立（状態表現含む）	等位的な膠着性が強いテンス要素
継起	先後タイプ	時間的先後	時間的先後を示すテンス要素
因果	先後タイプ	論理的先後（状態表現含む）	論理的先後を示すテンス要素

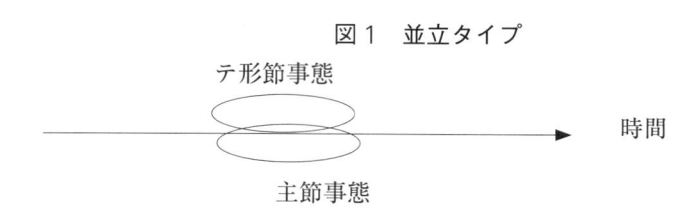

図1　並立タイプ

図2　先後タイプ（因果では主節事態が重なる場合もある）

<「並立タイプ」>

テ形接続の用法に関する論考では，従属度などの観点から付帯と並列を両極に位置付けるものも多い。しかし，複数事態の時間的・論理的な関係性を

中心に考えると，二つの用法は「並立タイプ」で括る事ができる。

　付帯は，テ形節事態が起こってほぼ同時（「座って」や「抱えて」では短い動作時間の先行があるが「笑って」などは同時）に主節事態が起こり，主節事態が続く間，テ形節事態と主節事態は並立する。主節事態が主要な意味内容を持ち，テ形節事態はその様態を説明するという主従関係はあっても，時間的・空間的に同存並立する。

　並列では，テ形節事態と主節事態はそれぞれ相互に独立し，主従関係はなく，また時間的先後関係も必要ないので前後節の入れ替えができる。前置されるテ形節内容が先に認知されるため，認知の先後関係はあるが，論理的統一テーマの範囲内にあれば，事態の意味関係は自由である。

　付帯が時間的な同存性を強く持つのに対し，並列はアスペクトのないものも選択され時間的同存性は必ずしも必要ではない。各事態の時間が逆転し間隔が離れていても許容されるが，あるテーマの範囲内にあるという論理的制限はある。テの持つ時間的性質によって，ひとまとまりを作り後に膠着接続するという点では，付帯・並列は共通しているが，付帯は副詞的な従属的接続による時間的並立，並列は等位的接続による論理的並立を中核的意味としていると言えるだろう。

<「先後タイプ」>

　先行研究では継起と因果を一類に括るものもあり，本来共通点は多く，いずれも時間的先後関係が強い。時間的先後関係だけで解釈されるのが継起であり，それに加えて因果解釈されるのが因果である。従って，これらは連続関係にあり，「先後タイプ」として括る事ができる。因果の意味が強くなる要素，つまり述語の性格や文脈などの存在によって，因果解釈に傾き，ない場合は継起として解釈される。

　因果ではテ形節事態の完了と後続事態の開始は継起ほど明確である必要はない。

　　（64）　一昨日の雨で靴がぐっしょり濡れて，とても履いて行けない。

　論理的にテ形節事態の開始が先行しているならば，テ形節事態が完了していなくても主節事態の後続を許容し，「涼しくて気持ちがいい」「静かで落ち着く」など状態性述語では事態が重なっている場合が多い。しかし，論理的な先後関係は必要であり前後節の入れ替えはできない。継起は時間的先後，

因果は論理的先後を中核的意味としている。

　図1のように，認知した順に上下に並立して繋がっているのが並立タイプ，図2のように，時間的論理的順序で線状に直列しているのが先後タイプと言えるであろう。そして，テ形接続の大部分は，いずれもこの2タイプに収束すると考えられ，テンス要素テの持つ，接続的性質及び時間的性質の二つの性質のうち，どちらがより顕著に表出しているかによって分類されると思われる。そして，いずれのタイプもテの持つひとまとまりにして後に接続していく性質を利用して接続しているものと思われる。[15]

5.　テ形節の統語構造

　当節では，最初にテ形節，次にテ形接続文全体の統語構造を考察する。

　Bloch(1946)は，日本語の活用形の表においてテ形をGerund(動名詞)，連用形をInfinitive(不定形)とし，タリ(選択形)と共にParticipial(分詞)として一括している。本稿では，名詞となる事や，素材性の強さから連用形はテンス要素がないと判断するので，Infinitive(不定形)は認めにくいが，テ形を動名詞として連用形と異なる構造とみなしている点で賛同できる。

　テ形節には「ナクテ」「ナイデ」という否定形があり，生成文法の枠組みに従って考えると，否定句を取り込む事ができるのでVP(動詞句)の上のNegP(否定句)より大きな句構造を持つと考えられる。

　先後タイプは時間的・論理的な先後関係を前提として意味解釈され，並立タイプではテ形節事態の認知後に，テの時間的緊密性によって並立的に主節事態が認知される。どちらも「時間」という要素の関与によって接続が可能となっているので，テには何らかの時間的性質があると思われる。

---

[15] 　花子は平成元年に大阪で生まれて北京オリンピックの年に成人した。(並列)
　　　花子は平成元年に大阪で生まれて翌年神戸に引越しした。(継起)
のように，事態間隔の長短や文脈も並列・継起解釈に影響している。
　また，名詞文のテ形接続(〜で)にも，「並立」，「先後」が認められる。
　　　花子は着物姿で式典に参加した。(付帯)
　　　花子は着物姿で太郎はいつもの格好だった。(並列)
　　　花子は着物姿で別人のように見えた。(因果)
　さらに，イディオム的な重複形「〜て〜て」にも「並立」と「先後」の差が認められる。
　　　飲んで歌って2千円だ。(並立)
　　　行って帰って1時間だ。(先後)

多くの先行研究で，時制要素タの異形態とされている事や，複合名詞に取り込まれない事などから，テ形はテ＝T(Tense)と考える事としたい。従って，テ形節はTP(Tense(時制)を持つ句)であると判断される。（以降，TP＝Sと表記する。）[16] 以上を，節構造の代表的研究と思われる南(1993)を参考に検証したい。

南(1993: 96–97)では，節内の共起可能要素の相違によって従属節(従属句)が階層分類され，表にまとめられている。要素が少ないものからA類，B類，C類とされているが，テ形節については，テ1(A類)，テ2(B類)，テ3(B類)，テ4(C類)と四分類されている。テ1は付帯，テ2は継起または並列，[17] テ3は因果とされている。テ4については，

(65)　たぶんA社は今秋新機種を発表する予定でありまして，他社の多くもおそらくはそれに対抗する計画を考えることでしょう。
(p. 85)

のような例文を挙げ主題が入るものとしているが，不明な点が多いので，考察対象から省く事とする。結果的に，本稿で対象とする四用法は全てA類・B類に含められる。

A類は使役・受け身・程度副詞・状態副詞などしか許容されず，B類では，これらの他，否定や時・場所の修飾語なども許容されると言う。また，A・B類共に，タなどの定形テンス，らしい・かもしれない，などの認識のモダリティは許容されないとしている。[18]

A類で許容される受け身・状態副詞は全てのテ形節で許容されると思われるが，例文で確認したい。前掲の四用法の例文を再度挙げて観察する。

(66)　太郎はカバンを抱えて走った。（付帯・テ1・A）＝（1）

---

[16] 第2節の述語形成機能や副詞的機能を持つテ形については，接続要素テに前接する動詞句と考えている。寺村(1984: 123–163)では，「ている・てくる」などを二次的アスペクトとし，テ形動詞と後続の形式動詞の複合動詞表現と総括している。

[17] テ2で継起と並列を同種としている点，テ1(付帯)だけA類，他はB類としている点や，テ4をC類としている点は本稿と異なるが，テ形節全般の共起要素の観察を目的とするので，考察方法の規範として南の研究を援用したい。

[18] また，南(1993)ではA類は主格(が句)が許容されないとし，付帯テ形節には主語が生起しないとしている研究もあるが，本稿では同一主語の場合はPRO主語として音形を伴わずに存在し，次例のように異主語が許容される場合もあると考える。
　　夕日で山頂が赤く染まって新穂高が聳え立っていた。（付帯）

(67) 次郎は書籍部に行って教科書を買った。(継起・テ2・B) = (2)
(68) 花子は体調を崩して仕事を一ヶ月休んだ。(因果・テ3・B) = (3)
(69) 雅子がピアノを弾いて明子が歌を歌った。(並列・テ2・B) = (4)

＜受け身＞
(70) a. ヒロシはカバンを持たされて帰った。(付帯・テ1・A)
b. 封が開けられて中の通知書が取り出された。(継起・テ2・B)
c. 花子はひどい事を言われて落ち込んだ。(因果・テ3・B)
d. 雅子は財布を盗られて明子は指輪を盗られた。(並列・テ2・B)

＜状態副詞＞
(71) a. 花子は激しく泣いて怒った。(付帯・テ1・A)
b. 次郎は書籍部に急いで行って教科書を買った(継起・テ2・B)
c. 花子は体調を突然崩して仕事を一ヶ月休んだ。(因果・テ3・B)
d. 雅子がピアノを優雅に弾いて明子が故郷の歌を歌った。(並列・テ2・B)

次に，B類で許容されるという否定や場所修飾語について観察する。[19]

＜否定＞
(72) a. ヒロシは私の話を笑わないで聞いてくれた。(付帯・テ1・A)
b. アキラはドアを閉めないで出て行った。(継起・テ2・B)
c. 花子はお客さんに挨拶をしないで叱られた。(因果・テ3・B)
d. ピアノを，雅子が弾かないで明子が弾いた。(並列・テ2・B)

＜場所修飾語＞
(73) a. ヒロシはカバンを脇にはさんで立っていた。(付帯・テ1・A)
b. 次郎は書籍部で本を買って食堂に行った。(継起・テ2・B)
c. アキラは入口で頭をぶつけてたんこぶができた。
　　　　　　　　　　　　　　　　　　　　（因果・テ3・B）
d. 雅子は一階でピアノを弾いて明子は二階で読書した。
　　　　　　　　　　　　　　　　　　　　（並列・テ2・B）

以上の要素は，いずれのテ形節でも許容される。次に，A・B類共に許容

---

[19] 本稿ではテ形節は全て同一構造と考えているので，否定や場所修飾語は付帯でも許容されると判断している。

されないとされるタなどの定形テンス，認識のモダリティについて観察する。

＜ル／タ＞

(74) a. *太郎はカバンを抱えるて／抱えたて走った。（付帯）
    b. *次郎は書籍部に行くて／行ったて教科書を買った。（継起）
    c. *花子は体調を崩すて／崩したて仕事を一カ月休んだ。（因果）
    d. *雅子がピアノを弾くて／弾いたて明子が歌を歌った。（並列）

＜ヨウダ／ソウダ＞

(75) a. *太郎はカバンを抱えてようで／抱えてそうで走った。（付帯）
    b. *次郎は書籍部に行ってようで／行ってそうで教科書を買った。（継起）
    c. *花子は体調を崩してようで／崩してそうで仕事を一カ月休んだ。（因果）
    d. *雅子がピアノを弾いてようで／弾いてそうで明子が歌を歌った。（並列）

　全てのテ形節内にルやタは許容されず，また，言い切りの形として独立して使う事もできない。また，定形テンスを持つ終止形に付加できるモダリティ要素は，テ形には付加できない。いずれのテ形節も同様の結果となり，テ形節は意味用法によらず同じ構造，つまり南の分類ではB類を取ると思われる。A類は連用形節のような時制のない節，C類はル・タや認識のモダリティなどを許容する定形テンスのある節であり，B類は両者の中間，つまり定形でない時制を持つ時制節であると考えられるからである。

　従って，テ形節は全てTPであるが，定形性を帯びないものと考えられる。[20]

　テ形節は，意味タイプの違いを問わず，次のような構造で一般化される。

　　　＜テ形節構造＞　［S（＝TP）NP（PRO）［VP・・・V］T（Tense）＝テ］

　テをTense要素とみなす事についての詳細な検証は，今後の課題であるが，前節までの文法観察を総合して，並立・先後タイプ共にテによって時間

---

[20] 内丸(2006)，田川(2011)では，テ形はT[±past]が形態部門で削除されると述べている。また，田川は「節」と「語」を同様に考え節は統語論，語は形態論という区別をしない立場を取っている。また，定形性についてはNikolaeva(2007)，時制については福原(2010)を参考にしている。

的・論理的な意味解釈を得ているので，膠着性と時間性のどちらが強いかによらず，便宜的にT位置に配置する事とする。また，本稿ではテの接続性は認めるが，接続詞（補文標識）や接続助詞とは異なる範疇であると考えている。

次に，テ形節の統語位置について観察しテ形接続文全体の構造を考えたい。最初に結論を述べると，VP付加，S付加，S等位のいずれかに配置され，構造の相違は節の時間的・論理的関係によるものと考える。[21]

並列が等位構造を取る可能性はこれまでの考察から直観的に判断される。また，並列以外のテ形節は全て主節を補足説明する副詞節のような機能を持っているので，本稿では，一般的な副詞節が付加構造を取る事から，並列以外は全て付加構造を取ると考える事とする。

等位構造・付加構造の相違を観察するため，内丸（2006），三原（2009）等を援用し，(66)–(69)においてテをはさんで前後入れ替えが許容されるかどうかを見る。

(66)'　*太郎は走ってカバンを抱えた。
(67)'　*次郎は教科書を買って書籍部に行った。
(68)'　*花子は仕事を一カ月休んで体調を崩した。
　　　　　　　　　　　　　　（元の因果関係は保持されない）
(69)'　明子が歌を歌って雅子がピアノを弾いた。

並列だけ前後入れ替えが許容される。また，Ross（1967: 89）の等位構造制約によれば，等位構造において等位項或いは等位項の中に含まれる要素はその外へ移動できない。この制約は，節が疑似分裂文の焦点となる場合は，等位構造ではない事を意味する。（テ形節を[ ]で示す。）

(76) a.　太郎が学校に通っていたのは，[自転車に乗って]だ。（付帯）
　　 b.　アキラがその小説を買ったのは，[紀伊国屋に行って]だ。
　　　　　　　　　　　　　　　　　　　　　　　　　　　（継起）
　　 c.　花子が仕事を一カ月休んだのは，[体調を崩して]だ。（因果）

---

[21] 本稿では，基本的にRizzi（1997）に端を発する地図製作計画の枠組みに基づく句構造，および長谷川（2007），三原（2011a）などの前者に基づく日本語分析を参考にしているが，テ形節の意味と統語の関係をできるだけ単純化して論じる事を趣旨としており，統語位置の微細な精査は射程外であるので，以下簡略化した構造表記を用いて論じる事としたい。

d. *明子が歌を歌ったのは[雅子が客に紅茶を出して]だ。(並列)
　上記の例から並列以外は等位構造ではないという可能性が高い。
　また，同一主語の動作性の等位節において，一般的に片方の動詞のみを尊敬化する事はできない。(テ形節を[ ]で示す。)
(77) a. 社長が[書類を持って]お帰りになった。(付帯)
　　　b. 先生が[書籍部に行って]教科書をご注文になった。(継起)
　　　c. 先生が[かぜをこじらせて]一カ月お休みになった。(因果)
　　　d. *社長は旅行中[買い物をして]，写真をたくさんお撮りになった。(並列)[22]
　概ね並列は等位構造を取り，他の用法は等位構造以外，つまり，付加構造を取ると考えられる。[23]
　次に，各用法がVP，S位置のいずれに配置されるかについて観察したい。付帯，継起，因果は付加構造，並列は等位構造を取ると思われるが，VP位置より上か下かは文末の否定作用域にテ形節が収まるかどうかによって測定される。否定辞ナイはVPの上の否定句節NegPの主要部とされるので，否定作用域がテ形節まで及ぶという事はNegPの下位，即ちVP位置に付加され，作用域が及ばない場合は，NegPの上位であるTP位置(S位置)以上に付加されていると考えられる。(否定作用域を[ ]で示す。)
(78)　[学校の廊下を走って通ら]ない。(付帯)
　付帯の場合は，ほぼ全て否定作用域に入り，VP位置に付加されていると判断される。
　継起と因果では，節関係によって付加位置が異なるものがあると思われる。まず，否定作用域に入りVP付加と思われるものを挙げる。
(79)　犯人は[ガラスを割って侵入し]なかった。(継起)
(80)　遠足では[列からはぐれて迷子になら]ないように。(因果)

---

[22] 文法性判断には個人差があり，尊敬化テストについては理論的な面も含め精査の余地があるが，便宜的な手段として採用した。(大阪大学大学院依田悠介氏の指摘による。)

[23] Hasegawa(1996)では，テ形接続は二つの事態が何かの付随性を持つ事を提示するので従属と並列の両面を持つとし，co-subordinationとし，完全な等位構造とは区別している。本稿もこの考え方に従い等位的であっても定形テンスはない位置にあると判断する。仁田(2010)では「シテハ〜」の取り立てのハの付加について，付帯・継起・因果がいずれも多回性(繰り返し)や条件性を意味するようになるのに対して並列ではハの付加は許容されないとし，順接のシや逆接のガ，ケレドモと軌を一にしていると言う。

(79)では,「犯人は(せっかく)ガラスを割ったのに,［侵入し］なかった。」のように二つの事態にも解釈できるが,テ形節では解釈が多義になるものがあり,前述のように文脈や受け取り手の判断によって決定される。次に,否定作用域に入らずS付加と思われるものを挙げる。

(81)　その歌手は,2番まで<u>歌って</u>［3番を歌わ］なかった。(継起)
(82)　大事な試験が<u>あって</u>［休日もゆっくりでき］ない。(因果)

これらは節関係の相違が構造位置に反映していると思われる。(79)(80)のように単純な時間的・論理的関係のものは低い位置に付加され,(81)(82)のように時間的・論理的関係が複雑なものは高い位置に付加されると思われる。次に,並列について見る。

(83)　雅子は大阪に<u>行って</u>,［明子は東京に行か］なかった。(並列)
(84)　木を<u>見て</u>,［森を見］ない。(並列)

並列は等位構造を取るが,同様に否定作用域に入らないのでS以上に位置し,S等位構造を取ると思われる。

付帯以外の位置については,継起・因果で時間的関係が明確なものをVP付加構造とし,それ以外の,節関係が複雑で論理的関係によって説明されなければならないものはS付加構造を取ると判断したい。これらには次のような例が挙げられる。(疑問の作用域を［］で示す。)

(85)　えっ,先生の研究室の前まで<u>行って</u>,［あれから結局ドアをノックできなかったの］？(継起)
(86)　一度くらい<u>失敗して</u>,［努力を全部水の泡にしてしまうの］？
　　　　　　　　　　　　　　　　　　　　　　　　　　　　(因果)

並列についても,以下のように関係がかなり希薄なものが認められ,一般的にS等位構造と考えられる。

(87)　買い物先でメモを忘れてきたことに<u>気づいて</u>,朝,電気がまのふたを開ければまだ米のまま。ふろに入ろうとすれば,浴槽の栓を忘れて湯気だらけ,などなど。わが家の日常のほんの一例。

　　　　　　　　　　　　　　　　　　　　　　　　　　　(加藤1996:18)

これらのテ形節の構造位置を二つのタイプでまとめ,次に,両タイプの各構造をラベル付き括弧表示で表わす。(テ形節は「～テ」で表わし,等位構造は接続要素 and を便宜的に入れる事とする。)

　＜並立タイプ＞→付帯はVP付加,並列はS等位

＜先後タイプ＞→継起・因果共に関係が単純なものは VP 付加，関係が複雑なものは S 付加
　＜VP 付加構造＞[S[NegP[VP 〜テ[VP・・・V]]Neg]] →並立・先後タイプ
　＜S 付加構造＞[S 〜テ[S[NegP[VP・・・V]Neg]]] →先後タイプ
　＜S 等位構造＞[S[S 〜テ]and[S[NegP[VP・・・V]Neg]]] →並立タイプ
　並立タイプで括られるにも関わらず，構造的に付帯が下位，並列が上位に配置され，先後タイプにも付加位置の上下差が見られる事は一見，矛盾しているように思われる。
　しかし，Yuasa and Sadock（2002）を援用するならば，意味と統語構造は必ずしも一致しない。付帯は主節事態と重なる副詞的並立であり，並列は統括命題内で等位的に並ぶ論理的並立である。継起と因果はそれぞれの時間や論理関係によって線状に繋がる先後であり，関係性の単純さは構造的な単純さ即ち句構造の位置の低さに反映される。
　松田（1985）によると，文章体では動作性用言に接続するテ形が 87% を占め，テ形の基本的用法は前件が完了し継起的に連続していく事であるとしている。また，状態性用言に接続するテ形は動作性用言に比較して少ないが，状態性用言に接続する場合には，完了の意味を持つ時間的連続性ではなく，論理的・感覚的な意味における連続性が現れるとしている。
　膠着接続の意味が強い並立タイプでは，時間の関係性が明確で関係の単純さを表わす付帯が VP 位置，論理的で関係の複雑さを表わす並列が S 位置に配置され，時間の先後関係が強い先後タイプでは，時間の関係性が明確で関係の単純さを表わすものは VP 位置，論理的で関係の複雑さを表わすものは S 位置に配置される。つまり，両タイプ共にテ形節と主節の関係が単純か複雑かによって，構造的位置が異なる点で一致し，節の意味的な相互関係が構造に反映されると考えられ，近い過去としてのテンスマーカーと接続的な膠着性の両面がテ形接続の二つのタイプに現れていると判断される。いずれのタイプも構造に依存し，タイプの意味が構造に反映する意味と統語の相互関与形態と言う事ができる。
　また，本稿では，連用形接続文の統語構造についてもほぼ同様に考えているが，連用形自体は Tense 要素 T を持たない句構造，つまり VP 構造を取ると考える。しかし，連用形接続文の統語構造については不明な点も多く，稿を改めてさらに考えたいと思う。当節までの考察結果を表 2 に示す。

表 2　各用法のテ形節の意味・統語的性質（並立タイプは太字で区別する）

	削除可	主語一致	否定作用域	前後入替	状態述語
付帯（VP 付加）	○	○（×）	○	×	×
継起（VP 付加）	×	×	○	×	×
因果（VP 付加）	×	×	○	×	○
継起（S 付加）	×	×	×	×	×
因果（S 付加）	×	×	×	×	○
並列（S 等位）	×	×	×	○	○

（○は必須を意味するが，状態述語のみ○は可能×は不可能を意味している。）

6.「ナイデ」と「ナクテ」の相違について

　先行研究では，一般に「ナイデ」は動作性の否定形，「ナクテ」は状態性の否定形とされている。当節では，これらの分布の相違を含め，ナイという形容詞的性質を持つ要素を取り込む事による肯定形との相違について観察し，意味と統語の関係について考察を加える。

　前節では，テ形節は否定辞ナイを取り込むため，否定句節 NegP 上に位置する時制句節 TP(S) であるとしたが，さらに，否定形の「ナイデ」節，「ナクテ」節について意味と構造の観点から考察する事によって，前節までの内容を再度確認する。テ形接続では並立・先後の二つのタイプについて意味と構造が相互に関与している事が分かったが，否定形でもこの現象について観察する。

6.1 「ナイデ」と「ナクテ」の選択制限

　「ナイデ」節，「ナクテ」節の述語による選択制限について，動詞の「ナイデ」節，「ナクテ」節を各用法で観察する。

　(88)　彼は電車の中で吊り革につかまらないで/*つかまらなくてしっかり立っていた。（付帯）
　(89)　玄関のドアを閉めないで/*閉めなくて出て行った。（継起）
　(90)　彼は全然停止線に気付かないで/気付かなくてパトカーに呼びとめられた。（因果）
　(91)　待っていた雅子が来ないで/来なくてアキラが来た。（並列）

動作性の述語では，四用法共に「ナイデ」が使用され，「ナクテ」は付

帯，継起で許容されない。また，動作性の場合，否定連用形「ナク」は全て許容されず，テ形との文法的振る舞いが大きく異なるのに対し，否定連用形「ズ（ニ）」では全て許容され，否定形では連用形との相違が見られる。[24]

(92) a. 彼は電車の中で吊り革に*つかまらなく／つかまらず（に）しっかり立っていた。（付帯）
　　 b. 玄関のドアを*閉めなく／閉めず（に）出て行った。（継起）
　　 c. 彼は全然停止線に*気付かなく／気付かず（に）パトカーに呼びとめられた。（因果）
　　 d. 待っていた雅子が*来なく／来ず（に）アキラが来た。（並列）

また，接続用法以外でも選択制限が見られ，「〜ないでください」「〜ないでほしい」は「〜なくてください」「〜なくてほしい」に変換できない。

次に，形容詞の「ナイデ」節，「ナクテ」節を見る。

(93) 強く*ないで／*なくてドアを叩く。（付帯）
(94) 朝は暑く*ないで／*なくて午後から暑くなった。（継起）[25]
(95) このブドウは酸っぱく*ないで／なくてたくさん食べられる。
　　　　　　　　　　　　　　　　　　　　　　　　　（因果）
(96) この動物は視力が良く*ないで／なくて嗅覚が鋭い。（並列）

形容詞で付帯・継起はなく，他の用法でも「ナイデ」節は全て許容されない。また，形容詞の場合，否定連用形「ナク」は因果・並列では用いられるが，「暑からず」など現代語で「ズ」は特殊性を帯びる。

以上をまとめると，形容詞など状態述語の場合，「ナイデ」は一切許容されず，また，「ナクテ」は付帯・継起以外では動作性・状態性述語共に許容度が高いので，「ナクテ」は，動作性述語のみ許容される「ナイデ」よりも，広い範囲で用いられる事が分かる。しかし，どちらも肯定形のテ形接続と比べると形態的な使用制限が強い。

益岡（1997）によると，「ナクテ」は状態性が強いが純粋に状態性と言えず，状態性を帯びる面があると言うにとどまるとしている。しかし，「ナク

---

[24] 吉永（2010）では「ズ」句の否定句節 NegP の機能を逸脱した名詞句性を提言し，連用形の持つ名詞性に関係する事を示唆している。また，テ形の否定形式の形態比較については，久野（1983），日高（1995）も参考にしている。

[25] 「朝は暑くなくて，午後から暑くなった。」が許容されるのは，「朝（は）〜，午後〜。」という対比的な並列で解釈される場合であろう。純粋な継起は難しいと思われる。

テ」は広義の形容詞の範疇に属し「ナイデ」は形容詞の範疇に属さないとし，本来，形容詞の範疇に属するテ形の否定形では，動作性が要求される位置では有標の「ナイデ」が，そうでない場合は無標の「ナクテ」が用いられるとしている。

三枝（2006）によると，話し言葉は書き言葉に比べ状態性用言に接続するテ形節が多い傾向が見られると言う。また，話し言葉は「ナイデ」「ナクテ」という動詞の否定形，形容詞・名詞述語の否定形が多く，並列的な対比の意味合いが強いとし，話し手は会話の場で考えながら発話を続けるため，このような用法が多くなるとして，以下のような例を挙げている。

（97）・・感想を，立ってじゃなくてね，もちろん座ってですよ。
(p. 22)

（98）・・こういうねぇ，品のいい甘さじゃなくて，ただ甘い！(p. 22)

否定テ形接続「ナイデ」「ナクテ」と否定連用形接続「ナク」「ズ」「ズニ」の文法的な振る舞い方の相違については，稿を改めて考えたいと思う。

6.2 「ナイデ」節と「ナクテ」節の意味と統語

「ナイデ」節「ナクテ」節はどちらも否定句節 NegP を取り込んでおり，否定辞ナイの後にテが付加されているので，節自体の構造は四用法共に TP(S) と思われ，基本的に構造的な違いはないと思われる。テについても肯定テ形節と同様，テンス要素と考える。

当節では，各用法の「ナイデ」節「ナクテ」節が，構造的にどの位置に配置されるかについて，意味と統語の関係から考察したい。

前節では，テ形節の付帯，継起，因果は付加構造，並列は等位構造を取るとした。付加構造とした根拠は，いずれも副詞節的な機能を持つため，副詞節の一般的な構造位置として付加構造と考え，並列については，等位性を表わす種々のテスト結果により等位構造と判断した。

結論を先に述べると，否定形の場合もほぼ同様に考えられると判断する。「ナイデ」節の付帯・継起・因果，「ナクテ」節の因果はいずれも副詞節として機能し付加構造を取り，また，「ナイデ」節「ナクテ」節の並列も同様に等位構造を取ると思われる。肯定形のテ形接続と比べて，(91)のように，対比的な意味はやや強いと思われるが，前後節が対等に並立しているという意味では，等位構造を取ると判断できるからである。

それぞれの配置位置を観察するため，まず，動詞「ナイデ」節について，VP 位置より上か下かを，前節と同様に文末の否定作用域に収まるかどうかによって測定する。（例文は日常的には用いないと思われるものが含まれているが，否定辞の作用域を調べる目的上，敢えて提示し文末否定作用域を[ ]で示す。二重否定の解釈原理（中右 (1994: 125)）によると，主節（文末）否定はモダリティ内否定，内部否定は命題内否定であると言う。）

(99) うちの子は，まだ自転車に［補助輪を付けないで乗れ］ない。

(付帯)

本稿では，[[補助輪を付けないで乗れ]ない]のように，否定を含んだ命題全体が言い切りの文末否定によって丸ごと否定されると考える。付帯では概ね文末否定作用域に入り，VP 位置に付加されていると判断される。

(100) ［封を切らないで手紙を読め］ない。（継起）

継起も同様に否定を含んだ命題全体が言い切りの文末否定によって丸ごと否定されると考え，VP 付加と判断される。

因果では，文末否定作用域に入り VP 付加と思われるものは考えにくい。

(101)＊太郎は[時間が足りないで，全問解答でき]なかった。（因果）

次に，命題否定が独立し，文末否定によって丸ごと否定されない，つまり文末否定の作用域に入らず S 付加と思われるものを考える。継起では S 付加と思われるものは少ないが，因果では許容度が上がり，不自然さが減少する。

(102)＊前の車は一旦停止で止まらないで［次の赤信号で止まら］なかった。（継起）（「赤信号でも」のような並列文では許容度が上がる。）

(103)？決議案は多数決が成立しないで［結局実現し］なかった。

(因果)

次に，並列について見る。

(104) 結局，雅子は大阪に行かないで，［明子も東京に行か］なかった。

(並列)

文末否定作用域に入る文は考えにくく，一般的に S 等位構造を取ると思われる。

「ナイデ」節の四用法の構造位置を二つのタイプと考え合わせると，以下のように考えられる。形容詞など状態性述語はなく動作性述語のみ許容され

る。
　　＜並立タイプ＞→付帯はVP付加，並列はS等位
　　＜先後タイプ＞→継起はVP付加，因果はS付加
　両タイプの各構造をラベル付き括弧表示で表わす。(「ナイデ」節は「〜ナイデ」で表わし，等位構造は接続要素andを便宜的に入れる事とする。また，主節VP上のNegPは省略する。)
　　＜VP付加構造＞[S[VP 〜ナイデ[VP・・・V]]]→並立・先後タイプ
　　＜S付加構造＞[S 〜ナイデ[S[VP・・・V]]]→先後タイプ
　　＜S等位構造＞[S[S 〜ナイデ]and[S[VP・・・V]]]→並立タイプ
　前節で見たテ形節の統語構造と同様，両タイプで構造位置の高低が見られるが，時間的関係と論理的関係で付加位置の高低が相違する。主節動詞と緊密な時間的連続が強制される継起は一般的に高い位置に付加されず，論理的関係で繋がる因果は高い位置に付加されるが，これは「ナイデ」節の動作性の強さに起因すると思われる。
　次に，「ナクテ」節の統語構造を観察したい。因果・並列では動作性・状態性述語共に用いられるが，付帯・継起では許容度が低い。動作性述語の場合には，「ナクテ」がもともと形容詞的形態のために，動作性の強い付帯や継起では座りが悪いと考えられ，使用が制限されると思われる。また，状態性述語でも，同様に動作性の強い付帯や継起は考えにくい。付帯・継起は用法的に選択されないので，因果の付加位置について，VP位置より上か下かを文末の否定作用域に収まるかどうかによって観察する。(否定作用域を[ ]で示す。)
　　(105)＊[意味を辞書で確認しなくて恥をかか]ないようにしなさい。
　　(106)＊きっと，[花子の事が好きでなくて仲間に入れ]ないのよ。
　　(107)待ち合わせ時間にまだ一人来ていなくて[出発でき]ない。
　　(108)このブドウは美味しくなくて[たくさんは食べられ]ない。
　(105)(106)は，それぞれ動作性，状態性述語であるが，共に文末の否定作用域内と考えにくい。また，(107)(108)では，動作性，状態性述語共に文末の否定作用域に収まらず，ナクテ節が独立した否定作用域を有し，S付加と思われる。
　並列については「ナイデ」と同様に等位構造を取ると思われるが，同様に観察する。

（109） アキラは朝食を食べなくてヒトシは[夕食を食べ]ない。
（110） 雅子は魚が好きではなくて明子は[野菜が好きでは]ない。

（109）（110）はそれぞれ動作性，状態性であるが，共に文末の否定作用域に入らず，S等位構造を取ると思われる。

「ナクテ」節の四用法の構造位置を二つのタイプと考え合わせると，付帯・継起がなく動作性・状態性述語共にほぼ同様の振る舞い方を見せる点で，「ナイデ」節と大きく相違している事がわかる。

＜並立タイプ＞→付帯なし，並列はS等位
＜先後タイプ＞→継起なし，因果はS付加

テ形節，「ナイデ」節と異なり，「ナクテ」節では両タイプで用法が論理的関係のもの片方だけに限定され，共に高い位置に配置される。

次に，両タイプの各構造をラベル付き括弧表示で表わす。（「ナクテ」節は「〜ナクテ」で表わし，等位構造は接続要素 and を便宜的に入れる事とする。また，主節VP上のNegP及び形容詞節の構造は省略する。）

＜VP付加構造＞[s[vp〜ナクテ[vp・・・v]]]→なし
＜S付加構造＞[s〜ナクテ[s[vp・・・v]]]→先後タイプ（因果のみ）
＜S等位構造＞[s[s〜ナクテ]and[s[vp・・・v]]]→並立タイプ（並列のみ）

動作性が強く単純な時間的並立・先後関係で低い付加位置を取る付帯・継起は動作性・状態性述語共に選択されない。また，因果・並列など，論理的関係を表わし，高い付加位置を取るものでは，動作性，状態性述語共に用いられる事が分かる。

「ナクテ」節は，形容詞的形態によってテのテンス性が弱化し，時間的関係よりも，より論理的並立，論理的先後に適応した形態であると考えられ，否定テ形節は，ナイという状態性要素を含むため，より形容詞性の強い形態である「ナクテ」が，状態性述語専用形態として定着し高い構造位置に配置される機能を発達させたと推測する。

反対に，「ナイデ」節では，状態性述語は許容されず，動作性述語でも付帯・継起はVP位置のみに付加され低い構造位置を取り，時間的緊密性が必要とされる単純な意味関係の接続機能を中心に発達したと推測される。

加藤（1996）では，否定のテ形節では「ナクテ」は使用頻度が高く従属度が低く，逆に「ナイデ」は使用頻度が低く従属度が高いとし，テ形動詞の性

質と関連していると結論付けており，両者の特徴を端的に示している。

　表1では，テ形節が並立・先後タイプ共に，動作性が強く時間的関係が強いものと状態性が強く論理的関係が強いものに分けられる事を示した。そして，前節でテ形節の構造位置について，両タイプ共に時間的緊密性が強いものは低い構造位置に，論理的関係が強いものは高い構造位置に配置されるという事を結論付けた。「ナイデ」節は前者に適応し，「ナクテ」節は後者に適応した形式であると考えられ，否定テ形節においても，やはり，意味と統語は相互に関係し合っていると言う事ができるであろう。

7.　結語にかえて

　日本語の活用形の一つであるテ形について考察を加えた結果，テ形の基本的な性質は「まとまりを作って次に繋げる」事であるという結論に達した。

　テ形接続では，肯定・否定形共に意味タイプにより接続的並立，または時間的先後が強くなり，前後関係の意味の単純さや複雑さ，時間的性質の強さや論理的性質の強さが構造位置の上下に関わっている事が結論付けられた。テの持つテンス要素としての時間的性質や膠着的性質が意味タイプと構造に関わっており，単純な時間的関係，緊密性を持つテで繋がるものは低い位置に，時間性に加え論理性も担うテで繋がる陳述性の強いものは高い位置に配置される。テ形節の文法的振る舞いは，文の意味と統語の関係性を示唆していると思われる。文末のテ形，連用形接続文の統語構造，否定連用形「ナク」「ズ」「ズニ」の相違などについては，今後の課題である。

　最後に，草稿の段階から詳細にわたるご助言を頂いた三原健一先生，そして，野田尚史先生，西山國雄先生，益岡隆志先生，田川拓海氏，大阪大学大学院三原ゼミの諸氏に深く感謝すると共に，テ形に興味を持つ発端となった仁田義雄先生のご講義，長年の御指導に心からの謝辞を述べたい。

引用文献

Bloch, Bernard（1946）Studies in Colloquial Japanese, Part I, Inflection. *Journals of the American Oriental Society* 66, pp. 97–109.［「活用」林栄一（監訳）『ブロック日本語論考』（1975）研究社.］

Chomsky, Noam（1995）*The minimalist program*. Cambridge, MA: MIT Press.

福原香織（2010）『日本語の時制――その形式と解釈のプロセス――』大阪大学博士論文.

言語学研究会・構文論グループ（1989a）「なかどめ――動詞の第二なかどめのばあい――」『ことばの科学』その 2，pp. 11–47，むぎ書房．
言語学研究会・構文論グループ（1989b）「なかどめ――動詞の第一なかどめのばあい――」『ことばの科学』その 3，pp. 163–176，むぎ書房．
長谷川信子（編）（2007）『日本語の主文現象――統語構造とモダリティ――』ひつじ書房．
Hasegawa, Yoko (1996) *A study of Japanese clause linkage*. Tokyo: Kurosio Publishers.
日高水穂（1995）「ナイデとナクテとズニ――テ形の用法を持つ動詞の否定形式――」宮島達夫・仁田義雄（編）『日本語類義表現の文法（下）複文・連文編』pp. 471–480，くろしお出版．
池谷知子（2003）「動詞のテ形接続と複合動詞の境界線――どのような時に 2 つの動作が 1 つの動作と捉えられるのか――」『KLS』23，pp. 117–126，関西言語学会．
影山太郎（1993）『文法と語形成』ひつじ書房．
加藤陽子（1995）「テ形節分類の一試案 従属度を基準として」『世界の日本語教育』5，pp. 209–224．
加藤陽子（1996）「「ナクテ」と「ナイデ」の差異について」*Working Papers on Language Acquisition and Education* 7, pp. 17–27.
久野暲（1983）『新日本文法研究』大修館書店．
Li, Ya-fei (1990) On V-V Compounds in Chinese. *Natural Language & Linguistic Theory* 8, pp. 177–207.
益岡隆志（1997）『複文』くろしお出版．
松田剛史（1985）「「た」，連用形，「と」の分布」『大谷女子大国文』15，pp. 12–22．
松村明（編）（1995）『大辞泉』小学館．
三原健一・平岩健（2006）『新日本語の統語構造』松柏社．
三原健一（2009）「テ形節の統語構造」大阪大学大学院授業資料．
三原健一（2011a）「活用形と句構造」『日本語文法』11-1，pp. 71–87．
三原健一（2011b）「テ形節の意味類型」『日本語・日本文化研究』21，pp. 1–12．
南不二男（1993）『現代日本語文法の輪郭』大修館書店．
Nakatani, Kentaro (2004) *Predicate concatenation: A study of the V-te-V predicate in Japanese*. Ph.D. dissertation, Harvard University.
中右実（1994）『認知意味論の原理』大修館書店．
日本語記述文法研究会（編）（2008）『現代日本語文法 6 複文』くろしお出版．
新川忠（1990）「なかどめ――動詞の第一なかどめと第二なかどめとの共存のばあい――」『ことばの科学』その 4，pp. 159–171，むぎ書房．
Nikolaeva, Irina (ed.) (2007) *Finiteness*. New York: Oxford University Press.
仁田義雄（1995）「シテ接続をめぐって」仁田義雄（編）『複文の研究（上）』pp. 87–126，くろしお出版．
仁田義雄（2010）『日本語文法の記述的研究を求めて』ひつじ書房．
Rizzi, Luigi (1997) The fine structure of the left periphery. In Liliane Haegeman (ed.)

　　　　Elements of grammar. pp. 281–337. Dordrecht: Kluwer.
Ross, John Robert（1967）*Constrains on variables in syntax*. Ph.D. dissertation, MIT.
　　　　［Published（1986）*Infinite Syntax*. Norwood, NJ: Ablex Publishing Corporation.］
三枝令子（2006）「話し言葉における「テ形」」『一橋大学留学生センター紀要』9，pp. 15–26.
Sato, Yosuke and Maki Kishida（2009）Psychological predicates and the point-of-view hyperprojection. *Gengo Kenkyu* 135, pp. 123–150.
白川博之（2009）『「言いさし文」の研究』くろしお出版.
城田俊（1998）『日本語形態論』ひつじ書房.
田川拓海（2009）「分散形態論による動詞の活用と語形成の研究」筑波大学博士論文.
田川拓海（2011）「分散形態論を用いた動詞活用の研究に向けて」日本言語学会第143回大会予稿集，pp. 16–21.
坪井美樹（2001）『日本語活用体系の変遷』笠間書院.
寺村秀夫（1984）『日本語のシンタクスと意味Ⅱ』くろしお出版.
寺村秀夫（1991）『日本語のシンタクスと意味Ⅲ』くろしお出版.
内丸裕佳子（2006）『形態と統語構造との相関──テ形節の統語構造を中心に──』筑波大学博士論文.
吉永尚（2008）『心理動詞と動作動詞のインターフェイス』和泉書院.
吉永尚（2010）「助動詞「ず」の統語論的考察」『園田学園女子大学論文集』44，pp. 1–12.
Yuasa, Etsuyo and Jerry M. Sadock（2002）Pseudo-subordination: A mismatch between syntax and semantics. *Journal of Linguistics* 38-1, pp. 87–111.

活用形から見る日本語の条件節

三原 健一

1. はじめに

　条件節には順接条件節と逆接条件節がある。順接条件節は「ある事態が起こった場合に，その結果として別の事態が起こるという因果関係を予測する」節（日本語記述文法研究会（編）2008: 96）であり，逆接条件節は「2つの事態の間に予測された因果関係が実現しないことを表す」節（同上：146）である。日本語においてそれぞれの条件節を導く形式には次のようなものがある。

（1）a.　順接条件節
　　　　　れば，たら，と，なら，ようものなら，ないことには，ては，
　　　　　とすれば，となれば，ようでは，てみろ，場合，限り
　　b.　逆接条件節
　　　　　ても，たって，ようが，ようと，ようとも，ようにしても，に
　　　　　しろ，にせよ，としても，ところで

このうち，本稿で扱うのは順接条件節であるが，代表的な形式として「れば」「たら」「と」「なら」を取り上げることにしたい。[1] なお本稿では，条件節＋主節の総体を扱うのではなく（従って，条件節と主節の組み合わせが織りなす複雑な意味様相を扱うのではなく），条件節部分の振る舞いを主たる

---

[1] 学校文法の活用表では，条件形（仮定形）として「れば」のみが挙げられるのが通常である（学校文法では「ば」に続く形と記述されている）。しかし，順接条件節の基本形式に限ってみても，「れば」「たら」「と」「なら」という4種の形式があるので，奇妙な記述であると言わざるを得ない（ただし，「と」は条件節としてはプロトタイプではない）。さらに，これらの形式は，後述するように前接する動詞の活用形が異なるので，「条件形」として一括するのは無理である。

考察の対象とするので,「条件文」ではなく「条件節」と記述する。[2]

順接条件節・逆接条件節の意味的下位区分として,仮説条件節,反事実条件節,一般条件節,反復条件節,事実条件節などが設定されるのが通常である(用語は研究者によって異同がある)。本稿では,これらの下位区分には深入りしないが,形式の分類を行う際に意味に言及する必要があるため,第3節で意味的側面について詳しく見ることにしたい。

2. 活用形の認定と句構造

当節では,句構造の中において活用形を認定するという本稿の指導原理について述べるが,まず,援用する句構造を示しておきたい。(2)は地図製作計画(Cartography Project; Rizzi 1997, 2004 他)に基づく句構造である(指定部を省いて示す)。[3]

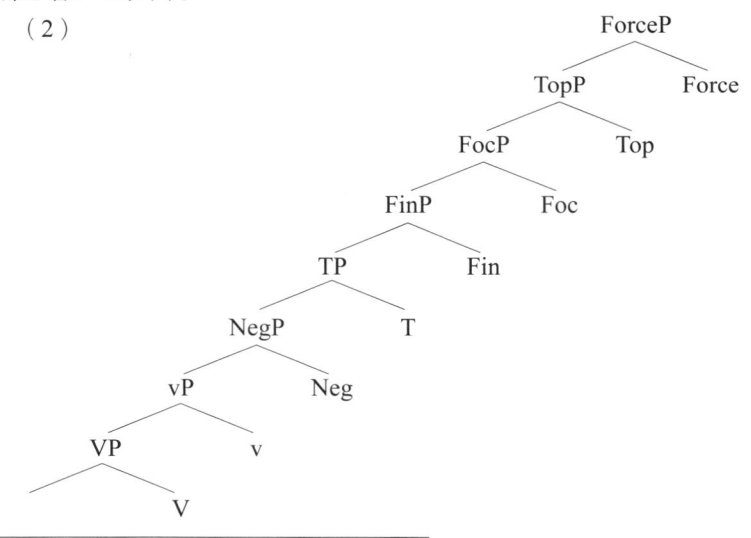

(2)
```
              ForceP
             /      \
          TopP     Force
          /   \
       FocP   Top
       /   \
     FinP   Foc
     /   \
    TP    Fin
   /  \
 NegP   T
 /  \
vP   Neg
/  \
VP   v
|
V
```

---

[2] 条件節+主節の総体を考察する時,条件節における動作述語・状態述語の差や主節末モダリティの異なり(鈴木 1978,益岡 1993a),あるいは,未来時に言及するテンス形式の生起可能性(有田 2007)などの問題に答えを与える課題が生じる。しかしこれは,条件節の統語的振る舞いとは別に,条件文の意味タイプに応じたフィルターが課せられるということである。本稿ではこのようなフィルターの探求は目的としていない。

[3] Rizzi(1997)では FocP の下にも TopP が設定されている。これは対照主題を含む領域であると理解されるが,日本語では,「太郎がその本は読んだらしい」のように,「は」が付きさえすれば文中のいずれの位置でも対照主題解釈が可能なので,2番目の TopP は省いた。

ForcePは平叙文や疑問文などの「文タイプ」を決める範疇（Chomsky 1995），Top(ic)PとFoc(us)Pはそれぞれ（純粋）主題句と焦点句を含む範疇，Fin(ite)Pはテンスに関わる定形性を決める範疇であり，これらは，従来はCPとして一括されてきたものである。ForcePからFinPまでを「CP層（CP-layer）」と言う。談話情報が関わるTopP/FocPの設定から分かるように，地図製作計画の句構造は，談話との関連も句構造上に反映させようとしているのである。なお，TP(以前のSあるいはIP)以下は従来の句構造でも設定されてきたものであるが，NegPは主要部(Neg)に否定辞-(a)naを有する範疇，vPはいわゆる動詞句内主語仮説に基づく主語を含む範疇，そして，VPは主要部(V)に語幹形の語彙的動詞を含む範疇である。

　本稿の眼目は，日本語の条件節において，「れば」と「たら」が最も小さい節を構成する一方（以下，それぞれの節が取る構造の大小を「節サイズ」と呼ぶ），「なら」が最も大きい節サイズを取り，「と」がその中間に位置するという主張に存する。そして，この論証を行うに際して，条件節を導く形式に前接する動詞の活用形に注目する。「れば」「たら」は，「食べれば」「食べたら」のように連用形が前接する形式であり，「と」は「食べると」が言える一方，「*食べたと」が言えないことから分かるように，不定形と称することが可能な活用形が前接する形式である。そして「なら」は，「食べる（の）なら」「食べた（の）なら」のように，終止形が前接する形式である。[4]

　さて本稿では，（2）の句構造に準拠し活用形を次のように認定する（三原 2011）。まず，純粋に活用形の「形態」を重視するという立場を取るが，同形となる連体形と終止形を峻別するにあたり「判断」の問題を避けて通る訳にはいかないので，「意味」の問題も射程に入れることになる。次に，動詞の語幹形とそれに後続する活用要素の「総体」を活用形とする（ただ

---

[4] 「れば」では，母音語幹動詞の場合はtabe-reba，子音語幹動詞の場合はik-ebaのようになるが，便宜上「れば」と表記する。また，「たら」の「た」を完了アスペクト（あるいは過去テンス）と見る立場（益岡1993b）もあるが，現代語においては「たら」で文法化されているとする方が妥当であろう。(i)のように，口語体において「そうしたら」が「そしたら」になり得ることは，その傍証になるかと思われる。
　(i)　で，会場に行ってみたの。{そうしたら/そしたら}田村君がいたの。
さらに，日本語には英語の不定形に見られるtoのような標識がないため，不定形を積極的に認める研究者は，管見によれば三上章を数える程度であるように思う。「と」に前接する動詞が不定形であることは後に示す。

し，例えば「させ」「られ」などはヴォイス要素であるので，これらが付いたものを独立した活用形とはしない)。また，多くの先達に倣い (例えば寺村 1984，鈴木 1989) 未然形は設定しない。「総体」を活用形とするという点は，屈折変化に基づく活用形の認定であり，野田 (1991, 2000) の並列方式の活用論と軌を一にする (鈴木 1972 も参照)。(2) の句構造において，語幹形 (V) が形態変化を伴わずに動詞移動し，v 位置で顕現するのが連用形，[5] V-v の複合体が T 位置まで動詞移動し，定形テンスを伴わない「-(r)u」(あるいは「-ta」，4.3 節参照) が付加するものが不定形である。なお，T 位置では「る」(または「た」) という形式のみが顕現し，これに定形テンス性を付与するのは Fin である。そして，V-v-T が Fin 位置まで動詞移動し，定形テンス性を帯びるものが連体形，V-v-T-Fin が Force 位置まで動詞移動し，完全なパラダイムをなす「判断」が加わるのが終止形である。この状況を (3) でまとめておこう。[6]

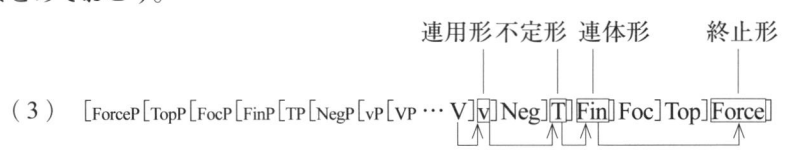

　　　　　　　　　　　　　　　　　連用形 不定形　連体形　　　終止形

(3)　[ForceP[TopP[FocP[FinP[TP[NegP[vP[VP … V]v]Neg]T]Fin]Foc]Top]Force]

　この観点から条件節を見ると，連用形型の「れば」と「たら」は vP 節サイズ (否定文の場合は NegP サイズ)，不定形型の「と」は TP 節サイズ，そして，終止形型の「なら」は ForceP 節サイズを取るという予測が立つ。条件節には 3 種のタイプがあるので，活用形に関する本稿の指導原理を検証する，格好のテストケースとなるのである。次節では，節サイズを検証する際の基盤となる意味類型と，それに連動する南 (1974, 1993) の階層構造について 3 種のタイプごとに見ることにしよう。

---

[5] 母音語幹動詞では，tabe のように語幹形がそのまま連用形になり，子音語幹動詞では ik-i のように -i が現れるが，この -i は緩衝母音であり，統語論的に見る活用形とは無関係である。同様の見解については三上 (1953)，田川 (2009) などを見られたい。なお語幹形は，動詞の表す動きや状態を語彙的に示す働きのみを持ち，構文論的職能はないので，語幹形自体は活用形ではない。

[6] 肯定文にはもちろん NegP は存在しない。否定文の場合，V-v 複合体が Neg まで動詞移動して tabe-na/ik-ana の形式が現れ，T まで動詞移動すると tabe-na-i/ik-ana-i という不定形が顕現する。この後，Fin さらに Force まで動詞移動して，順次，連体形そして終止形が生じることは肯定文の場合と同様である。

3. 条件節の意味類型
3.1 「れば」と「たら」

　学校文法では，母音語幹動詞の tabe は，「ない / よう」に続く時は未然形，「ます / て / た」に続く時は連用形，「れ」を介して「ば」に続く時は仮定形，そして，「ろ」に続く時は命令形とされている。しかしながら，これらの要素に前接する tabe という形態は全てにおいて同一である。[7] すなわち，共時論的に見る時，「ます」に続く形を連用形とするのであれば，他の形式に続く時も連用形とする方が経済的な記述であるということになる (ただし，「て / た」については別の見方をしたいが，当節での議論から外れるのでここでは述べない)。連用形とは，語幹形 (V) が v 位置まで動詞移動し，この位置において形態変化を伴わずに具現する活用形であると考える。とすると，連用形を含む節は vP 節サイズ (否定文では NegP 節サイズ) を取るということになる。このような視点で「れば / たら」を見ると，共に前接する動詞が連用形であるので，活用形の観点からすれば同類，つまり，vP 節サイズを取る構造の下位区分とするのが自然である。「れば / たら」の表す意味がこの見解を補強することになる。

　「れば」と「たら」の意味については，益岡は，「れば」は一般的事態を表し，「たら」は個別的事態を表すとしている (益岡 1993a, b, 1997, 2000, 2006)。(4) は時間を超えて成り立つ一般的な因果関係を表しており，(5) は個別的事態間の因果関係を表している。「れば」には，本質・本性を述べる「ものだ」が付置可能であるとされることにも注意されたい。

(4) a.　ちりも積もれば山となる (ものだ)。
　　b.　最低のレベルさえ高くなれば，特殊の才能を持った人は必然的にますます伸びてくる (ものだ)。
(5) a.　勉強を本格的に始めたらすぐに分かると思うけどね。

　　　　　　　　　　　　　　　　　　　　　　　［現実化以前の事態］

---

[7] 子音語幹動詞の場合も，緩衝母音や音便形の出現，あるいは「よう」での「よ」の脱落 (ik-o) など，音韻論に属する事項を除き基本的な構図は同じである (註 5 参照)。「ない」に続く場合の -a(ik-a-nai) も，ある種の緩衝母音としてよいであろう (三上 1953)。また，命令文の場合，母音語幹動詞では tabe-ro，子音語幹動詞では ik-e のようになるが，-ro/-e に前接する形態は tabe/ik であり，本稿では連用形であると考える。城田 (1998: 48) は，-ro/-e は形態素の水準にあり，語形の水準にはないとしている。

b. もしパレスチナ人が自分の国を持ったら，戦争になった場合に今以上に失うものがたくさんある。　　　　　　　　［仮定の事態］
c. 闘わなかったら，もっと悔いただろう。　　　　［反事実的仮定］
d. 今朝起きたら頭がずきん，ずきんした。　　　　　［既然の事態］
　　　　　　　（益岡 1993a: 2–7，［　］内の名称も益岡による）

　しかしながら，益岡が詳細に論じているように，「れば」から「たら」への意味拡張という現象が見られる。すなわち，多くの場合，「れば」が「たら」の意味も表し得るということである（ただし，(5d)の既然の事態用法は「れば」にはない）。

(6) a. 明日に{なったら / なれば}，結果が分かる。
　　　　　　　　　　　　　　　　　　　　　　　　［現実化以前の事態］
　 b. この仕事が{片付いたら / 片付けば}，皆休暇を取るだろう。
　　　　　　　　　　　　　　　　　　　　　　　　　　［仮定の事態］
　 c. 先生が生きて{おられたら / おられれば}，今日のこの素晴らしい演奏を聞いて頂けたのですが。　　　　　　［反事実的仮定］
　 d. 今朝{起きたら / *起きれば}頭がずきん，ずきんした。
　　　　　　　　　　　　　　　　　　　［既然の事態］（益岡 1993a: 7–9）

このような意味拡張は極めて頻繁に起こるので，どれを「れば」「たら」の基本義とすべきか，筆者には俄かには判断できない。実際，(4a, b)も，「れば」を「たら」に置き換えても「ものだ」の付置は可能である。

(7) a. ちりも積もっ<u>たら</u>山となる（ものだ）。
　 b. 最低のレベルさえ高くなっ<u>たら</u>，特殊の才能を持った人は必然的にますます伸びてくる（ものだ）。

　「れば」と「たら」の意味用法で大きく異なるのは既然の事態であるとする方が現実的であろう。もちろん，先行研究で指摘されているように（例えば鈴木 1978，益岡 1993a），「れば」と「たら」では，条件節内での述語の制限や主節末のモダリティの生起などにおいて違いが見られる。しかしそれは，既に述べたように，条件節と主節が「総体」としてどのような意味機能を果たすかという問題に他ならない。後に詳しく論じるが，節内に含まれる要素や，「だけ」と否定辞の作用域解釈などにおいて，「れば」と「たら」は同じ振る舞いを見せる。このことは，連用形を含む節において共通して見られる特質であり（三原 2011），活用形の観点から節構造を考えるに際して

「共通分母」として設定すべき事項なのである。「れば」節と「たら」節内に生起する要素に関しては，次節で南の階層構造について述べた後で確認する。

3.2　南の階層構造

　南 (1974, 1993) の階層構造については既によく知られているので，詳しい紹介は避け，筆者の見解との違いに関して記しておくべき事項のみ述べることにしよう（連用形に関しては三原 2010, 2011 で述べた）。また，南のA類・B類・C類と筆者の分類は必ずしも重なり合わないので，3.3 節以降の議論ではこの三区分の名称を用いない。

　南による先駆的な研究において，従属節（南の用語では「従属句」）が A 類・B 類・C 類に区分され，それぞれの節内に含まれる要素が異なることが明らかにされている。南が A 類従属節（「ながら」節がその典型）に含まれるとしている述語的部分以外の要素は，統語構造の範疇で言い換えれば，次の3種ということになろう（南の階層を統語論的範疇で区分した研究に田窪 1987 がある）。

　　（8）a.　動詞句副詞（程度副詞・状態副詞など）
　　　　b.　項（主語以外の，項となる「を」句や「に」句）
　　　　c.　付加詞（名詞句に後置詞が付いたもの）

他方，A 類従属節に含まれないとされているのは次のような要素である。

　　（9）a.　文副詞（「たぶん」「まさか」など）
　　　　b.　主題（「は」句）
　　　　c.　時間句・場所句（「2 時頃」「駅前で」など）
　　　　d.　主語（「が」句）

　（9）のうち，文副詞と主題が A 類従属節に収まらないのは事実であるが，下で述べるように，(9c, d) については南とは見解を異にする。また，(9b) での主題が「純粋主題」であることは記しておく必要があろう。「左足はそれでよいが，[右足はもう少し高く上げながら]踊りなさい」のように，「対照主題」なら入り得るからである。

　まず，時間句・場所句については (10) のように生起可能である。実際，南 (1993: 117) では，場所句が「ながら」節に生起する実例 (11) があったことが報告されている。

(10) a. ［太郎は［花子を駅前で待ちながら］タバコを吸った］。
　　 b. ［太郎は［花子を，昨日の２時頃，駅前で待ちながら］タバコを吸った］。
(11) a. （徹吉は）額に汗を滲ませながら（そのうしろを通り…）
　　 b. その中でじっとうずくまりながら（米国はひたすらにこう思った）

これらの時間句や場所句は，(8c)の(動詞句内)付加詞であるので，A 類従属節に入り得ることは理論的にも整合性があると言えよう。

次に主語に関しては，確かに音形を取る主語が現れる頻度は高くない。しかし，これは分析の前提となる枠組みに依拠することであり，生成文法の立場を取る時，「太郎は［PRO 足を組みながら］座った」のように，PRO 主語が設定されるのである。そしてまた，南 (1993: 119–120) では，「ながら」節に主語が入る実例が報告されている。

(12) a. （…）ひたすらに一途に，近ごろ涙もろくなって，思わず顔がゆがみそうになりながら。
　　 b. 同時に城木は，頭部と胸部を棍棒で殴りつけられたような打撃を受け，意識も霞みながらその場に昏倒した。

ただし，これらは非対格動詞の主語であり，「ながら」節に入り得ることは田窪 (1987) でも指摘されている（田窪の用語では「対象主格」）。

結論として，(8) の諸要素と共に，時間句・場所句，及び主語は A 類従属節に入ると言える。これらは，動詞句内主語仮説を取る時，(13) のように vP 内に収まる要素である。[8]

(13) [$_{vP}$ 主語 [$_{vP}$ …動詞句副詞 / 付加詞 / (主語以外の) 項 ...]]

---

[8] 本稿では，A 類従属節の典型として付帯状況の「ながら」節の振る舞いを見たが，次節で検証する「れば／たら」節には，「*食べながら{れば／たら}」のように「ながら」が前接しないので，念のため付帯状況の連用形を含む節でも確認しておこう。

先行研究では，連用形には付帯状況の用法がない，あるいは，付帯よりも継起の意味が強くなるとされることが多いようである（日本語記述文法研究会（編）2008: 288 など参照）。しかし，(i) では付帯の意味が可能であり，「ながら」形のない (ic) を除き，これらに「ながら」を付置したものと意味は変わらない。

(i) a. 叱られている間，私は目を下に向け黙っていた。
　　b. 僕は，その時，両手に荷物をかかえ環状線に乗っていた。
　　c. 着の身着のままで，何も持たず(に)丘の上に避難した。

3.3　「れば」節 / 「たら」節に生起する要素

　当節では，前節（8）の諸要素については「れば / たら」節に入ることが明白なので省略し，（9）の要素，及び認識のモダリティについて確認することにしよう。

　まず，文副詞である。文副詞は，定形命題を修飾すると考えられるので，定形テンスを決める FinP 領域要素とするのが自然であろう。(14a) では，「明らかに」が「局長がウソをついていた」という過去の事態全体を修飾しており，(14b) のようにしても同値である。

(14) a.　明らかに，局長はウソを<u>ついていた</u>（ということになる）。
　　　b.　局長がウソを<u>ついていた</u>のは明らかだ。

そして，予測されるように，文副詞は「れば / たら」節には生起しない。念のため，価値判断の文副詞と真偽判断の文副詞に分けて観察しよう（文副詞の名称は中右 1980 による）。ただ，スタイル的な要因も大きいので，主文内容と整合する文副詞を選択する必要があることは付記しておきたい。

(15) a.　*福井先輩が<u>幸いにも</u>来て{くれれば / くれたら}，参加者は大喜びするだろう。（価値判断の文副詞）
　　　b.　*先生が<u>確かに</u>コメンテーターを務めて{くれれば / くれたら}，シンポジウムは成功するだろう。（真偽判断の文副詞）

　次に，認識のモダリティ「かもしれない」「らしい」などについては，FinP 節サイズを取る連体修飾節にも出現可能なので，これも FinP 領域要素とすることができよう。[9] これらも「れば / たら」節には生起できない。

(16) a.　*巨大台風が上陸する{かもしれなければ / らしければ}，海岸沿いは浸水の恐れが高い。
　　　b.　*巨大台風が上陸する{かもしれなかったら / らしかったら}，海岸沿いは浸水の恐れが高い。

そして主題は，地図製作計画の句構造に基づけば，定義上 TopP 要素であり，これも「れば / たら」節には入ってこない。

(17)　［高校の同窓会で大学 2 年生が話をしている］
　　　*<u>田中君は</u>工学部に{進学すれば / 進学したら}，うちのクラスの理

---

[9]　ただし，三原 (1995, 2011) で「事態の確定性制約」と呼んだ現象があり，事態の生起可能性が低いモダリティ要素は連体修飾節には現れ難い。データは本稿 4.4 節の (66) で挙げる。

系進学者数は計 6 名になる。

　つまり，「れば／たら」節のサイズは，TopP/FinP より小さいということである。そして，「れば／たら」節には，「る」という不定形の「形式」自体も現れないので，TP 節サイズより小さいことが分かる（「たら」の「た」を完了アスペクトあるいは過去テンスとしないことについては註 4 参照）。他方，「食べなければ」「食べなかったら」のように，否定辞の -(a)na は可能なので，否定文の場合は NegP 節サイズを取るということになる。「福井先輩が来て{くれれば／くれたら}，参加者は大喜びするだろう」，「巨大台風が上陸{すれば／したら}，海岸沿いは浸水の恐れが高い」のように，（vP 内）主語が入ることも再度確認しておこう。

　さて，南（1974, 1993）では，(8)(9) の述語的部分以外の要素と共に，述語的部分の要素も検証の対象となっているので，この振る舞いも合わせて見ておこう。いずれも vP/VP 領域要素とすることができるものである（vP 領域要素は使役の「させ」（三原・平岩 2006），それ以外は VP 要素である）。

(18) a. 英文を{読ませれば／読ませたら}実力はすぐ分かる。（使役）
　　 b. {反対されれば／反対されたら}，その時はその時だ。（受身）
　　 c. 先生が{お出でになれば／お出でになったら}応接室にお通しして下さい。（尊敬表現）
　　 d. ネクタイを{あげれば／あげたら}どうかしら。（授受表現）
　　 e. 推薦状さえ{もらえれば／もらえたら}十分だ。（授受表現）

(18) の諸要素については，「と」節や「なら」節にも入り得ることが明らかなので，以下の検証では省くことにしたい。

　ここまでの検証から，「れば／たら」節は，vP 節サイズ（否定文では NegP 節サイズ）を取るということが分かる。なお，南（1974, 1993）では丁寧形「ます」も考察の対象となっているが，丁寧形の句構造上での位置付けが現段階では筆者には不明なので，これについては割愛することにしたい。

3.4 「なら」と判断

　「なら」節は，前件（条件節）の事態が真であることを仮に想定し，後件（主節）で話者の判断・態度を表明する構文である。相手の発話の真偽は (19a) の話者にとっては確定できないものであり，相手が本当に暑いと思っ

ているかどうかは (19b) の話者には分からない。(19c) が仮定的事態の想定であることは言うまでもない。

(19) a. 早くつくれというのなら，三点セットの回答を早く出しましょう。　　　［先行文脈での相手の発話を真であると仮定する］
b. 暑いのなら，冷房をつけてもいいよ。
　　　［発話場面において了解される事態を仮定する］
c. 住民が一人でも反対するなら，たとえ橋一つでもつくらない……。［話者自身が特定の事態を仮定する］(益岡 1993a: 11–12)

「なら」節において重要なことは，従属節でありながら，話者の心的態度や聞き手に対する態度を表明する表現が節内に生起可能なことであり，その意味において，主節に近似する構造であると言える。まず話者の心的態度については，(20)(21) のように，3.3 節で FinP 領域要素とした，判断を表す文副詞や認識のモダリティが可能である。

(20) a. 福井先輩が<u>幸いにも</u>来てくれる (の) なら，参加者は大喜びするだろう。
b. 先生が<u>確かに</u>コメンテーターを務めてくれる (の) なら，シンポジウムは成功するだろう。
c. {ひょっとして / 間違いなく}雨が降る (の) なら，久しぶりの恵みの雨となる。

(21) 巨大台風が上陸する{かもしれない / らしい}(の) なら，海岸沿いは浸水の恐れが高い。

TopP 領域要素の主題「は」は，「なら」節が従属節であるため，「なら」のままでは節内での落ち着きが悪いが，「というのなら」にすると容認性が上がる（「なら」節における「という」及び「の」の関与については次節で論じる）。

(22) <u>田中君は</u>工学部に進学する (というの) なら，うちのクラスの理系進学者数は計 6 名になる。

主題の「は」は，「X は」で取り立てられる範疇 X を認識的にいったん文命題から分離し，範疇 X に対して範疇的判断 (Kuroda 1972, 1992) を下した上で文命題と再結合させる要素である（尾上 1979 の「二分＝結合」）。[10] ここに

---

[10]　Kuroda (1972, 1992) は，「が」を伴う「猫が眠っている」における判断を文の命題成

「判断」が関わることは明白であろう。有田 (2006: 5) の例 (23) もこのことと密接に関連する。(23b) のように，名詞に直接「なら」を付けることもできるし，三上 (1960) の条件主題の「は」で言うこともできるのである。

(23) a. ビールを飲むなら，地ビールがいい。
　　 b. ビール{なら／は}地ビールがいい。

以上の観察から，「なら」節は FinP/TopP を包み込む構造であることが分かるが，TopP は活用形とは連動しないと思われるので，「なら」節は ForceP の節サイズを取るとするのが自然であろう。「なら」節が，FinP 節サイズを取る連体修飾節内に収まり難い点にも注意されたい（連体修飾節が FinP 構造を持つことについては Hiraiwa 2005 参照）。[11]

(24) a. *[ちゃんと話すなら分かってくれる]人
　　 b. [ちゃんと{話せば／話したら／話すと}分かってくれる]人

このように，「なら」節は，従属節でありながら話者の判断，あるいは聞き手に対する働きかけを内包し得るという点で主節に近似する形式なのであるが，条件節の中で，「なら」節のみが定形の「る」と「た」を許容するという事実がこのことと密接に関わってくる（定形テンスと「判断」の問題については稿を改めて論じる用意がある）。

(25) a. アメリカに留学する(の)なら，日本人が少ない地域の方が英語がうまくなるよ。
　　 b. アメリカに留学した(の)なら，英語がうまくなったでしょう。

そしてまた，「なら」節が「視点の原理」の適用を受けることも極めて重要

立に関わる「命題的判断 (thetic judgment)」，「は」を伴う「猫は眠っている」における判断を「範疇的判断 (categorical judgment)」と呼んでいる（訳語は筆者による）。

[11] 詳細についてはさらに詰めたい点が残るが，「なら」節に終助詞や命令文が入り得るという事実もある。
　(i) a. 君がやってくれるよというのなら安心だ。
　　 b. 行けというのなら行きますが。
ただ，(ii) の「と」節でも，一見，命令文が可能なように思えるかもしれないが，直接引用と間接引用を見極める必要があろう（池谷知子氏 (個人談) の指摘による）。
　(ii)　早くしろと言うと，子供は逆にゆっくりする。
二番目の「と」は条件形式の「と」であるが，最初の「と」は直接引用標識であろう（直接引用と間接引用の違いについては，例えば柴谷1978参照）。つまり，(ii) は，条件形式の「と」に直接引用の「と」が埋め込まれているということである。

である。

　視点の原理は定形テンスを有する節に関する一般化であるが，「る/た」形式を取らない「れば/たら」節（註4参照）や，不定形の「る」のみを取る「と」節が視点の原理の適用を受けないのに対して，「なら」節はこの適用を受ける。

(26) a.　御岳が噴火{すれば/したら/すると}，大混乱が起こるぞ。
　　　b.　＊御岳が噴火{すれば/したら/すると}，その前にきっと前兆がある（筈だ）。
(27) a.　御岳が噴火する（の）なら，その後に富士山も噴火する（だろう）。
　　　b.　御岳が噴火する（の）なら，その前にきっと前兆がある（筈だ）。
　　　　　　　　　　　　　　　　　　　　　　　　　（三原 1992: 179）

「れば」「たら」「と」節では，条件節事態が起こった後で主節事態が起こるという解釈は可能であるが，条件節事態の前に主節事態が起こるという解釈は容認されない。それに対して，「なら」節では双方の解釈が可能なのである。条件節・主節が共に「る」となる (27) では，視点の原理 (a) に準拠する形で発話時視点が顕現すると言える（視点の原理は (a)(b) の2条項からなるが，ここで該当するのは (a) の方である）。

(28)　視点の原理 (a)
　　　　主節・従属節時制形式が同一時制形式の組み合わせとなる時，従属節時制形式は発話時視点によって決定される。
　　　　　　　　　　　　　　　　　　　　　　　　　（三原 1992: 22）

つまり，(27) で動的事態を表す「噴火する」を伴う「なら」節事態は，発話時以降の未来時において起こるが，主節も発話時視点で計算されるので，主節事態は，「なら」節事態以前でも以降でも構わないのである。視点の原理に則った形で事態が生起する場合，「視点現象を示す」という言い方をすれば，「なら」節は正に視点現象を示すのである。

　ところで，赤塚 (1998) は，条件文を用いて様々な発話行為 (speech act) を遂行することができることから，条件文は，そもそも話者の心的態度を表す構文であるとしている（(29) が「たら」であることに注意）。

(29) a.　人のクッキーに手を出しやがったら，鞭でひっぱたいてやる。
　　　　　　　　　　　　　　　　　　　　　　　　　（警告・脅かし・禁止）

　　　　b.　このクッキーを食べてくれたら，鞭でたたいてあげる。
　　　　　　　　　　　　　　　　　　　　　（約束・提案）（赤塚 1998: 13）
一方，益岡（2006）は，「なら」節をメタ言語的条件（metalinguistic conditional）節であるとした上で，条件文のうち，話し手の態度が直接言い渡されるのは「なら」の場合に限られることを正しく指摘している。益岡の言明は，「なら」における「という」の介在を背景としたものであるが，このことは「の」の介在とも連動すると思われるので，セクションを変えて論じておきたい。

3.5　「なら」における「という」「の」の介在
　本稿では，これまで「なら」の文例を提示するにあたり，「という」や「の」を持つものと持たないものを混在させてきた。が，これらは決して完全に随意的な要素なのではなく，文法化された意味を表す要素である。
　益岡（2006）は，「なら」に固有の「という」は，単純な伝聞ではなく，事態が真であることを仮に想定する話者の心的態度を表すものであることを正しく指摘している。
　（30）a.　買収するというのならすればよい。
　　　　b.　（…）もし，その地位を失っても平気なくらいの特別の知識や技術をもっているとか，生まれつきの地位や財産があるというなら，自分の経歴や地位を賭しても大義をつらぬいたり，責任を引きうける覚悟でリーダーシップをとったりするであろうが，日本のエリートの場合，そのようなことは起こりにくかった，と。
　　　　　　　　　　　　　　　　　　　　　　　　　（益岡 2006: 41）
文例で確認するまでもないであろうが，「れば」「たら」「と」では「という」は生起できない。
　他方，「（の）なら」における「の」の有無については，田野村（1990）に言及が見られるものの，鈴木（1993）を除き，これまであまり中心的課題とはされてこなかったように思う。しかし，下記の益岡（1993a: 11–13）の例を子細に観察すると，「の」の有無には規則性があることが分かる。（31a, b）は益岡の元例で「の」が含まれているもの，（31c, d）は「の」が含まれていないものであるが，（31a, b）では「の」が削除可能であるのに対して，（31c）では「の」が挿入可能であり，（31d）では「の」の挿入が不可能となる。

(31) a. 早くつくれというのなら，三点セットの回答を早く出しましょう。→「の」削除可能
   b. どうせつくるのなら日本にはまだない屋根付きの球場を考えてみてくれ。→「の」削除可能
   c. 住民が一人でも反対するなら，たとえ橋一つでもつくらない……。→「の」挿入可能
   d. もしあの時断わっていたなら，今こんなに苦しんでいないだろうに。→「の」挿入不可

(31a)は，言語化された先行文脈（「早くつくれ」）を受けると解釈されるもので，(31b)は，先行文脈あるいは状況を受けるものである。他方，(31c)では，住民が反対していることが事実の時は「の」を挿入できるが，仮定的事態を述べる時は「の」の挿入が極めて不自然である。そして，反事実的仮定の(31d)では「の」を挿入することができない。このことは，先行文脈・状況が確定的である場合は「の」は随意的であるが，確定的な先行文脈・状況が存在しない場合，「の」の使用が不可能になることを示している。総合すると，「なら」における「の」は，事実性を認定する話者の心的態度が張り付いていると言えるだろう。[12]

3.6 「と」節を巡って

「と」節については，「と」節事態が先に生じ，その後に主節事態が起こることを表す(32)の時間的用法が基本である（益岡の一連の研究及び坪本1993参照）。

(32) a. 国防総省が調査してみると，確かにその海兵隊の倉庫にあった。
   b. たいていの教授は，いったん教授になってしまうと研究などしなくなり，本も買わなくなる。　　　　　　　　（益岡1993a: 14–15）

---

[12] 鈴木(1993)は，「のなら」が可能な場合は「たら」で言い換えることができず，不可能な場合は言い換えができるという重要な観察を行っている（文例は筆者による）。
  (i) a. 昨日彼の会社でボーナスが{出たのなら/*出たら}借金を返してもらおう。
    b. 明日彼の会社でボーナスが{*出たのなら/出たら}借金を返してもらおう。
しかしながら，鈴木は，「なら/のなら」の差について，最終的には「意味の違いは確かにあるとしても，ニュアンス程度のものにとどまり，決定的な意味の差はないと考えてよい」(p. 134)としており，筆者としては疑問が残る。

そして,「と」節事態がこれから起こるものである場合に,派生的に(33a, b)の条件用法が生じると見てよいであろう。益岡が正しく指摘しているように,「と」節は,(33c)のような,「もし」を伴う本格的な条件表現(反事実的仮定)には馴染まないのである。

(33) a. 提携が実現する<u>と</u>, 神戸市にとって七番目の姉妹都市となる。
b. 手を離す<u>と</u>, 危ないよ。
c. ＊もしあの時断っている<u>と</u>, 今こんなに苦しんでいないだろうに。
(益岡1993a: 16)

益岡(1993a)は,「と」は広義の順接並列表現の一つであるとしており,この理解に変更を加える必要はないであろう。そして「と」節は,主節と合わさって2つの現実的事態の「一体性」を表す形式であり,主節が条件節に依存するという,条件文のプロトタイプから外れていることにも注意されたい。ただ,派生的関係にあるとはいえ条件用法があることは事実なので,本稿でも考察に含めることにしたい。

他方,坪本(1993)は,「セット読み」という言葉を用いているが,特徴付けについては益岡と響き合うものであると考えてよい。セット読みというのは,「と」節事態と主節事態が一体化したものとして,対称的関係に立つ総体を構成するというものである。従って,一連の動作を表す(34a)は妥当であるが,無標の読みにおいて「と」節事態から予測し難い(34b)は奇妙である。

(34) a. 私は上着を脱グト,ハンガーに掛けた。
b. ＊私は上着を脱グト,ハンガーに掛けなかった。
(坪本1993: 102)

さて,「と」節内の動詞が「る」に限定され,「た」が用いられないことは既に述べたが,坪本は,時間用法の「と」節が眼前描写表現に近似する場合があるという非常に興味深い観察を行っている((35)は坪本の例を参考にして筆者が作例した)。

(35) a. 天皇のお車が門を出ると,群衆の中から一人の男が飛び出して来た。
b. 天皇のお車が門を出る。と,群衆の中から一人の男が飛び出して来た。

(35b)は,「出る」で文を終止し,あたかも現場で「今」目撃したかのよう

な表現にしているもので，「出る」における「る」は定形テンス性を欠いたもの，すなわち不定形であろう。

条件節における述語のテンス性については，有田 (2007) も重視しており，「る」「た」とも不可能な「れば/たら」節を非時制節，「る」しか現れない「と」節を不完全時制節，そして「る」「た」双方が可能な「なら」節を完全時制節と呼んでいる。有田は，上記の基準に加えて，条件節事態と主節事態が一方向で起こるか，双方向で起こるかという基準も設定しているが，これは，3.4 節で述べた「視点現象を示す」という概念と基本的に同じである。既に挙げた例を再掲する。

(26) a. 御岳が噴火{すれば/したら/すると}，大混乱が起こるぞ。
　　 b. *御岳が噴火{すれば/したら/すると}，その前にきっと前兆がある (筈だ)。
(27) a. 御岳が噴火する (の) なら，その後に富士山も噴火する (だろう)。
　　 b. 御岳が噴火する (の) なら，その前にきっと前兆がある (筈だ)。
　　　　　　　　　　　　　　　　　　　　　　　　　（三原 1992: 179）

条件節事態と主節事態の生起順序が自由なのは「なら」節のみなのである。「れば/たら」節に定形テンスが関与しないのは言うまでもないが，一方向でしか事態が生じない「と」節も，定形テンスが関わらないと見てよいであろう。

本稿では，第 4 節において「だけ」句と否定辞の作用域解釈について論じるが，作用域の検証では「れば/たら」と「と」が同じ振る舞いを示す。そこで，当節では，「れば/たら」と「と」を区別する言語事実について見ておくことにしよう。

次例を見られたい。

(36) a. 私が参加し<u>よう</u>と，大勢は変わらないだろう。
　　 b. 僕が説教し<u>よう</u>と，彼は行動を改めないよ。
　　 c. 仮にあいつが反対し<u>よう</u>と，私はやるつもりだ。
　　 d. *仮にあいつが反対し<u>よう</u>{れば/たら}，私はやるつもりだ。

(36a, b) の「よう」は，古典語「む」の残存であると思われ，現代語では多分に慣用的表現であるが，(36c) のように「仮に」を付け得るので，証拠性の「よう」ではなく，「食べ<u>よう</u>とする」のような「開始意図を表すモダリ

ティ」であると考えられる。動作主以外では非文となることから、「意図」を表すものであることが分かる。

(37) a. ＊氷が割れようとした。
b. ＊電車が到着しようとした。

ただし、(36c)のように第三者(「あいつ」)の意図も表し得るが、これは、「と」によって第三者の開始意図を「仮定」しているものであろう。

　ここで重要なことは、(36d)のように、「れば／たら」では「よう」が不可能なことである。[13] モダリティには、「{する／した}かもしれない」「{する／した}らしい」のような定形接続のモダリティ(FinP領域要素)、「(する)べきだ」「(する)ことができる」のように「る」しか許容しない不定形モダリティ(TP領域要素)、そして、「(し)そうだ」「(し)かねない」「(何か言いた)げだ」のような非定形モダリティ(vP領域要素)の3種がある。「よう」は、意図を表すものの、TP領域要素であると思われる。意図を表しつつTP領域に属するのは、「〜し始める」といったアスペクト性も併せ持っているからではないかと考えられる。

　「れば／たら」と「と」を峻別するもう一つの言語事実は、(38a, b)で見る否定意図の「まい」である。[14]

(38) a. オレが行こうと行くまいと、お前の知ったことじゃないだろう。
b. 私が黙秘しようとするまいと、警察は冤罪をでっちあげるにちがいない。
c. あの先生は、学生が分かろうと分かるまいと、おかまいなしに講義をする。

---

[13] 「れば／たら」は連用形に後続するが、「よう」には連用形がないので、「よう」のまま前接させることにする。(38d)の「まい」も同様にしておきたい。

[14] 「まい」は、「行こうと行くまいと」の形では言えるが、「＊(オレが)行くまいと」のように単独では非文となるという点において、多分に慣用的表現ではある。また「まい」は、(38c)のように主語が三人称(「学生」)では否定推量となるが、本稿で扱うのは否定意図の用法である。
　「よう」「まい」は、過去形にならないので、不定形であると考えられる。三宅(2011: 203 註3)は、「まい」を推量の範疇に入れ、「…推量が表される形式は屈折(活用)語尾レベル(生成文法的に言えば"INFL"のレベル、すなわち機能範疇に属するもの)の形式である…」と述べている。三宅がINFLとしているものは、本稿の枠組みではTである。

d.　＊オレが行こうと行くまい{れば/たら}，お前の知ったことじゃ
　　　　　ないだろう。

否定意図の「まい」も TP 領域要素であると考えられるが，(38d)のように，「れば/たら」節には共起しないことを確認されたい。

　このように，「よう」と「まい」は「と」節には入り得るが，「れば/たら」節には入らないことを勘案すると，「れば/たら」節とは異なり，「と」節には「判断の芽生え」があると思われる。「と」節に判断の芽生えがあることは，(39a, b)のように，断定を仮定する「だ」が入り得ることから分かる。

　　(39) a.　それが事実だと大問題だ。
　　　　b.　女房が鈴木保奈美のような美人だといいのだが。

(40a)も同じ論点を示している。ここでの「正しいとする」も，仮定された断定であることに注意されたい。さらに，(40b)のように，三宅(2011)が命題確認の要求を表すとしている「ではないかⅡ類」も可能である。

　　(40) a.　仮にこの仮説が正しいとすると，こんな問題が生じてきます。
　　　　　　　　　　　　　　　　　　　　　　　　　（三宅 2011: 215）
　　　　b.　仮にこの仮説が正しいのではないかとしてみましょう。すると
　　　　　こんな問題が生じてきます。

確認するまでもないであろうが，この「ではないか」は「れば/たら」節では不可能である。

　さらに，「と」節には，「れば/たら」節では不可能な推量の「う/よう」も可能である。[15]

　　(41) a.　どれほどに文明が高度化し，人の叡智が進もうと，人間の敵は
　　　　　人間であるということだけは変わらないのだろうか。
　　　　　　　　　　　　　　　　　　　　　　　　　（三宅 2011: 236）
　　　　b.　親会社が無理難題を言ってこようと，最も基本的な信念は曲げ

---

[15] 三宅知宏氏(私信)から，推量の「よう」は「れば/たら」節にも入り得ると指摘していただいたが，これらの場合，(i)のように「(で)ある」の介在が必要なので，扱いには慎重を要するように思う(文例は筆者)。
　(i)　親会社が無理難題を言ってくるようで{あれば/あったら}
ちなみに，「なら」節は，「ある」の介在なしに「〜ようなら」が可能である。同私信の指摘にもあるが，「う/よう」と同義の「みたい」は「れば/たら」節に入らないので，「う/よう」が持つ特殊現象とすべきかもしれない。

るべきではない。

ただし，「と」節には，(42) のように他の認識のモダリティは収まらないし，(43) のように文副詞も不可能なので，終止形が持つような完全な判断のパラダイムがある訳ではない。

(42) *巨大台風が上陸する{かもしれない／らしい}と，海岸沿いは浸水の恐れが高い。

(43) a. *福井先輩が<u>幸いにも</u>来てくれると，参加者は大喜びするだろう。
　　 b. *先生が<u>確かに</u>コメンテーターを務めてくれると，シンポジウムは成功するだろう。

3.7　まとめ

第 3 節では以下の諸点を論証した。

① 節内述語が連用形となる「れば／たら」節は，連用形を含む節に共通する構造の vP 節サイズ（否定文では NegP 節サイズ）を取る（連用形一般については三原 2010, 2011 参照）。
② 不定形の「る」しか許容しない「と」節は TP 節サイズを取る。
③ 定形テンスの「る」「た」双方を許容し，かつ，話者の判断を内包する「なら」節は ForceP 節サイズを取る。

それぞれの条件節を導く形式については，句構造上の次の位置に生成される接辞 (affix) であるとしておきたい。

④ れば／たら：v 接辞
⑤ と：T 接辞
⑥ なら：Force 接辞

4.　条件節と動詞移動
4.1　「だけ」句と否定辞の作用域

以下では，これまでの議論を補強するものとして，3 種の条件節を構成する動詞の句構造上での位置を確認する。論証に際して，かき混ぜられた「だけ」句と否定辞の作用域解釈を見ることにしたい。

まず，条件節と主節の位置関係について確認しておく。3 種の条件節はいずれも付加詞節（副詞節）であるので，(44) のように主節 TP に付加され

ることになるが(「α」は条件節を示す），αは，条件節のタイプに応じてvP/TP/ForcePの節サイズを取る。

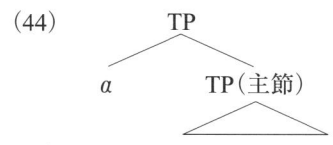

(44)
```
        TP
       /  \
      α   TP(主節)
```

議論に先立ち，「だけ」句が広い作用域を取る場合，直接的な検証対象にならないことについて述べておきたい(三原 2011)。

(45) a. その事務官は総務課だけに招集をかけなかった。
　　 b. 部長は解決策だけを言わなかった。

例えば(45a)には，「招集をかけなかったのは総務課だけ」という，「だけ」句が広い作用域を取る解釈(「だけ＞ない」と表記する)と，「招集をかけたのは総務課だけではない」という，否定辞が広い作用域を取る解釈(「ない＞だけ」と表記する)がある。ところが，「だけ＞ない」解釈の場合でも，「総務課だけに」は，否定辞にc統御される下記の位置にあるので，なぜ「だけ」が広い作用域を取るのかという問題が生じる。

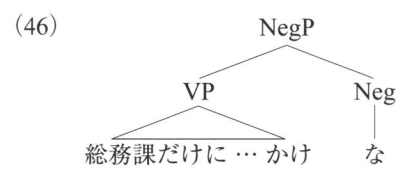

(46)
```
         NegP
        /    \
       VP    Neg
       |      |
  総務課だけに…かけ　な
```

ここにおいて，関西方言では，2つの作用域解釈でイントネーションが異なるという事実がある。筆者の関西方言では，「そうむか」には，平板型アクセント(「そうむか＝」)と，有核型アクセント(「そうむ˥か」)がある。前者に「だけ」を付けると，「だけ」がHHとなり，「そうむかだけ」全体が平板化する(仮にA型と呼んでおく)。他方，後者に「だけ」を付けると，「そうむかだけ」の「かだけ」の部分がLLHとなる(仮にB型と呼ぶ)。

A型は，主要部となる名詞句の「総務課」に「だけ」が接辞化しており，全体としてNPを構成すると考えられる。それに対してB型は，数量詞の「だけ」が主要部で，全体としてQPをなすと考えられる。(47)でまとめておこう。

(47) a.　A型：[$_{NP}$[総務課]+[$_{Affix}$ だけ]]

　　　　b.　B型：[$_{QP}$[総務課]+[$_Q$だけ]]

ここにおいて重要なことは，A型が全体として「特定名詞句」を構成するのに対して，B型が「不定名詞句」を構成すると考えられることである。[16] 特定名詞句は，例えば固有名詞のJohnが否定文中に生じても，John didn't comeにおいて否定辞との作用域の相互作用がない。つまり，否定辞との位置関係が問題にならないのである。そして，再掲する(45a)において，「だけ＞ない」解釈はA型で発音され，「ない＞だけ」解釈はB型で発音される。

　(45) a.　その事務官は総務課だけに招集をかけなかった。

すなわち，「だけ」句と否定辞の作用域を検証するにあたって重要なのは，「だけ」句全体が不定名詞句となる場合であり，「ない＞だけ」解釈が得られるかどうかということなのである。

　同様のことは英語においても観察される。

　(48)　Three directors have made five movies.　　(May 1985: 90)

(48)には，「3人の監督」が広い作用域を取る解釈（「映画」=15本）と，「5本の映画」が広い作用域を取る解釈（「監督」=15人）がある。が，それとは別に，「監督=3人」「映画=5本」のように，それぞれの数量詞が独立して解釈される場合がある。May(1985)とHornstein(1984)は，この解釈をそれぞれ，Independent Interpretation，Interpretive Independenceと称している。この解釈は，要するに，the three directors/the five moviesのように2つの数量詞が特定解釈され，従って，作用域の相互作用がない解釈なのである。

　以上のことに鑑み，次節の議論では，「ない＞だけ」解釈が得られるかどうかを考察対象とする。

4.2　条件節における「ない＞だけ」解釈

　まず，「だけ」句をかき混ぜた次の文例を見られたい。

　(49) a.　部長だけに，専務がそのことを{言わなければ／言わなかったら}，少し面倒なことになる。

---

[16] 判断は微妙だが，特定解釈を強制する「横浜支社の」や「あの例の」を付置すると，筆者にはA型発音が自然であるように感じられる。
　(i)　a.　横浜支社の総務課だけに招集をかけなかった。
　　　b.　あの例の総務課だけに招集をかけなかった。

b. 部長だけに，専務がそのことを言わない<u>と</u>，少し面倒なことになる。
　　　c. 部長だけに，専務がそのことを言わない（の）<u>なら</u>，少し面倒なことになる。
(50) a. 田中教授だけを，執行部が{辞任させなけ<u>れば</u>／辞任させなかっ<u>たら</u>}，反対意見が出る。
　　　b. 小浜地区だけを，市長が都市化計画から外さない<u>と</u>，反対意見が出る。
　　　c. オセアニア諸国だけを，政府が招聘していない（の）<u>なら</u>，反対意見が出る。

上例に関して慎重にインフォーマント調査をしたところ，「れば／たら」及び「と」では「ない＞だけ」解釈が得られ難いが，「なら」ではこの解釈が得られるという結果になった。

　このことは (51) の構造化から説明できる（TopP は議論に関わらないので省いて示す）。

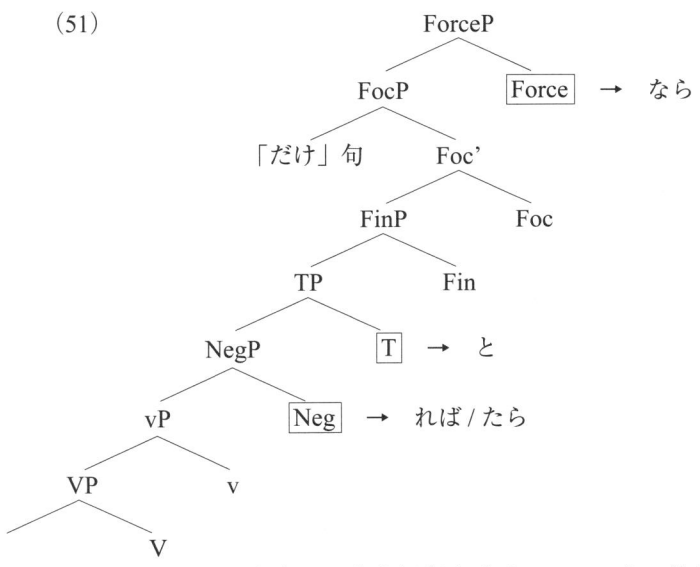

(51)

```
                    ForceP
                   /      \
                 FocP    Force  →  なら
                /    \
            「だけ」句  Foc'
                     /    \
                  FinP     Foc
                  /  \
                TP    Fin
               /  \
            NegP   T   →  と
            /  \
          vP   Neg  →  れば／たら
         /  \
        VP   v
        |
        V
```

かき混ぜられた「だけ」句は，焦点解釈を受けるので，その着地点は FocP 指定部である。連用形を節内に含む「れば／たら」節では，語幹形の V が v を経由して動詞移動し，Neg 位置に着地する。一方，「と」節では，V-v 複

合体が否定辞-(a)naを拾いつつT位置に着地し，「言わない」という不定形を構成する。ここにおいて，「だけ」句はそれぞれの活用形動詞の着地点より上位にあるので，「ない＞だけ」解釈が得られることはない。他方，終止形を含む「なら」節では，V-v-Neg-T複合体がFin位置で定形テンスを帯び，さらにForce位置まで動詞移動するので，この位置から「だけ」句をc統御する結果，「ない＞だけ」解釈が得られるのである。

このように，3種の条件節が内包する否定表現は，その活用形に応じた着地点において「だけ」句との作用域解釈を得るのである。[17] ただ，3.6節で予め記しておいたように，「だけ」句と否定辞の作用域解釈では「れば／たら」と「と」の差異は検証することができないのだが，「れば／たら」節と「と」節に生じ得る，あるいは生じ得ない要素の峻別については同節で論じた。

4.3 動詞移動

4.2節の議論は，日本語における動詞移動の存在が前提となっていた。しかし，Koizumi(1995, 2000)が日本語に動詞移動があることを論じた後，Takano(2002)，Fukui and Sakai(2003)，青柳(2006)など，主として分散形態論の枠組みを取る研究者から反論が提出され，現在までのところ決着が付いていない。[18] 従って，日本語における動詞移動については，小泉とは別の論点から論証する必要がある。

英語（あるいはフランス語）における動詞移動については，古くはKlima(1969)があり，現在でも影響力の大きいEmonds(1978)の論考もあったが，議論が本格化したのは何と言ってもPollock(1989)以降である。Pollockは，現代英語では，(52a, b)のように一般動詞が否定辞・動詞句副詞の左に生起

---

[17] インフォーマント調査を行った際，(49a, b)(50a, b)においても，「ない＞だけ」解釈が得られるとする話者が1名いた。この話者は，かき混ぜられた「だけ」句を元位置に再構築(reconstruction)する判断を有しているのかもしれないが，筆者にはこの解釈はやはり無理である。

[18] Koizumi(1995, 2000)は，かき混ぜ文，分裂文，等位構造を根拠にして，日本語では動詞がC位置まで移動すると結論付けた。が，本稿で挙げたそれ以降の文献では，かき混ぜ文及び分裂文は根拠とならないことが明確に示されている。私見では，等位構造の論拠は依然として有効であると思われるが，紙幅の関係で論争の詳細に立ち入る余裕がない。これらの諸点については別稿に委ねたい。

しないのに対し，フランス語では (52c, d) のようにこれが可能なことから，英語の一般動詞は VP 内の元位置に留まり，フランス語の一般動詞は T 位置まで動詞移動するとした。

(52) a. *John likes <u>not</u> Mary. (cf. John does <u>not</u> like Mary.)
　　 b. *John kisses <u>often</u> Mary. (cf. John <u>often</u> kisses Mary.)
　　 c. 　Jean (n')aime <u>pas</u> Marie.
　　 d. 　Jean embrasse <u>souvent</u> Marie.

(53)　フランス語
　　　[$_{TP}$ SUBJ T Neg [$_{VP}$ VP-Adv V …]]

しかし，Larson と Johnson のデータは Pollock の結論と一見矛盾することになる（鉤括弧による構造化は筆者による）。

(54) a.　John sent [$_{VP}$ [$_{VP}$ a letter <u>to Mary</u>] and [$_{VP}$ a book <u>to Sue</u>]].
　　　　　　　　　　　　　　　　　　　　　　　　　　　　(Larson 1988: 345)
　　 b.　Chris ate [$_{VP}$ [$_{VP}$ the meat <u>slowly</u>] but [$_{VP}$ the vegetables <u>quickly</u>]].
　　　　　　　　　　　　　　　　　　　　　　　　　　　　(Johnson 1991: 584)

等位構造には，構成素をなす要素のみが等位接続されるという制限があるが，(54a) での目的語＋前置詞句 (PP)，及び (54b) での目的語＋副詞 (Adv) の連鎖は (55) の丸で囲んだ部分にあるので，これらの連鎖自体は構成素をなしていない。

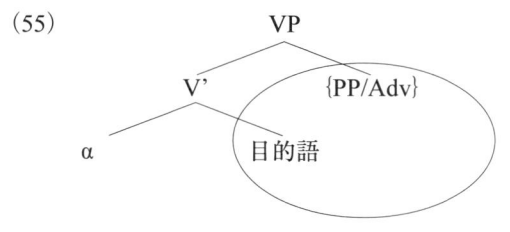

(55)
```
          VP
         /  \
        V'   {PP/Adv}
       / \
      α   目的語
```

そこで，Larson と Johnson は，全域適用 (Across-the-Board Application) によって両等位項中の動詞が VP 外に移動し，その結果残る痕跡 ((55) の α) ＋目的語＋{前置詞句・副詞} が VP という構成素をなすと分析したのである。これは，英語の一般動詞が VP 内の元位置に留まるとした Pollock の結論と一見矛盾する。

しかしながら，動詞句副詞は vP 領域に生じてもよいとすれば，(56) のよ

うに，Vが小動詞vまで移動すると考えることで解決が可能である．Vが VP外に摘出されv位置に着地する時，Neg/AdvはV依然としてVより左にあるからである．

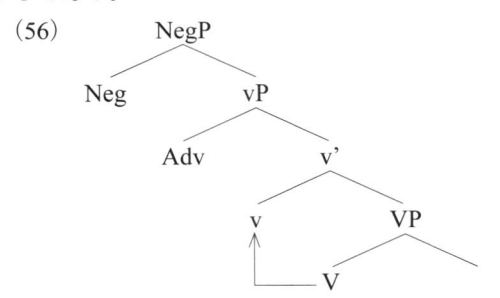

(56)
```
        NegP
       /    \
     Neg     vP
            /  \
          Adv   v'
               /  \
              v    VP
              ↑    |
              └────V
```

とすると，英語においても（短い）動詞移動があることになる．他方，アラビア語・アイルランド語などのVSO語順を取る言語や，ドイツ語・オランダ語などのVerb Second (V2) 言語では，VがCまでの（長い）動詞移動を行うことが確認されている．つまり，動詞移動は恐らく普遍的に存在すると考えるのは故のないことではないであろう．

さて，フランス語では，Vが否定辞・動詞句副詞を越えることから，動詞移動の存在が証明された．しかし，日本語のような主要部後置型言語では，(57b)において矢印で示した動詞移動があるとしても，動詞句副詞を越えることがなく，また，否定辞(-(a)na)が拘束形態素であることから否定辞を越える移動も観察されない．

(57) a. 太郎は<u>性急には</u>答えなかった．
    b. [$_{TP}$SUBJ[$_{VP}$VP-Adv … V]Neg T]
       　　　　　　　　　└─↑└─↑└─↑

従って，Pollockとは別の論点で動詞移動の存在を論証する必要があり，Koizumi (1995, 2000) は，そのことに対峙した試みだったのである．

さて，動詞移動は恐らく汎言語的に見られる現象であると考えられるが，問題はそれが「どのレベルで」適用されるかである．具体的に言えば，統語派生(Syntax)で適用されるのか，あるいは音声形式(PF)で遂行されるのかである．前者であれば，統語派生は論理形式(LF)に入力されるので「意味」に関わることになり，後者であれば，PFは意味とは無関係なので「意味」には関わらないことになる．このことに関してChomsky (2001: 37) は

次のように発言している。

(58)　'(…) semantic effects of head raising in the core inflectional system are slight or nonexistent, as contrasted with XP-movement (…)'

この発言は，動詞移動を含む主要部移動 (head raising) には移動に伴う「意味的効果 (semantic effects)」がないので，統語派生 (狭義統語論：Narrow Syntax) から除外し，PFで適用するという主旨であると理解される。[19]

当節では以下，日本語における顕在的動詞移動の存在と，その意味的効果を確認し，次節において，テンス素性解釈の観点からも，日本語の動詞移動が意味的効果を有することを論じる (以下の諸点については三原2012でも述べた)。

まず，4.2節で見た条件節における「ない」と「だけ」の作用域解釈は，動詞移動と連動する現象であり，また，明らかに「意味」と関わる現象であった。ここでの動詞移動が「意味的効果」を有することは今さら言うまでもないであろう。この論点を補強するもう一つの事例を見ておこう。

(59)は，副詞として機能する否定対極表現 (Negative Polarity Item; NPI) であるが，(59a)は陳述的機能を持つもの，(59b)はそれ以外のものである。

(59) a.　全然，まったく，到底，決して，さらさら，毛頭，滅多に
　　　b.　あまり，さほど/それほど，そんなに，ろくに，だてに，二度と
　　　　　　　　　　　　　　　　　　　　　　　　　　(片岡2006: 12 註8)

このような副詞として機能するNPIは，Neg主要部位置にある否定辞と呼応関係にあるので，NegP指定部に配置し，指定部－主要部 (Spec-Head) 関係として捉えるのが自然であろう。

---

[19] Chomskyのこの発言を受け，主要部移動を統語派生で適用するか，PFで適用するかに関する論考が五月雨式に現れることになる。論争の詳細を辿る紙面の余裕はないが，例えばMatushansky (2006)，Roberts (2010) などを参照されたい。ちなみに，Roberts (2010: 10) は(i)の例に言及している。

　(i) a.　*Which one of them does anybody like?
　　　b.　Which one of them doesn't anybody like?

(ib)は，TからCに移動した否定形助動詞が，主語の否定対極表現 (anybody) を認可している例である。

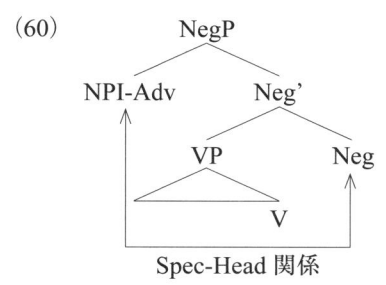

(60)
```
           NegP
          /    \
     NPI-Adv   Neg'
        ↑      /   \
              VP    Neg
             /  \    ↑
                 V
         Spec-Head
           関係
```

　ここで，否定辞が NPI-Adv を c 統御する必要があるが，日本語の否定辞は拘束形態素なので，否定辞のみが NegP より上位の主要部位置に移動すると考えるのではなく，V が Neg を拾いつつ NegP の上に動詞移動すると捉えるべきである。

　このことを背景にして，項として機能すると言われている NPI を見ることにしよう。(61a) では，一見「誰も」が主語として機能しているように見えるが，(61b) のように主語「3 年生」が別途現れ得るので，「誰も」自体は主語ではないことが分かる。また，休止 (「//」で示す) を入れるとすれば，(62a) ではなく (62b) が妥当である。

(61) a.　学生集会に誰も来なかった。
　　 b.　学生集会に 3 年生が誰も来なかった。
(62) a.　*学生集会に 3 年生が誰も // 来なかった。
　　 b.　学生集会に 3 年生が // 誰も来なかった。

以上の観察は，(61b) において，①主語 (「3 年生」) と「誰も」が構成素をなしていないこと，②「誰も」は主語 NP より下にあることを示している。「3 年生」と「誰も」が構成素をなさないことは (63) の疑似分裂文からも分かる。

(63) a.　*学生集会に来なかったのは [3 年生が誰も] だ。
　　 b.　学生集会に (学生が) 誰も来なかったのは [3 年生] だ。

とすると，(61) の「誰も」なども，(60) の NegP 指定部位置に生起し，V が Neg を拾いつつ NegP の上に動詞移動すると考えられよう。

　このような否定対極表現の認可も，動詞移動と連動する現象であり，かつ，「意味」と関わるので，日本語の動詞移動は「意味的効果」を有し，従って，統語派生 (狭義統語論) で適用すべきなのである。

　さて，ここまでの結論をまとめておこう。

① 日本語には顕在的動詞移動が存在する。
② 否定辞の作用域解釈・否定対極表現の認可は「意味」に関わるものである。
③ 従って，日本語の動詞移動は「意味的効果」を有し，PF ではなく統語派生において適用される。

次節では，テンス素性の観点からも，上記①〜③の結論が妥当であることを示す。

4.4 活用形とテンス素性

　日本語における個々の活用形とテンスの絡みについては，管見によれば，これまで「体系的に」論じられたことはあまりなかったように思う。しかしながら，個々の活用形におけるテンスの姿は明確に異なっており，この観点から活用形を峻別するのは必定であると思われる。以下，テンス素性について私見を提示したい。

　まず，連用形については，田川 (2009: 第 2 章) に詳細な検証があるので，その結論を援用することにしたい。田川は，他の活用形と異なり，連用形がなぜ多様な環境に生じるのかを考察し，連用形はテンスを含まない構造に生起すると結論付けている。(64) でその一部を挙げる (詳しくは田川 2009，及び本書所載の田川論文を参照)。

　(64) a. 子供を殴りさえした (動詞の取り立て)
　　　 b. 口を大きく開け深呼吸した (主節末の拘束テンス)
　　　 c. 手紙を書きながら (付帯状況)
　　　 d. 論文の書き方 (接辞「方」などの前)
　　　 e. 山登り (動詞由来複合語の後項)
　　　 f. 叱り続ける (複合動詞の前項)
　　　 g. 読み書きそろばん (名詞化)
　　　 h. 大笑いする (接辞「大」などの後)

ひとことで言えば，連用形とは [-Tense] 素性を有する活用形であると言えるだろう。[20]

20　三原 (1997) では，(64b) のような継起 (及び並列) タイプの節を構成する連用形述語に定形テンスの指定があるとしたが，この主張は本稿の結論と矛盾する。が，継起・並列の連用形節は，節内に入り得る要素 (南 1974, 1993) という点に関して，定形テンス性を欠

次に，連体形と終止形は共に定形テンスを持つので，[+Finite Tense]素性を共有している。では，連体形と終止形はどこが異なるのだろうか。

認識のモダリティの生起を考えてみよう。終止形では当然のことながら(65)で見る全てのモダリティを許容する。(65a)の「ようだ」は蓋然性を示すもの，(65f)の「ようだ」は様態を示すものである。

(65) 終止形
 a. 山田君自身がその噂を流している<u>ようだ</u>。
 b. その映画は面白い<u>そうだ</u>。
 c. 安藤が次の大会に出場する<u>らしい</u>。
 d. 犯人がその店に立ち寄る<u>かもしれない</u>。
 e. あの会社は倒産する<u>にちがいない</u>。
 f. この絵は子供が描いた<u>ようだ</u>。

ところが，連体形では次のような状況になっている。結論を先に述べると，連体修飾節では「事態の確定性制約」(三原 1995, 2011) と呼ばれるものが働き，事態の生起可能性が低いことを示す認識のモダリティは生起し難いのである。

(66) 連体形
 a. *山田君自身が流している<u>ような</u>噂
 b. *面白い<u>そうな</u>映画
 c. ?安藤が出場する<u>らしい</u>次の大会
 d. 犯人が立ち寄る<u>かもしれない</u>店
 e. 倒産する<u>にちがいない</u>会社
 f. 子供が描いた<u>ような</u>絵

(66a)の蓋然性の「ようだ」は，事態の生起に関して確定的な判断が下せ

く付帯の「ながら」節，そして付帯の連用形節とも同じ振る舞いを見せる (三原 2010)。とすれば，起こっていることを明確に見極める必要があるのは，継起・並列の連用形節で機能する拘束テンスであるということになろう。拘束テンス方式では，主節末テンスが連用形述語を拘束するので，主節末テンスと合わない時副詞は連用形節に生起しない筈である。しかしながら，次のような例は可能である。
 (i) a. <u>先月</u>は駅前にローソンが開店し，<u>来月</u>はサークルKが開店するので，ちょっとした買い物は随分便利になる。
  b. 主人は，<u>昨日まで</u>は金沢におり，<u>今日から</u>はたぶん富山におります。
時副詞の共起テストについては今後の研究に持ち越さざるを得ない。

ないことを表すものであり，(66b)の伝聞の「そうだ」も，話者自身は事態の確定性を直接判断してはいない。それに対して，(66e)は話者が事態の確定性判断に関与しており，(66f)は，眼前の絵を見て「子供が描いたようだ」と判断しているものである。(66c)は話者によって判断が揺れるかと思うが，筆者が調査した限りでは「?」とする話者が多かった。(66d)については少し説明が必要であろう。「かもしれない」は一見，事態の確定性が高くないように思えるが，「立ち寄る可能性」が50%であることを断定する「可能性存在」のモダリティである。このことに従い，「立ち寄るかもしれないし，立ち寄らないかもしれない」と言うことができるのである。

事態の生起についての蓋然性判断に関わる断定を「叙法断定（Modal Assertion）」と呼ぶことにしよう。終止形は完全な叙法断定のパラダイムを持つ活用形であり，その意味において[+Assertive Tense]素性を持つと言える。それに対して連体形は，完全な叙法断定のパラダイムを持たないので，[Assertive Tense]ではなく，定形テンスに関わる[+Finite Tense]素性のみを持つと言えよう。

では，不定形はどのようなテンス素性を有するのだろうか。「る」形しか取らない不定形には，(67)のような一般的事象を表すものもあるが，当節で見るのは(68)(69)のような個別的事象を表すものである（(68)(69)は福原 2010: 91–95 による）。[21]

(67) 一般的事象を表す不定形
 a. 展望台に登る道
 b. 樹形図を描くフォント
 c. 初心者がよく犯す間違い

(68) 個別的事象を表す不定形（「る」形）
 a. 商売するかたわら学校にも通った。（商売のかたわら）
 b. 経済が発展するにともなって需要が伸びた。（経済の発展にともなって）
 c. 執筆するにあたっては，皆に協力してもらった。
 d. 恥をかくぐらいなら死んだ方がマシだった。

---

[21] (67)のタイプは，「展望台に登るための道」「初心者がよく犯すような間違い」のように，一般的事象であることを表示する「ための」「ような」を併置することができる。

　　　　e.　馬鹿馬鹿しくて笑うしかなかった。
　　　　f.　自由に閲覧するなりコピーするなりしてよかった。
（69）　個別的事象を表す不定形（「た」形）
　　　　a.　よく考えた末で回答しよう。
　　　　b.　下を向いたきり，何も言わなくなる。
　　　　c.　探したあげくみつからないこともある。
　　　　d.　振り向いたとたん殴られるよ。
　　　　e.　いくら意見を言ったところで誰も聞いてくれないよ。
　　　　f.　言ったが最後，二度と許してくれないよ。

(68)(69)の実線部分は，波線で示した「形式」に依存する不定形であると言えるが，(68)では，「る」で示されているものの主節の「た」に応じた過去の事態を表しており，(69)では逆に，「た」で示されているにもかかわらず主節の「る」に応じた未来のことを表している。さらに，(70)の例を見ると，主節末のテンスは過去・非過去のいずれでもよいことが分かる。

（70）a.　商売するかたわら学校にも{通う／通った}。
　　　b.　よく考えた末で{回答しよう／回答した}。

　そして，例えば(68a, b)の括弧内のように，「商売」「発展」という動名詞で置き換えても意味が変わらないことから分かるように，これらの「る」「た」形自体には定形テンス性はないが，主節のテンスに依拠して事態の生起時を定位するテンス性を有していると考えられる。主節のテンスに，謂わば「染まる」ことができるのは，これらがT位置で決定される「る」「た」という形式を持っているからであろう。その点において，「る」「た」という形式を持たず，拘束テンスによって事態の生起時を定位する継続・並列の連用形（註20参照）とは質的に異なるものと言えよう。以上のことから，不定形に対して[α Tense]素性を設定することにしよう。「α」は主節テンスに「染まる」という意味である。

　さて，テンス素性に関する結論をまとめておこう。
　　①　連用形：[-Tense]
　　②　不定形：[αTense]
　　③　連体形：[+Finite Tense]
　　④　終止形：[+Assertive Tense]

本稿の基調は，連用形（v）・不定形（T）・連体形（Fin）・終止形（Force）を取

る動詞が，それぞれ括弧内に示した主要部位置で認可され，その結果，活用形ごとに節サイズが異なるという点にあった。その帰結として，それぞれの活用形を含む節に収まる要素が異なり，当然ながら節の意味解釈が異なってくる。テンス素性の解釈がそれと連動するのは言うまでもないであろう。動詞移動の結果顕現する個々の活用形と，それらの活用形が有するテンス素性は密にして分かち難いものであり，統語派生（狭義統語論）以外で扱うことは決してできないものなのである。

4.5　テンス素性の照合

　動詞がどのテンス素性を持つかは計算列（Numeration）の段階で決まっており，そのテンス素性を具有する主要部位置において素性照合が行われる。例えば，連体形[+Finite Tense]の場合，v/T 位置では照合が起こらず，Fin 位置で照合が起こる。以下，連用形を例として素性照合の方法を見ておこう。

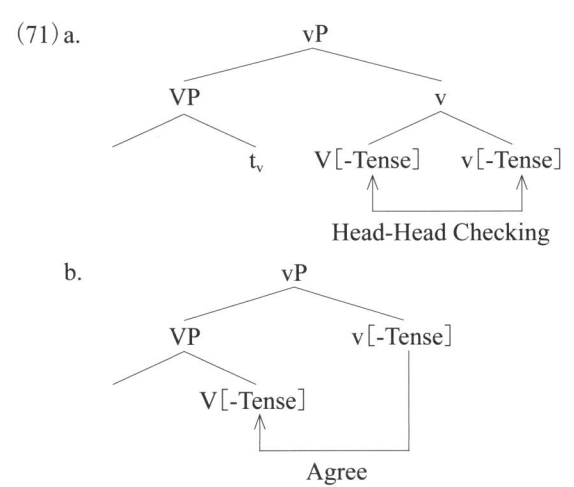

(71) a.
```
          vP
         /  \
        VP    v
       /  \  / \
          t_v V[-Tense] v[-Tense]
                  ↑        ↑
              Head-Head Checking
```

b.
```
          vP
         /  \
        VP   v[-Tense]
       /  \
        V[-Tense]
           ↑
         Agree
```

方法としては，(71a) のように V を v に付加させた上で，v/V 間で主要部−主要部照合（Head-Head Checking）を行うか，(71b) のように v による Agree を適用するかである。しかし，Agree は，素性値の付与（feature valuation）の後で V を v 領域に移動する操作（ReMerge）なので，結果としては同じことになる。本稿ではとりあえず (71a) の方法を取っておきたい。

5. 結語にかえて

　本稿は，句構造中で活用形を認可するという指導原理を基にして，連用形型（れば / たら），不定形型（と），終止形型（なら）の3種を有する条件節についてケーススタディを行うことが主たる目的であった。この指導原理は，日本語の活用形を体系的に説明する枠組みとなるのみならず，汎言語的に活用形を考える枠組みにもなり得ると思われる。

　従来，日本語の活用と言われてきたものは，そこで「文が終わる」（終止形・命令形）という概念と，「他の語に続く」（未然形・連体形・仮定形）という概念を基にするものであった。他方，英語などの活用と言われてきたものは，主語に呼応する「動詞自体の形態変化」である。日英語の活用をこのように理解する限り，両者の「活用」は全く異なると言わざるを得ない。実際，時枝誠記は，『日本文法　口語篇』（1950: 99）において，両者は根本的に異なっていると述べている。

　他方，三上章は，『現代語法序説』（1953: 156）の中で，他の語に接続することによって変化する動詞の語形変化を「自律的語形変化」，数や人称に応じて変化する動詞の語形変化を「他律的語形変化」と呼んでいる。そして，前者は日英語（あるいは他の西欧系言語）で共通しているが，後者が異なっていることを正しく指摘しているのである。筆者は，従来この2種の語形変化の概念的区別が（三上の指摘にもかかわらず）十分に認識されてこなかったために，日本語と英語（あるいは他の西欧系言語）の活用は「異なる」とされてきたと考える。自律的語形変化は，動詞と機能範疇間の認可に関わる変化であり，それに伴って動詞の構文的意味が異なってくる。他方，他律的語形変化は，動詞と名詞句（特に主語）間の一致に関わる変化であり，それに伴って動詞の構文的意味が異なることはない。この点に関しても，三上（同上，p. 157）は，後者を「動詞の意味内容には全く無関係な付加的変化」であると，極めて正しく指摘しているのである！

　例えば，英語の次のような構文を，自律的語形変化という目で眺めていると，日本語との共通性が仄かに垣間見えてくる。

　　（72）a.　John started studying French.
　　　　b.　John is laughing/John is seated.
　　　　c.　John tried to win.
　　　　d.　This is the book which John published last week.

    e.　John spoke to the Queen.

(72a) の下線部は連用形，(72b) はテ形に相当するものであろう．(72c) は言うまでもなく不定形である．英語において，(72d) の下線部を連体形と称した文献は恐らく存在しないと思われるが，関係節内に evidently などの文副詞が入り難いことを勘案すると，南 (1974, 1993) の論点が適用できそうな感触もある．そして，(72e) は終止形に相当するものである．もし，自律的語形変化が汎言語的に適用可能な概念であり，句構造中で活用形を認可するという指導原理が正しい方向を示しているとすれば，日本語から見える活用形の姿を，他言語の分析にも敷衍できる可能性はあると思われ，また，敷衍する価値はあると思われるのである．

引用文献

赤塚紀子 (1998)「条件文と Desirability の仮説」中右実 (編)『日英語比較選書 3　モダリティと発話行為』pp. 1–97, 研究社出版.
青柳宏 (2006)『日本語の助詞と機能範疇』ひつじ書房.
有田節子 (2006)「条件表現研究の導入」益岡隆志 (編)『条件表現の対照』pp. 3–28, くろしお出版.
有田節子 (2007)『日本語条件文と時制節性』くろしお出版.
Chomsky, Noam (1995) *The minimalist program*. Cambridge, MA: MIT Press.
Chomsky, Noam (2001) Derivation by phase. In Michael Kenstowicz (ed.) *Ken Hale: A life in language*. pp. 1–52. Cambridge, MA: MIT Press.
Emonds, Joseph (1978) The verbal complex V'-V in French. *Linguistic Inquiry* 9, pp. 151–175.
福原香織 (2010)『日本語の時制――その形式と解釈のプロセス――』大阪大学博士論文.
Fukui, Naoki and Hiromu Sakai (2003) The visibility guideline for functional categories: Verb raising in Japanese and related issues. *Lingua* 113, pp. 321–375.
Hiraiwa, Ken (2005) *Dimensions of symmetry in syntax: Agreement and clausal architecture*. Ph.D. dissertation, MIT.
Hornstein, Norbert (1984) *Logic as grammar*. Cambridge, MA: MIT Press.
Johnson, Kyle (1991) Object positions. *Natural Language & Linguistic Theory* 9, pp. 577–636.
片岡喜代子 (2006)『日本語否定文の構造』くろしお出版.
Klima, Edward S. (1969) Relatedness between grammatical systems. In David A. Reibel and Sanford A. Schane (eds.) *Modern studies in English*. pp. 227–246. Englewood Cliffs: Prentice-Hall.

Koizumi, Masatoshi（1995）*Phrase structure in minimalist syntax*. Ph.D. dissertation, MIT.

Koizumi, Masatoshi（2000）String vacuous overt verb raising. *Journal of East Asian Linguistics* 9, pp. 227–285.

Kuroda, S.-Y.（1972）The categorical and the thetic judgments. *Foundations of Language* 9, pp. 153–185.

Kuroda, S.-Y.（1992）*Japanese syntax and semantics: Collected papers*. Dordrecht: Kluwer.

Larson, Richard K.（1988）On the double object construction. *Linguistic Inquiry* 19, pp. 335–391.

益岡隆志（1993a）「日本語の条件表現について」益岡隆志（編）『日本語の条件表現』pp. 1–20，くろしお出版.

益岡隆志（1993b）「条件表現と文の概念レベル」益岡隆志（編）『日本語の条件表現』pp. 23–39，くろしお出版.

益岡隆志（1997）『複文』くろしお出版.

益岡隆志（2000）『日本語文法の諸相』くろしお出版.

益岡隆志（2006）「日本語における条件形式の分化──文の意味的階層構造の観点から──」益岡隆志（編）『条件表現の対照』pp. 31–46，くろしお出版.

Matushansky, Ora（2006）Head movement in linguistic theory. *Linguistic Inquiry* 37, pp. 69–109.

May, Robert（1985）*Logical form*. Cambridge, MA: MIT Press.

三原健一（1992）『時制解釈と統語現象』くろしお出版.

三原健一（1995）「概言のムード表現と連体修飾節」仁田義雄（編）『複文の研究（下）』pp. 285–307，くろしお出版.

三原健一（1997）「連用形の時制指定について」『日本語科学』1，pp. 25–36.

三原健一（2010）「連用形の本質」『日本語・日本文化研究』20，pp. 1–9，大阪大学大学院言語文化研究科言語社会専攻海外連携特別コース.

三原健一（2011）「活用形と句構造」『日本語文法』11-1，pp. 71–87.

三原健一（2012）「主要部後置型言語における動詞移動」『JELS』29, pp. 100–106.

三原健一・平岩健（2006）『新日本語の統語構造』松柏社.

三上章（1953）『現代語法序説』刀江書院［1972年くろしお出版から復刻］.

三上章（1960）『象は鼻が長い』くろしお出版.

南不二男（1974）『現代日本語の構造』大修館書店.

南不二男（1993）『現代日本語文法の輪郭』大修館書店.

三宅知宏（2011）『日本語研究のインターフェイス』くろしお出版.

中右実（1980）「文副詞の比較」國廣哲彌（編）『日英語比較講座2　文法』pp. 157–219, 大修館書店.

日本語記述文法研究会（編）（2008）『現代日本語文法6　複文』くろしお出版.

野田尚史（1991）『はじめての人の日本語文法』くろしお出版.

野田尚史（2000）「日本語とスペイン語の拡大活用論」『日本語とスペイン語（3）』pp. 11–37，国立国語研究所.

尾上圭介（1979）「助詞「は」研究史に於ける意味と文法」『文学部30周年記念論文集』pp. 365–386，神戸大学.

Pollock, Jean-Yves（1989）Verb movement, universal grammar, and the structure of IP. *Linguistic Inquiry* 20, pp. 365–424.

Rizzi, Luigi（1997）The fine structure of the left periphery. In Liliane Haegeman (ed.) *Elements of grammar*. pp. 281–337. Dordrecht: Kluwer.

Rizzi, Luigi（2004）Locality and left periphery. In Adriana Belletti (ed.) *Structures and beyond*. pp. 223–251. New York: Oxford University Press.

Roberts, Ian（2010）*Agreement and head movement*. Cambridge, MA: MIT Press.

柴谷方良（1978）『日本語の分析』大修館書店.

城田俊（1998）『日本語形態論』ひつじ書房.

鈴木重幸（1972）『日本語文法・形態論』むぎ書房.

鈴木重幸（1989）「動詞の活用形・活用表をめぐって」『ことばの科学』2, pp. 109–134，むぎ書房.

鈴木忍（1978）『教師用日本語教育ハンドブック3　文法I』国際交流基金.

鈴木義和（1993）「ナラ条件文の意味」益岡隆志（編）『日本語の条件表現』pp. 131–148，くろしお出版.

田川拓海（2009）「分散形態論による動詞の活用と語構成の研究」筑波大学博士論文.

田川拓海（2012）「分散形態論を用いた動詞活用の研究に向けて――連用形の分析における形態統語論的問題――」三原健一・仁田義雄（編）『活用論の前線』pp. 191–216，くろしお出版.

Takano, Yuji（2002）Surprising constituents. *Journal of East Asian Linguistics* 11, pp. 243–301.

田窪行則（1987）「統語構造と文脈情報」『日本語学』5-6, pp. 37–48.

田野村忠温（1990）『現代日本語の文法I』和泉書院.

寺村秀夫（1984）『日本語のシンタクスと意味II』くろしお出版.

時枝誠記（1950）『日本文法　口語篇』岩波書店.

坪本篤朗（1993）「条件と時の連続性――時系列と背景化の諸相――」益岡隆志（編）『日本語の条件表現』pp. 99–130，くろしお出版.

活用形の形態論, 統語論, 音韻論, 通時

西山 國雄

1. 本稿での方法論：理論言語学

　本稿の目的は，活用形を理論言語学の視点から分析することである。具体的には，理論言語学の3つの柱である形態論，統語論，音韻論の方法論を用いる。1節ではまずこれを概説する。

　活用形を考える際に最初にしなくてはいけないのが**形態分析**である。学校文法では仮名を使い，「書く」は「書か，書き，書く，書け」の様に変化する。カ行以外の他の行でも同様の五段活用はあり，それぞれア段，イ段，ウ段，エ段と変化する。こうした状況は以下の通りローマ字書きにすれば，変化する部分と不変の部分が明確になる。

表1　五段動詞の活用

	書く（カ行）	貸す（サ行）	勝つ（タ行）	噛む（マ行）
未然形（ア段）	kak<u>a</u>	kas<u>a</u>	kat<u>a</u>	kam<u>a</u>
連用形（イ段）	kak<u>i</u>	kas<u>i</u>	kat<u>i</u>	kam<u>i</u>
終止形（ウ段）	kak<u>u</u>	kas<u>u</u>	kat<u>u</u>	kam<u>u</u>
仮定形（エ段）	kak<u>e</u>	kas<u>e</u>	kat<u>e</u>	kam<u>e</u>

上の表では変化する母音の部分に下線を引いたが，ここで出てくる a, i, u, e という母音は何だろうか。形態素分割と意味付与の点で，2つの形態論的視点から分析が可能である。未然形を例に取ると，まずは a の母音は独立した形態素か，動詞の一部か，後続する助動詞の一部か，という視点で，以下の3つの可能性がある。

(1) a. kakaのaは動詞の一部で、「書かない」はkaka-naiと分析される。
　　b. kakaのaは独立した形態素で、「書かない」はkak-a-naiと分析される。
　　c. kakaのaは助動詞の一部で、「書かない」はkak-anaiと分析される。

(1a)は学校文法、(1c)はBloch(1946)に始まる言語学的分析、そして(1b)が古語の未然形や現代語の連用形(kak-i-tai)、仮定形(kak-e-ba)で本稿が追求する可能性である。[1]

(1)の3つの分析は、(1a)の学校文法を含め全てHockett(1954)の言うItem-and-Arrangement(IA)の前提に立っている。IAは長い語を細かく形態素に分けるのを基本とし、日本語のような膠着語に有効とされる。これと逆の立場を取るのがWord-and-Paradigm(WP)で、これは形態素を一切認めない。通常WPはギリシア語やラテン語のように形態素と意味が1対1に対応しない言語に有効とされるが、日本語でも一見すると似たような状況がある。例えば「行きます」と「行く」を比較すると、前者では[+丁寧]の素性が「ます」として具現化されているのに対し、後者の[-丁寧]の素性ははっきり具現化されていない。こうした状況はWPで扱うのが望ましいという考えもあるかもしれないが、IAの立場からはこのような素性の完全指定(full specification)を仮定する必要はない。つまり部分指定(underspecification)の前提に立てば、「行く」に[-丁寧]の素性を指定する必要はなく、丁寧の解釈がないのは[(+)丁寧]の素性がないからだ、ということになる。細胞や分子・原子の例を持ち出すまでもなく、対象を細かく分けて考えるのは科学的思考の基本であり、本稿の方法論もこれに準ずる。

もう1つの形態論的視点は、kakaのaは特定の意味を持つか、ということである。2つの可能性がある。

(2) a. kakaのaに特に意味はない。
　　b. kakaのaは「未然」の意味がある。

(1)と(2)の視点は基本的に独立している。例えばkaka-naiと分析すれ

---

[1] Shibatani(1990)は語根(root)とは別の語幹(stem)という概念を用い、(1b)の様な表記を取りながらも、学校文法の助動詞分析を踏襲する。2節では学校文法の助動詞分析とShibatani(1990)を検討する。

ば、「書か」には未然の意味がある、だからこそ「ない」が接続できる、ということになる。一方 kak-a-nai と分析しても全体で未然の意味を持つことを説明することが出来る。また kak-anai と分析しても、a を含むから -anai という助動詞は否定（未然）の意味を持つことを説明できる。本稿ではどんな理由でどんな形態素が抽出できるかを見ていく。

　形態素を抽出したら、次はそれがどんな統語範疇に属するかを考える。これが**統語論的視点**である。学校文法では「たずねる」は語幹の「たず」と終止形の「ねる」に分かれ、「寝る」については語幹がなく「寝る」は終止形としてこれ以上分割されない。しかし「共通部分を抽出する」という形態素分割の基本を適用すれば、「寝る」と「寝た」の比較によりこれらは「寝」の部分（語根、root）と「る」、「た」の部分（接尾辞）に分かれる。これらの接尾辞はそれぞれ現在（未完了）と過去（完了）の意味を持つので「太郎が寝る」は以下の構造を持つ。

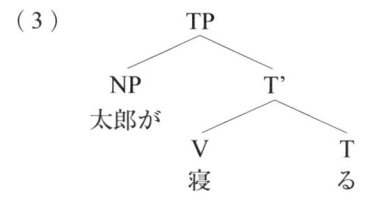

（3）
```
         TP
        /  \
      NP    T'
     太郎が  / \
           V   T
           寝   る
```

T は Tense（時制）のことで、節の中核（head）を表す。（3）は「寝る」の「る」がこの中核を成すと仮定している。また五段動詞の終止形「書く」は kak-u と分析される。終止形は統語的に最も単純で、多くの日本語統語論の分析の中で（3）のような構造は暗黙のうちに採用されている。しかし他の未然形、連用形、仮定形では統一見解はなく、多くの場合は問題提起すらされない。本稿ではこれを考える。

　なお（3）の分析は必ずしも語彙論的仮説（the Lexicalist Hypothesis）と矛盾するものではない。この仮説では「寝る」のような語は統語部門ではなく語彙部門で出来ると仮定するが、そうなら（3）の V の部分に「寝る」があることになる。ミニマリスト・プログラム初期の素性照合（feature checking）を使えば、「寝る」の「る」にある［＋時制］素性が T にある同じ素性と照合されることになる。つまり機能範疇と素性の相関が保証されていればよいのであって、同様のことはミニマリスト・プログラム後期の枠組みでも可能である。また本稿では T は厳密な意味での時制だけでなく、完了／

未完了や実現／非実現などの意味も含みうると仮定する。

　最後は**音韻論的視点**である。「食べる」，「書く」をそれぞれ tabe-ru, kak-u と分析した場合，未完了の接尾辞として[ru]，[u]の2つの異形態がある。生成文法以前のアメリカ構造主義の分析ではここで終わってしまったが，生成音韻論では2つの異形態が存在する時，共通する基底形を設定し，実際に出てくる形はこの基底形から派生されたと考える。2つの可能性がある。(/X/ は基底形を，[X]は表層形を表す。)

　　　（4）a.　/tabe/-/ru/　　　　/kak/-/ru/ → kak-u
　　　　　 b.　/kak/-/u/　　　　　/tabe/-/u/ → tabe-ru

もし /ru/ が基底形なら[u]は r が削除されて出来たことになる (4a)。逆に /u/ が基底形なら[ru]は r が挿入されて出来たことになる (4b)。本稿ではどんな音韻規則が現象に対して最も高い説明力を持つか検討する。なお本稿では派生音韻論と表示音韻論の両方の標記を用いるが (Calabrese (2005) 参照)，厳密な理論的整合性が求められる場合はどちらかに統一することも可能である。

　以上が本稿で用いる活用形分析の方法論である。以下，2節で学校文法の問題点を述べた後，3〜5節でそれぞれ仮定形，連用形，未然形を分析する。6節では音韻規則を分類し，7〜9節で動詞，助動詞，形容詞の終止形と連体形を歴史的変化を中心に考察する。10節では古語の連体形から発達した現代語の「の」節を扱う。

2.　学校文法の問題点

　学校文法は言語学の視点から見ると様々な問題があるが，ここでは使役形／受け身形と可能形で学校文法と Bloch (1946) に基づく分析を比較する。

　以下が使役形／受け身形に関しての2つの分析の比較である。

　　　（5）　　学校文法　　　　Bloch 流の分析
　　　　　　　読ま - せ　　　　 yom-ase
　　　　　　　食べ - させ　　　 tabe-sase
　　　　　　　読ま - れ　　　　 yom-are
　　　　　　　食べ - られ　　　 tabe-rare

共に2つの異形態を持つのでそれを正しく予測するための規則が必要になる。使役形を例に取れば，以下の通りになる。

（6）a. 五段動詞の後は「せ」がきて，一段動詞の後は「させ」がくる。
　　 b. 子音動詞の後は -ase がきて，母音動詞の後は -sase がくる。

(6a) は学校文法の規則で (6b) は Bloch 流の分析の規則である。（「子音／母音動詞」はそれぞれ「五段／一段動詞」のことで，語根が子音／母音で終わるのでこう呼ぶ。）(6a) と (6b) は似たようなことを言っているようだが，実は重要な違いがある。それは，(b) が日本語の音の基本的パターン，つまり子音と母音が交互に出てくるという決まりをそのまま言っているのに対し，(a) の決まりはどこからくるのかが不明だ，ということである。(b) の決まりでは，逆にして *yom-sase, *tabe-ase となると子音か母音が連続して言いにくいから，ということになるが，(a) の決まりでは逆にして「*読ま-させ」と「*食べ-せ」となるとなぜいけないのか，という疑問には答えを提供しない。（「*読ま-させ」は，いわゆる「サ入れ使役」としてしばしば見受けられるが，5 節でこれを扱う。）

　可能形について考えよう。「書く」とその可能形である「書ける」について，学校文法では前者を五段動詞，後者を（下）一段動詞と別々なクラスに分類する。これだと 2 つの動詞の関係は不透明なままだ。なぜ五段動詞が一段動詞になるのか，その逆はないのか，などの疑問に答えがない。これに対し，Bloch 流の文法では，「書く」と「書ける」はそれぞれ kak-u, kak-e-ru と分析される。後者の e は子音動詞につく可能接尾辞である。e は母音なので，kak-e の部分だけ見れば母音動詞と変わらなくなる。母音動詞とは学校文法で言う一段動詞なので，可能形は一段動詞のように活用するのである。使役形と可能形については，それぞれ 5 節と 6 節でまた触れる。

　注 1 で述べた通り，Shibatani (1990) は使役形では学校文法の分析を支持する。そして恣意的な（つまり音韻的に予測できない）異形態の問題を認めながらも，こうした状況は命令形（「読め」(yom-e)，「食べろ」(tabe-ro)）にもあるので，使役形でも同様な分析をすることを正統化する (p. 231)。しかし一部の例外的振る舞いを他に拡大して，規則的な説明を諦めるという方法論を本稿は取らない。本稿での使役形／受け身形の分析は 6 節で提示するが，Shibatani (1990) の枠組みは，命令形の分析で問題を生ずる。ここでは五段動詞は子音で終わる語根 (root) に母音がついて語幹 (stem) となり，その語幹に助動詞がつく。すると yom-e の e は語幹を作る母音ということに

なる。一方一段動詞は語根と語幹が同形なので tabe-ro につく命令形語尾は助動詞ということになる。つまり命令形語尾の異形態である /e/ と /ro/ で違う扱いをすることになってしまう。本稿では命令形の統語構造は特に提示しないが、形態分析に関しては、語根に直接接尾辞がつくと考えるので、/e/ と /ro/ は共に接尾辞で、音韻環境（直前が子音か母音か）によって決定される異形態と分析する。

3. 仮定形

Bloch は仮定形を含む条件形「行けば」を ik-eba と分析するが、本稿では ik-e-ba という分析を考える。英語で条件を表現すると、If John goes, となりはっきり節が現れる。日本語の条件節は「行くと」、「行くなら」、「行ったら」、「行けば」の4種類があり、最初の2つは終止形の「行く」を含み、「行ったら」はその完了形の「行った」を含むので、形態的には T を含んだ「節」と考えられる。これから類推すれば、「行けば」も節であると考えるのは自然であろう。

以下の例からも、「行けば」が節であることが支持される。

（7） 来年の春入試に受かれば4年後には働ける。

時制要素が時の副詞を認可すると仮定すれば、（7）の副詞は時制要素を含む仮定形が認可していることになる。

具体的には「太郎が行けば」は以下の構造が与えられる。

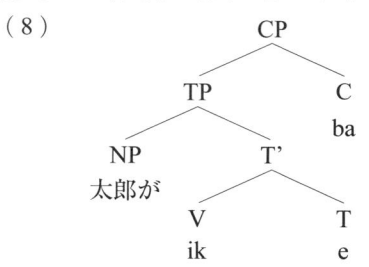

（8）
```
              CP
             /  \
           TP    C
          /  \   ba
        NP    T'
       太郎が  /  \
             V    T
             ik   e
```

ba は、他の節とつなぐ役割を担う complementizer（補文標識、C）だが、（8）で重要なのは、e は（3）で見た「寝る」の「る」に相当し、節（TP）の主要部を成すということである。

4. 連用形

　願望形の「行きたい」は連用形を含むが，英語では want to go となり，不定詞 to が出てくる．不定詞とは時制が定まっていない，ということなので，to は時制の要素である．すると「行きたい」は ik-i-tai となり，i は時制の T に相当することになる．以下の通り，連用形「行き」は時の副詞も認可する．

　　（9）　私は3年前は<u>いつかは</u>ヨーロッパに行きたかった．
ここで「3年前」は「〜かった」の過去の部分が認可するが，「いつかは」は「ヨーロッパに行き」が認可する．願望形の構造は以下のようになる．

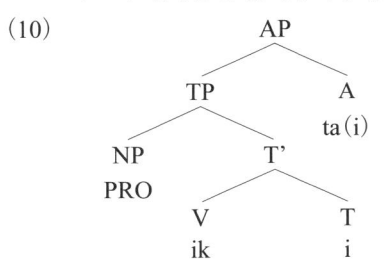

　　（10）
```
              AP
             /  \
           TP    A
          /  \   ta(i)
        NP    T'
        PRO  /  \
            V    T
            ik   i
```

　これに対し完了形は単文なので，従属節の不定時制辞 i が出てくる余地はなく，「勝った」(kat-ta) のように接尾辞が語根に直接つく．完了形の音韻規則は複雑で，詳細は他に譲るが (Tsujimura (2007: 40ff)，西山 (2009: 286ff) 参照)，「勝った」は語根がそのまま出る例である．他は「刈った」(/kar/-/ta/ → katta) や「買った」(/kaw/-/ta/ → katta) のように同化が起こる．部分的な同化や鼻音化の場合もある．なお「貸した」(/kas/-/ta/ → kasita) や「書いた」(/kak/-/ta/ → kaita) では i が現れるが，これは挿入母音（以下参照）と考えられる．

　母音（一段）動詞の「食べたい」では i は出てこない．元の形は tabe-i-tai なのだが，母音連続のため i が削除されたと考えられる．一般に1つの形態素がまるごとなくなってしまうのは稀だが，不定詞表示は意味が希薄なのでなくなっても支障はないのだろう．英語でも，使役の受け身では I was made to go. と to が出るのに，能動文の He made me go. では to がない．

　時制に対応しない連用形もある．丁寧形の「行きます」は複文とは考えられず，また過去は「行きました」のように「ます」に時制要素がつく．従って「行き」の部分に時制要素があるとは考えられず，ここでは i は T に相当

しない。このiは、子音動詞に「ます」がついた結果出来たik-masuにある子音連続を回避するために挿入された母音と考えられる。

　等位接続の連用形や「釣り」（tur-i）のような連用名詞化の場合も挿入母音と考えてよいだろう。（この際、名詞化接辞はゼロ形態素となる。また連用形が等位構造でなく付加構造を取った場合は分詞構文に近くなり、不定時制の可能性もある。）田川（2009, 2012）もiの挿入母音分析を提案しているが、他の母音も挿入と考えているため（注2参照）、iを「その他（非該当）形態素」と分析している。もう1つの違いとして、ここではiの挿入は純粋な音韻規則なのに対し、田川分析では母音挿入は分散形態論の枠組みの中での形態規則となっている。

　複合動詞（Nishiyama（2008）参照）の前項につくiも基本的に挿入母音と考えてよいが、事情はやや異なる。「押し倒す」（/os-taos/）は確かに子音の連続を避けるためiが入ったと言えるが、「押し開ける」（/os-ake/）では最初の基底形で子音連続はないのに、母音連続を作ってまでiが入っている。これは「語の始まりと音節の始まりを揃える」という制約（McCarthy and Prince（1993）参照）のためだと思われる。音節の区切りを表すのに中点（・）を使い、語の区切りを表すのに[ ]を使って、*osakeruとosiakeruを比べると、o・s[a・ke・ru]はこの制約に違反しているが、o・si・[a・ke・ru]はこれを守っている。

5.　未然形と通時的視点

　学校文法では使役の「行かせ」は未然形の「行か」に「せ」がつくと分析する。この問題は2節で見た通りだが、意味的に考えても矛盾する。「私が太郎を行かせた」は「確定」した事実を言っているのであり、「未然」ではない。こう考えると、aには未然の意味はなく、Bloch流分析のik-aseをik-a-seに修正する理由はない。否定形にはもちろん未然の意味があり、ik-a-na-iとすることも不可能ではないが、「ない」が未然の意味を含むと考えれば、あえてaに未然の意味を持たせる根拠は希薄であろう。Bloch分析のik-ana-iのままでいいと思われる。[2]

---

[2]　McCawley（1968: 97），田川（2009, 2012）ではaは挿入母音として扱われている。しかしaが挿入される環境として、否定の助動詞を指定しなくてはならないので、aを助動詞の一部として扱う分析と実質的な差はないと思われる。

　否定の「ない」は非存在の形容詞「なし」が語源なので、もともとはaは「ない」の一

しかしながら，古語では a が未然の意味を持っていたと考えられる。古語には 2 種類の条件があり，未然形の「行かば」は仮定条件で「もし行けば」の意味なのに対し，已然形の「行けば」は確定条件で「行ったので」の意味になる。この差は realis/irrealis に相当し，母音の a, e がこれを担う。「行かば」と「行けば」は以下のような構造になる。[3]

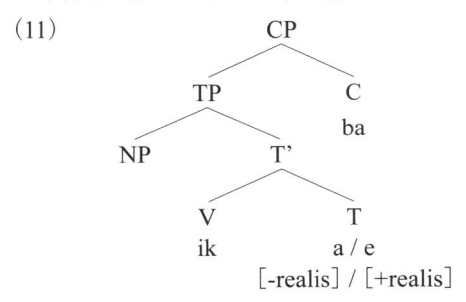

(11)
```
              CP
            /    \
          TP      C
         /  \     ba
       NP    T'
            /  \
           V    T
          ik   a / e
           [-realis] / [+realis]
```

「サ入れ使役」としてしばしば見受けられる非標準形の「行かさせ」は，興味深い問題を提起する。これを ika-sase と分析すれば，使役接尾辞は ika という「未然形」についたことになり，未然形が存在する証拠になる。一方 ik-as-ase という風に「二重使役」と分析すると，未然形は抽出されない。これに関して佐々木 (2012) はサ変の「勉強しさせ」という形を指摘し，これは二重使役として分析できないので，未然形分析 (si-sase) を支持すると主張している。もしこれが正しければ，現代語でも未然形が存在することになるが，(11) とは違って使役には「未然」の意味はないので，ここでいう未然形は純粋な形態概念ということになる。形態概念としての活用形は，8 節で連体形において主張するが，未然形についてはサ入れ使役の分析も含め，今後の課題とする。

部でなく，その後 a の部分が接尾辞の一部として再分析されて ana-i が出来たと思われる。以下の古語の分析も参照。

[3] 否定の助動詞「ず」の前の未然形が同様に TP かどうかははっきりしない。「聞かざりき」(枕草子 40) のように「ず」の後に時制要素がつくので，もしも「聞か」の a が T なら「聞かざりき」は TP を 2 つ含む複文ということになる。一方もし「聞かざりき」が単文なら，「聞か」の a は T とは別の要素となり，三原 (2012) が採用している機能範疇を複数含む統語分析が有効となろう。

6. 音韻規則の分類と帰結

　日本語の音の基本は子音，母音，子音，母音，と続くパターンだが，語根と接尾辞が結合する際，子音の連続や母音の連続が出来てしまうことがある。この解消には4つの可能性がある。

　　(12) a.　子音の連続→　どちらかの子音を削除するか，間に母音を挿入して解消
　　　　 b.　母音の連続→　どちらかの母音を削除するか，間に子音を挿入して解消

つまり母音削除，母音挿入，子音削除，子音挿入の4つがある訳だが，以下でそれらを例示する。

　母音削除は否定の助動詞 /anai/ で起こる。

　　(13)　/ik/-/anai/　　　　　/tabe/-/anai/ → tabe-nai

子音動詞の後につけば /anai/ がそのまま出るが，母音動詞の後ではaが削除されている。（否定形に母音挿入があるとする分析については注2参照。）また4節で見たように，「食べたい」の元の形を tabe-i-tai とすれば，iが削除されている。

　母音挿入は不定節でない連用形で起こる。4節で見たように，「行きます」の元の形を ik-masu とすれば，iが挿入されている。現代は外来語などでuが挿入母音として使われることが多いが（インク＜ink），明治時代に入ってきた外来語では主にiも使われた（インキ＜ink）。uは形容詞のク形にも挿入母音として出てくるが（Nishiyama(1999)参照），iは動詞で使われる。仮定形（3節）と未然形（5節）の分析で見た通り，本稿ではeとaを挿入母音とは見なさない。

　子音削除は使役や受け身の助動詞で起こる。

　　(14) a.　/tabe/-/sase/　　　/kak/-/sase/ → kak-ase
　　　　 b.　/tabe/-/rare/　　　/kak/-/rare/ → kak-are

もし /ase/, /are/ を基本形と考えると /sase/, /rare/ はそれぞれs, rの挿入が必要になるが，1つの言語で挿入子音が複数あることは通常ない。[4] よって

---

[4] もちろん強い証拠があればその限りではない。以下で見る通りrを挿入子音とする根拠はあるのだが，問題はsは挿入子音か，ということである。例えば「春雨」(harusame)や「真っ青」(massao) の基底形が /haru-ame/, /ma-ao/ であれば，sが挿入されたということになる。そしてもしこれが正しければ，使役形／受け身形は子音削除ではなく子音挿入の

/sase/, /rare/ が基本形で，/ase/, /are/ は最初の子音を削除して出来たと考えられる。使役形と受け身形で子音削除も挿入も想定しない分析については，西山 (2000b) を参照されたい。

子音挿入を想定する研究者は少ない。1節で終止形について (4) のような2つの可能性を示唆した。

（4）a. /tabe/-/ru/　　　　/kak/-/ru/ → kak-u
　　　b. /kak/-/u/　　　　/tabe/-/u/ → tabe-ru

実は McCawley (1968) 以来，(4a) の子音削除が標準的分析になっているが，古語の二段動詞を考慮すると (4b) の子音挿入の方が正しいと思われる。

現代語では「過ぎる」，「答える」というのが，古語では「過ぐ」（上二段），「答ふ」（下二段）という終止形を持っていた。これは sug-u, kotah-u と分析されるが，語根の部分は /sug/, /kotah/ のように子音で終わるのではなく，/sugi/, /kotahe/ のように母音で終わる。この母音は未然形で出てくる (sugi-zu, kotahe-zu)。

もし終止形の語尾が /ru/ なら，これが語根についたら /sugi/-/ru/ となる。この段階で子音や母音の連続は起こっておらず，そのまま現代語と同じ「過ぎる」という形になりそうだが，古語では「過ぐ」が正しい形だ。/sugi/-/ru/ から sug-u を得るには母音 (i) と子音 (r) の計2つを削除しなくてはならないが，通常このような音韻操作はない。この問題は終止形の語尾を /u/ とすると解決する。

（15）a.　/sugi/-/u/ →母音削除→ sug-u（古語）
　　　 b.　/sugi/-/u/ →子音挿入→ sugi-r-u（現代語）

つまり古語では語根の最後の母音が削除されるのに対し，現代語では r が挿入されている（詳細は Nishiyama (1996, 1999a) 参照）。この分析では /ru/ を基底形とする際に必要だった，2つの音に言及する操作はない。終止形と同様に仮定形でも，「食べれば」は /tabe/-/e/-/ba/ から r 挿入により得られる。(/e/ を独立した形態素と分析する根拠については3節参照。r 挿入について

例として分析される。
　もう1つ関連するのが「書こう」(kak-oo) と「食べよう」(tabe-yoo) の交替である。/yoo/ を元とすれば /oo/ は子音削除の結果となるが，/oo/ を元とすれば /yoo/ は子音挿入の結果となる。後者の場合，挿入されるのがなぜ y かという問題が出るが，後に続くのが長母音 (oo) ということが関係しているかもしれない（岡崎正男氏の示唆による）。

は de Chene(1985)も参照。)

　上で述べた子音挿入分析は，いわゆるラ抜き表現の分析で興味深い帰結をもたらす。ラ抜きに関しての重要な事実として，ラ抜きは可能形のみに起こる，ということがある。例えば「閉められる」は可能，尊敬，受け身の意味があるのに対し，ラ抜きの「閉めれる」は可能の意味しかない。また，これと深く関係する可能形の性質として，母音動詞には tabe-rare-ru（食べられる）のように多義的な「られ」が使われるのに対し，2節で見たように子音動詞には ik-e-ru（行ける）のように別な形態素 /e/ が使われる，ということがある。つまり2つの可能接尾辞の /rare/ と /e/ は語源の異なる，go と went のような suppletion の関係にあり，削除や挿入のような音韻規則では結びつけられない。

　/rare/ は尊敬や受け身の意味もあるので，誤解を避けるため，母音動詞の後に本来は子音動詞にしか使えない /e/ を用いたと仮定してみよう。すると /tabe/-/e/ と母音連続が出来る。これを回避するために r を挿入すると，tabe-r-e(ru)（食べれる）という「ラ抜き」表現が現れる。[5]

　　　（16）　/tabe/-/e/(ru) → 子音挿入 → tabe-r-e(ru)

つまり，「ラ抜き」と思われているのは実は「r 入れ」なのである。抜いていると思われているものが，実は「足した」結果出来ている，ということで，見方により世界観が 180 度転換する例と言えるだろう。一方，文字通りの「ラ抜き」分析は，なぜ可能形だけでラがなくなり，尊敬，受け身ではなくならないか，はっきりしない。

　なお，母音連続が実際に起こっている場合は，母音連続を許さない制約よりも更に強い制約が関わっている。4節で複合語での「語の始まりと音節の始まりを揃える」という制約を見た。他にも「買う」などの場合は語根の /kaw/ の最後の子音を残すと，現代語では許されない wu という音が出るので，これを避けるために母音連続を作ってまで w が削除される。

7. 動詞連体形の形態論，統語論，音韻論，そして歴史的変化

　現代語の動詞では終止形と連体形の区別がないために構造が曖昧になって

---

[5] McCawley(1968: 98)は子音削除の立場から，共通の /re/ という形態素を想定し，formal speech ではこれが母音動詞の時に /rare/ に置き換わるとしている。しかし歴史的に古い /rare/ を元に考える方が自然であろう。

7.1 連体形語尾「る」

以下に古語と現代語の終止形と連体形を示す。

表2　古語と現代語の終止形と連体形

	語根	古語終止形	古語連体形	現代融合形
四段	kak	kaku	kaku	kaku（書く）
一段	mi	miru	miru	miru（見る）
二段	ne	nu	nur<u>u</u>	**neru**（寝る）
ナ変	sin	sinu	sinur<u>u</u>	**sinu**（死ぬ）
カ変	ku	ku	kur<u>u</u>	kuru（来る）
サ変	su	su	sur<u>u</u>	suru（する）
ラ変	ar	ari	aru	aru（ある）

古語終止形と古語連体形を比較すると，nu/nuru, sinu/sinuru, ku/kuru, su/suru において終止形に ru（下線部）がついて連体形が形成されている。そこで終止形を TP とし（（3）参照），ru を連体形語尾として，[6] 以下の構造を与える。

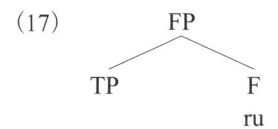

(17)　　　　FP
　　　　／＼
　　　TP　　F
　　　　　　ru

FP とは機能範疇のことで，以下で示す通り統語環境により純粋な節（CP）であったり名詞化された節（DP）であったりする。

　四段と一段で ru が出ていない理由は，音韻的なものと考える。これらの動詞の語根と終止形を比較すると，終止形の方が音節が1つ多い。例えば kak は1音節だが kaku は2音節である。従って更に ru がつくと，語根との音節数の差は2つになる。一方，二段，カ変，サ変では語根と終止形の音節数は同じなので，ru が現れても，連体形と語根の音節数の差は1つである。つまり，<u>語根と連体形で，音節数の差が2つ以上あってはならない，</u>

---

[6] Frellesvig（2008: 190）も，連体形は終止形から膠着により出来たと分析する。具体的には語根に直接 -uru という接尾辞をつける分析は望ましくない帰結があると主張している。

という制約を仮定すれば，四段も一段も基底では ru があるが，音韻的制約により，これは表層に現れない，と説明できる。[7]

連体形語尾の基底形については，終止形語尾と同様に /ru/ と /u/ の可能性があるが，ラ変では /u/ の方が派生がシンプルになる。ラ変の連体形は例外的に終止形語尾の i が削除され，語根に直接連体形語尾がついて ar-u になったと分析できる (/ar/-/i/-/u/ → aru)。一方 /ru/ を基底形と考えると，子音削除が必要となる (/ar/-/i/-/ru/ → arru → aru)。しかしラ変以外では連体形語尾は ru なので，便宜上以下の説明では /ru/ を基底形として表記する。なおラ変の音節の数については，語根 (ar) が 1 つで連体形 (aru) が 2 つとなり，本稿で提案した音節数の制約に従っている。

7.2 歴史的変化

表 2 が示す通り，現代語では連体形と終止形の融合が起こり，多くの場合は連体形が生き残ったように見える。しかしよく見ると，二段とナ変では，古語連体形と現代融合形（太字）は違う。そしてナ変では，suniru > sinu と ru が消滅している。以下，この ru の消滅は実は二段にも起こり，ひいては全ての動詞で起こったと主張する。

6 節で以下の様に，古語と現代語では別の音韻規則が働いていると仮定した。

(15) a.　/sugi/-/u/ →母音削除→ sug-u（古語）
　　 b.　/sugi/-/u/ →子音挿入→ sugi-r-u（現代語）

これを基に，古語二段動詞の連体形 nuru について考える。もし nu の部分が基底では 2 つの部分 /ne/-/u/ から成るとすれば，nuru は 3 つの形態素 n(e)-u-ru を持つことになる。((e) は削除された部分を表す。）一方，現代語の連体形 neru では，ne-ru-φ のように最後の ru の部分がない。構造的には，以下の歴史的変化が起こったと考えられる。

---

[7] 詳細は Nishiyama (1999a, 2000a) 参照。なおこの制約は，ナ変動詞にはあてはまらない。連体形の「死ぬる」は語根の sin- より 2 つ音節が多いのに適格である。恐らくナ変動詞は元は二段動詞であったと考えられる。つまり，この動詞の語根は以前は母音で終わっていたのだが，その母音が脱落して子音で終わるようになった。しかし二段動詞の活用の残存として連体形語尾の -ru が残ったと考えられる。John Whitman 氏によれば，この仮説は歴史的に可能性はあるようである。

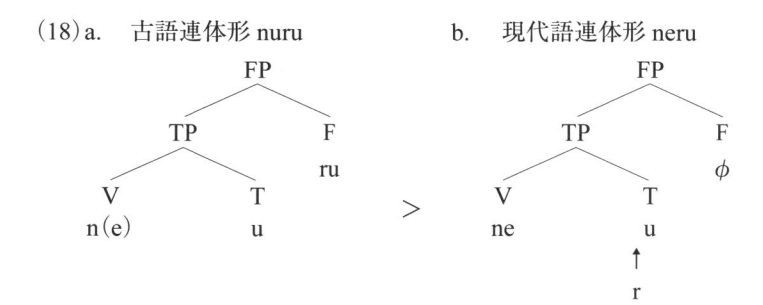

(18) a.　古語連体形 nuru　　　　　b.　現代語連体形 neru

```
        FP                              FP
       /  \                            /  \
      TP   F                          TP   F
     /  \  ru                        /  \  φ
    V    T                          V    T
   n(e)  u           >             ne    u
                                         ↑
                                         r
```

　この分析では，連体形語尾の ru は，現代語では音形がなくなっている。四段，一段，ラ変については，先に見た通り，古語の段階で既に音韻的制約により ru は表層には現れなかった。(18) は，古語において基底構造では音形があった連体形語尾が，現代語では基底構造の段階から既に音形がなくなったことを意味する。

　サ変動詞については，以下の分析が与えられる。

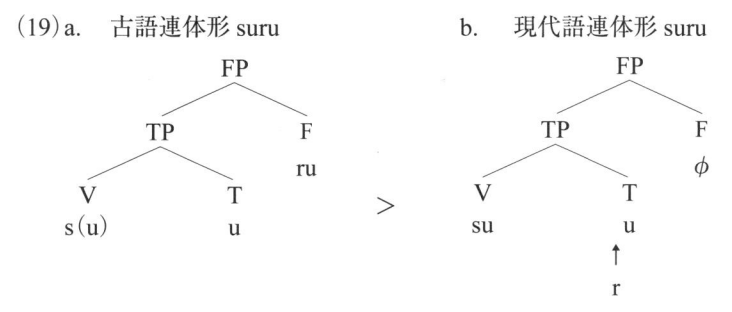

(19) a.　古語連体形 suru　　　　　b.　現代語連体形 suru

```
        FP                              FP
       /  \                            /  \
      TP   F                          TP   F
     /  \  ru                        /  \  φ
    V    T                          V    T
   s(u)  u           >             su    u
                                         ↑
                                         r
```

　注目すべきは，表層では古語も現代語も「する」だが，基底構造と派生は異なっているということである。(カ変動詞も同様。)

7.3　統語範疇

　次に連体形の統語範疇を考える。古語では連体形は実に様々な統語環境に現れる。(以下では，連体形語尾の「る」が顕在化している場合は下線部を引いて表す。)

(20)　**関係節**　　　　　　　過ぐ<u>る</u>齢（よはひ）　　　　　（古今集 896）
(21)　**係り結びの文末**　　　花の香ぞす<u>る</u>　　　　　　　　（古今集 103）

(22) **主語節**
　　手たたけば山びこの答ふる，いとうるさし　　（源氏物語，夕顔）

(23) **知覚動詞の目的節**
　　若き女房などの読むをも聞くに　　（源氏物語，橋姫）

(24) **分裂文の前提部分**
　　貪ることのやまざるは，命を終ふる大事，今ここに来れりと，たしかに知らざればなり。
　　（貪欲をやめないのは，命を終える大事なことが今ここに来たということを，本当に知らないからだ。）　　（徒然草 134）

(25) **主要部内在関係節（head-internal relative clauses）**
　　青きかめ（瓶）の大きなるをすへて（据えて）
　　　　　　　　　　　　　（枕草子 20，清涼殿，Kuroda 1992: 132）

(26) **主要部欠如関係節（headless relative clauses）**
　　後身（うしろみ）といふは，髪長くをかしげなれば
　　（後身という人は髪が長く美しかったので）　　（落窪物語，巻一）

この中で関係節と係り結びを除く用法は「準体言」と呼ばれ，これを基に連体形は名詞的だと分析されることが多い（此島 1962，Akiba 1978: 63f，Miyagawa 1989: 206f）。本節では連体形は名詞的な場合（DP）もあるが，そうでない場合（CP）もあると主張する。

　上の例の中で，主要部内在関係節と主要部欠如関係節を成す連体形は，節を項に取らない述語の項なので DP と考えて差し支えない。また主語節や目的節も DP であるという証拠が，現代日本語にある（Simpson 2003: 139）。

(27) a.　［太郎が／の結婚した］のを知ってる？
　　　b.　*［私の昨日来た］の（です）
　　　　　　　（三上（1953［1972］: 28, 234–235），角田（1996: 152）も参照）

ga/no 交替における属格が名詞性により認可されると仮定すれば，(27a) の目的節は名詞化されている DP ということになる。[8] 一方，同じ「の」を使って

---

[8] 主語節や目的節が DP であるというのは，以下のスペイン語の例からも支持される。
　(i)　［$_{DP}$ el ［$_{CP}$ que Juan haya gando el consurso]] garantiza nestro triumfo
　　　　the　　　that Juan has　won　the competition　guarantees　our　　triumph
　　　'That Juan has won the competition guarantees our victory.'　　（Simpson 2003: 156）
節の名詞化については Borseley and Kornfilt (2000)，Davies and Dubinsky (2001)，Kayne

いても，ga/no 交替が許されない(27b)の「の(だ)」構文には名詞性はなく，純粋な節(CP)ということになる。そして現代の「の(だ)」構文と古語の係り結びは機能的に重なる部分が多いので，[9] 係り結びも CP と考えられる。

分裂文の前提部分の統語範疇も，まず現代語から考察する。以下の差異はよく指摘される事実である(Nakau 1973: 67, Matsuda 2000: 15, Hiraiwa and Ishihara 2001: 379)。

(28) a. 太郎が食べたのはリンゴだ。
b. 太郎が食べたのはリンゴをだ。
c. 太郎が食べた果物はリンゴ(*を)だ。

(28a)は基本形だが，(28b)が示す通り分裂文では焦点の箇所で格助詞の「を」が現れることがある。(28c)では「の」が「果物」という名詞に置き換わっているが，この場合，格助詞は現れることが出来ない。このことから，(28a)の「の」は「果物」と同様に名詞の可能性もあるが，(28b)の「の」は名詞ではなく C であると考えられる。

また分裂文では以下のように，名詞以外の範疇が焦点に現れることがあり，これも「の」が名詞ではなく C である証拠となる。

(29) 上着を着たのは寒いからだ。

同様に古語の分裂文の(24)も理由を表しているので，連体形(前提の部分の「やまざる」)は CP と言える。以下 9 節の(39b)でも，古語の形容詞を含む，理由を表す分裂文を提示する。

現代語の分裂文の分析では，前提部分の「の」節は CP であるという分析が標準的である。まず Hoji(1990)が分裂文における演算子(operator)の移動先として CP の指定部を仮定したことから始まり，Kizu(2000, 2005)もこの分析を踏襲している。更に Hiraiwa and Ishihara(2001)も同様に，分裂文は CP としての「の(だ)」構文から派生したと提案している。

関係節は DP と CP の両方の性質を持つ。まず(30a)のように ga/no 交替

(2003: 27 [2005: 236])，Takahashi(2010)も参照。

[9] 例えば Iwasaki(1993)，Shinzato(1998: 213f)が指摘するように，係り結びと「の(だ)」構文は強調や疑問(誰が来たの？)の機能があるなどの共通点がある。「の(だ)」構文の他にも次に扱う分裂文など，関係節以外の連体形では，古語にはない「の」が現代語では現れる。そしてこれと，(18)と(19)で見た ru > φ の変化と合わせると，ru > φ > no という歴史的変化が連体形の主要部で起こっていることになる。10 節で「の」の歴史的発達を扱う。

が可能なので，DPの性質を持つ。

(30) a. ［太郎が／の来た］理由を知っている？
b. *［太郎が来た］の理由

しかし (30b) が示すように関係節と主要部名詞の間に「の」を入れることは出来ない。もし関係節がDPなら，「太郎の本」と同様に属格の「の」が入るはずだが，それが出来ないことは，関係節のCP的特徴を示している。[10]

まとめると，古語の連体形とその現代語の対応構文の統語範疇は以下の表のようになる。

表3　統語環境による連体形の統語範疇

統語環境	統語範疇
主要部内在関係節／主要部欠如関係節	DP
主語節／目的節	DP
係り結び／「の（だ）」構文	CP
分裂文	CP
関係節	CP/DP[11]

---

[10] 本稿での ga/no 交替の分析は Hiraiwa(2001) のそれに近い。Hiraiwa は no 主語を認可するのは CP だとしているが，特別な性質を持つ CP，つまり連体形だけがこの認可が出来ると分析している。特に p. 105 では no 主語の「の」と目的節 (27a) や分裂文 (28) に出てくる「の」は同じものだとして，complementizer/nominalizer と呼んでいる。この意味で Hiraiwa 分析において no 主語を認可する CP はかなり DP に近い。

Miyagawa(1993, 2011) は ga/no 交替における属格は主要部名詞（(30a) では「理由」）が認可するとする。しかし Watanabe(1996)，Hiraiwa(2001) は主要部名詞がなくても属格が出る例を挙げ，関係節自体が属格を認可すると提案する。一方，Maki and Uchibori(2008) は Miyagawa 分析を支持する立場から，Watanabe や Hiraiwa が挙げた例は「の」や「時」などの名詞を使って言い換えることが出来るので，それがないような例でもゼロ名詞があり，これが属格を認可すると提案する。しかし言い換えが可能だというだけでは，ゼロ名詞を想定する理由としては弱いと思われる。

Murasugi(1991)，Murasugi and Sugisaki(2008) では，幼児が (30b) に類する発話をする際，過剰生成する「の」は C だと仮定し，大人の文法でこれが許されないのは関係節は CP ではなく TP だからだと主張する。これが正しいとしても，属格としての「の」の可能性も考慮したシナリオを考えなければ，大人の文法で (30b) が許されない理由を完全に説明することにならない。

[11] Miyagawa(2011) と Akaso and Haraguchi(2011) は独立して，主語が主格の時は関係節は CP だが，属格の時は TP だという分析を提示している。

ここでは統語範疇は古語と現代語で変化はないと仮定している。しかし変化があると思われる例もある。現代語の終止形は古語の連体形が起源だというのは日本語の歴史の研究で定説である。[12] 例えば「する」は古語では連体形で，終止形は「す」だった。現代語の終止形が TP だとすれば，この変化は以下のようになる。

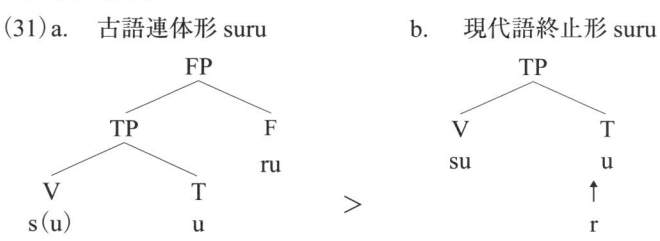

(31) a.　古語連体形 suru　　　　　b.　現代語終止形 suru

```
          FP                              TP
         /  \                            /  \
        TP   F                          V    T
       /  \  ru                         su   u
      V    T                  >              ↑
     s(u)  u                                 r
```

一番上の FP の下の枝の部分がなくなっているので，ここでの変化は枝切り取り (pruning) ということが出来る。

(31) の歴史的変化は，二段動詞の一段化に原理的な説明を与える。(18) の TP 部分で見た通り，古語では ne-u → nu と母音削除が起こり，現代語では ne-u → neru と子音挿入が起こる。つまり二段動詞が一段動詞になると，終止形で音節の数が1つ増える訳だが，これは (31) の変化を反映していると思われる。(31) では FP が切り取られることにより音節の数が1つ減るが，これを埋め合わせるため，音節の数が1つ増えるような子音挿入が起こり，neru が出来たと考えられる。これは通時的な補完的音韻拡大 (diachronic compensatory lengthening) と言うことが出来る。

8.　古語助動詞の終止形と連体形

次に古語助動詞の終止形と連体形を考える。分類は以下のようになる。

---

[12] 終止形と連体形の平準化の中間段階として，以下のような係助詞がないのに述語が連体形で終わる例（連体終止）がある。
　(i)　雀の子を犬きが逃がしつる　（源氏物語，若紫）
連体終止の機能については Iwasaki (2000) を参照。大野他 (1990: 1501) は平準化の際に連体形が選ばれた理由として，係り結びと関連づけられる連体形の方が強い印象を与えるため好まれたからだと説明している。

表4 助動詞の終止形と連体形

種類	終止形	連体形	意味
X 〜 Xru	raru tu	raruru turu	受け身 完了
Xri 〜 Xru	nari tari	naru taru	断定 完了
Xsi 〜 Xki	besi gotosi	beki gotoki	推量 比況
子音変化	zu ki	nu si	否定 過去
同形	ramu kemu	ramu kemu	推量 過去推量

この表でまず気付くのは，3つの種類において，終止形と連体形の差異は7.1節で見た動詞の場合と同じということである。つまりX 〜 Xruは二段，Xri 〜 Xruはラ変，同形タイプは四段動詞や一段動詞と同じである。またXsi 〜 Xkiは次節で扱う形容詞と同じである。伝統文法でも助動詞の活用を動詞／形容詞のそれと同様に分類している。動詞と助動詞が同じ振る舞いをするのは間違いなく文法化（Bybee et al. 1994, Kuteva 2001）が関わっており，伝統文法家は明言していないが，彼等の分析も文法化の直観を有していたと思われる。つまり古語の助動詞はそれ以前は動詞か形容詞だったのが，古語の段階で統語的には機能範疇に変化して，形態論（活用）においてのみ本来の動詞や形容詞の活用を残している，ということである。実際受け身の「られ」と使役の「させ」は，それぞれ（軽）動詞の「ある」，「する」を語源に持つと言われている。

上で述べた動詞と助動詞の共通性を背景にすると，前節で提案した連体形語尾であるruは以下の分析が与えられる。

(32) ［連体］⟷ /ru/ / T __
　　　　　　　　　　　|
　　　　　　　　　　[+V]

これは分散形態論の表記法を使っているが，連体形語尾は動詞の素性（[+V]）を持つ時制要素（T）に後続した時，/ru/と具現化されるという規則である。/ru/が現れる時の終止形語尾は[u]だが，こうした音韻情報は語彙挿入規則の環境には通常使われない（循環的規則が必要なため）。[u]は主に

動詞の終止形語尾（T）なので，(32)の[+V]の部分はそれを反映している。終止形は未完了の意味を持つことが多いが，表4にあるように完了の助動詞（「つ」，「ぬ」）でも連体形語尾の ru は出るので，(32)の連体形語尾を決定する終止形語尾（T）の素性として［未完了］を指定することは出来ない。

(32)で言う［連体］は文字通りの「体言に連なる」という意味ではなく，純粋な形態素性である。前節で見た通り，これは統語的には DP か CP となり，機能的には修飾，命題（項），（分裂文の）前提，強調などを表す。つまり統語的や意味的に1つの概念にまとめあげるのが困難な，形態素性ということになる。[13] 4節で連用形語尾の i は不定時制か挿入母音という2つの分析を提示した。これが意味するのは，「連用形」というのは一貫した概念ではなく，付随的な現象だということである。これに対し「連体形」は，理論的に意味を持つ統一概念ということになる。

T が [+V] 素性を持つという仮定は，節（TP）は動詞（V）の拡大投射（extended projection, Grimshaw（2003）参照）である，という考えを援用している。T が [+V] 素性を持つには幾つかの方法がある。まず「過ぐる」（V-u-ru）のように /ru/ が具現化している動詞の場合は，T は結合する動詞から直接 [+V] 素性を引き継ぐ。またこの素性は受け身の助動詞「らる」を超えても引き継がれる（V-rar-u-ru）。このように素性継承に「透明」な助動詞は他に使役の「さす」，「しむ」や完了の「つ」，「ぬ」などがあり，これはこれらの助動詞が動詞を起源に持つからだと思われる。あるいはこれら動詞起源の助動詞は独自に [+V] 素性を持つ可能性もある。[14] 基底形の /ru/ が具現化されない同形タイプでは，7.1節で四段動詞，一段動詞で ru が出ていない理由について与えた説明と同じ説明があてはまる。

上で分析した助動詞に対し，否定の助動詞「ず」は素性継承に関しては「不透明」である。この場合は連体形語尾はゼロで，以下のような非該当規則（elsewhere rule）が関わっている。

(33)　［連体］⟷ φ

---

[13] これは Aronoff(1994) の言う「形態論の自律」の一例となる。例えば英語の過去分詞は受け身や完了を表すが，Aronoff(p. 24f) はここに意味的な統一性はないとして，純粋な形態概念として分析している。

[14] 「つ」や「ぬ」の -u の部分は意味変化を起こして，通常の動詞終止形の -u が持つ本来の「未完了」とは逆の「完了」の意味を持っている。

具体的には,「ず」の不透明性のためTは[+V]素性を持てず,(32)が適用できず,代わりに不履行 (default) としての (33) が適用される。

子音変化については,以下のように分散形態論の再調整の一種として分析できる。

  (34) zu → nu/ ___ ［連体］

これは［連体］の素性の前に来たら,「ず」は「ぬ」に変わるという規則である。「き」も同様に分析できる。「き／し」の交替は形容詞のそれと似ているが,逆なので再調整として処理される。「べし」などの形容詞的活用は,次節で提示する形容詞の分析があてはまる。

9. 古語形容詞の終止形と連体形

現代語形容詞の「イ形」は終止形（叙述用法）と連体形（修飾用法）を兼ねる。

  (35) a. 山が高い。
    b. 高い山

これに関し Yamakido (2000) は以下の例を挙げ,修飾用法の形容詞は必ずしも節ではないとする。

  (36) a. 古い友人
    b. *この友人は古い。

(36a) で「古い」が節なら,(36b) と同様に非文になるはずだが,そうでないので,(36a) で「古い」は節ではない,というのが Yamakido の主張である。本節では,少なくとも古語の形容詞連体形に関しては,時制形態素は顕在化しないが節であることを示す。

以下の通り,古語では終止形と連体形は区別があった。

  (37) こころはづかしき人,いとにくし。 （枕草子 25, にくきもの）

連体形語尾の ki と終止形語尾の si だけを見ると単なる子音の交替のようだが,実はそうではない。上代日本語の東方言では,連体形語尾は ke だった。しかし重要なことに,終止形語尾は西（奈）方言と同じ si である。

  (38) a. 逢ふこと難し   （万葉集 3401）
    b. 悩ましけ人妻   （万葉集 3557）

そして「け」の方が古い形であり（福田 1965: 399）,西方言の「き」は「け」から中母音上昇 (mid vowel raising) により出来た (Frellesvig 2010: 153) と言

活用形の形態論，統語論，音韻論，通時 | 175

われる。もしそうなら，(37)の「き」と「し」は異形態ではない別々な形態素であり，「はづかしき人」の中には純粋な時制形態素はない。では形容詞連体形は節ではないのだろうか。

答えは否で，形容詞連体形は節である。以下で示す通り，動詞連体形と同様に形容詞連体形は係り結びや分裂文に現れる。

(39) a.　あぜか悲し<u>け</u>（なぜ悲しいのか）　　　　　　　（万葉集 3576）
　　　b.　霞降る深山の里の侘し<u>き</u>は来てはやすく訪ふ人ぞなき
　　　　　（あられが降る山奥に住むのがわびしいのは，親しく訪ねてくれる人がいないからだ。）　　　　　　　　　　（後撰集冬 468）

前節で見たように，係り結びや分裂文の前提部分の連体形は CP なので，(39) の形容詞の連体形は節である。(17)で提案した [$_{FP}$ TP F] という動詞連体形の構造が形容詞連体形にもあてはまるとすればこれは自然なことであろう。si と ki は以下のような素性を持つと考えられる。

(40) a.　［未完了：T］⟷ /si/ ／ A ＿＿
　　　b.　［未完了：T，連体：F］⟷ /ki/ ／ A ＿＿

(40a) は T にある未完了の素性が形容詞に続いたら /si/ として具現化されることを指定している。(40b) は未完了素性と F にある連体素性が融合 (fusion) して出来たものは /ki/ として具現化されることを示す。[15]

融合は未完了に限られるようで，過去時制の時は以下の通り連体形は過去の形態素を持つ。つまり T と連体素性の融合は起こっていない。

(41) a.　あさましかり<u>し</u>事（意外だったこと）（枕草子 91，職の御曹司）
　　　b.　さまざまご覧ずるなむ，をかしかり<u>ける</u>　　　（源氏物語，花宴）

---

[15] もし融合が形容詞の環境に限定されることが保証されれば，A の指定は不要かもしれない。(40) の分析は終止形以外の形容詞活用に出て来る [k] を形態素として認定する分析 (Yokohama 1950, Chew 1961 [1973], Urushibara 1993, Nishiyama 1999b) を採用していない。これを採用し，終止形でも [k] が基底で存在すると仮定すると，si を得るには 2 つの方法がある。1 つは si の前で k が削除される (A-/k/-/si/ → A-si) というもので，もう 1 つは k が s に変化する (A-/k/-/i/ → A-s-i) というものである。
(40) の代案として以下も考えられる。
(i)　　［未完了：T］⟷ φ ／ A ＿＿［連体：F］
(ii)　　［連体：F］⟷ /ki/ ／ A ＿＿
(i) は T が具現化されないという，日本語では稀なケースになるが，(ii) は現代語の「古い友人」のように関係節と分析しにくい修飾形容詞に使える。

(41a) は修飾節，(41b) は係り結びで，共に連体形を使う環境である。(41) の過去では，未完了の場合と異なりいわゆる「カリ活用」をしていて，助動詞「あり」が含まれている。これが T と連体素性の融合を阻止しているのかもしれない。

結論として，現代語の「古い友人」の問題は残るが，[16] 古語の形容詞連体形を形態統語論的に分析する限り，これは節である。

(40b) では連体形語尾の「き」は終止形語尾「し」になる素性 ([未完了：T])を含むと分析されている。すると「き」と「し」は共起しないことを予測する。では以下の場合はこの予測に合うだろうか。

(42) はづかし (終止形)　　はづかしき (連体形)

これは「シク活用」の例だが，もし「はづかし」の「し」が終止形語尾なら，「はづかしき」では「き」と「し」は共起しているので，(40) の分析の問題となる。しかし「はづかし」の「し」は終止形語尾ではなく，語根の一部である。どのように活用させても，例えば条件の「はづかしからば」などでも，常に「し」の部分があるからである。するとシク活用とク活用はどこが違うのか，ということが問題になる。例えば以下のような比例式を考えると

(43) にくき：にくし ＝ はづかしき：X

X は「*はづかしし」となるはずだが，「し」が連続することはなく，「はづかし」が正しい形だ。「*はづかしし」は同じ音の連続を阻止する制約 (haplology) のために出て来ないと思われる。つまり基底では存在するが，「し」が連続するため終止形語尾が出て来ない。同じ音の連続を阻止する制約は現代語の代名詞の「の」でも見られる。

(44)　赤い本：赤いの ＝ 太郎の本：X

ここで X は「*太郎のの」となるはずだが，「の」が連続するため，「太郎の」が正しい形となる。

現代語の「はずかしい」はどう分析されるだろうか。この形は終止形と連

---

[16] Yamakido は形容動詞についても「完全なバカ」のような例を挙げる。似たような問題は「タ形」でも起こる。「曲がった道」は最初はまっすぐで，それから「曲がった」訳ではない。「困った人」も，他人を困らせるのであって，自分が困ったのではない。「古い友人」も含め，修飾表現における特殊な事情が関わっていると思われる。田窪 (1994)，Ayano (2010) も参照。

体形の両方を兼ねるが，もし単純に古語の終止形語尾が si > i という変化を経たのなら，終止形としての「はずかしい」は hazukasi-si > hazukasi-i と変化したことになる。古語では基底形で haplology に抵触したのに対し，現代語では「しい」は可能な音の連続なので，「はずかしい」のまま表層に出ることが出来る。

　一方，もし(31)で考えたように，現代語の終止形は古語の連体形を起源に持つのであれば，統語構造の変化は以下の通りになる。

(45) a.　古語形容詞連体形　　　　　b.　現代語形容詞終止形

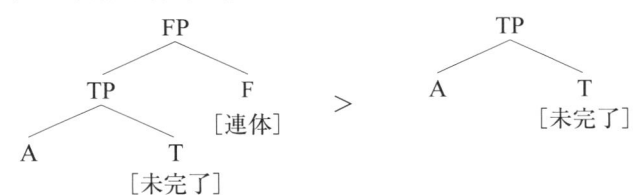

```
        FP                              TP
       /  \                            /  \
      TP   F           >              A    T
     /  \  [連体]                         [未完了]
    A    T
       [未完了]
```

(45a)では[未完了]と[連体]が融合して(40b)により /ki/ が得られたが，(45b)では[連体]があった FP が消失している。[未完了]の素性だけが残り，これが現代語では /i/ となる。ここで重要なのは，現代語の終止形は古語の連体形を起源に持つとしても，単に形態素のレベルで /ki/ > /i/ という変化が起こったのではない，ということである。(45)のような統語構造の変化が起こり，それに伴って /ki/ を挿入する環境が整わなくなったため，終止形語尾の /i/ が挿入されたのである。

　以上は終止形の話だが，一方現代語の連体形に関しては，広く観察される「イ音便」の結果，[k]が脱落して /ki/ > /i/ という変化が起こったと考えられる。現代語の終止形／連体形語尾の「い」については，本節の最初に述べた「古い友人」の問題や，(古語とも共通するが)注 15 で述べた /k/ の形態素の問題があり，これ以上は立ち入らず，別の機会に譲ることとする。

10.　準体詞「の」の出現と発達

　7 節以降で古語の連体形を見てきたが，修飾関係節を除き現代語では，古語において連体形を使っていた環境で準体詞の「の」が現れる。

(46) a.　太郎が食べたのはリンゴだ。(分裂文)
　　 b.　太郎が走るのを見る。(目的節)
　　 c.　僕が行くのだ。(「の(だ)」構文)

d.　リンゴが置いてあるのを取る。(主語内在関係節)

本節では準体詞「の」がどんな条件下で現れ，どう発達してきたかを見る。

10.1　準体詞「の」が出現する環境

大きな問題の 1 つは，7.3 節で見た通り，なぜ「の」が修飾関係節には現れないのか，ということである。

(47)　*[太郎が来た]の理由 (=30b)

(46) と (47) を区別する明確な特徴を抽出するのは難しいが，最初の一歩として「項 (argument) と付加詞 (adjunct) の差」を追求したい。修飾関係節が付加詞なのに対し，(46) の目的節と主語内在関係節は項である。[17] 分裂文の主語は動詞に選択されてはいないが，項と考えて差し支えないだろう。(ただし「の(だ)」構文は主文なので項とは言いがたい。)

もし上で見た「項と付加詞の差」が「の」の出現で重要なら，連体形語尾の歴史的変化は以下のようになる。

(48) a.　$[_F \text{ ru }] > [_F \phi] > [_F \text{ no }]$（項）
   b.　$[_F \text{ ru }] > [_F \phi]$（付加詞）

7.2 節で見た通り，連体形語尾「る」の消失は全ての統語環境で共通しており，鎌倉時代に起こったとされる。一方準体詞「の」は 17 世紀が初出とされる。(詳細は次節。) (48) はこの出現が特定の統語環境に限定されていたことを意味している。

(48) の仮説は吉村 (2008) が指摘する以下の対比を説明する。[18]

(49) a.　私は花子が走る{の／φ}より早く走ることが出来る。
   b.　子供達は母親が作った{の／*φ}を食べた。
   c.　私達は授業が終わる{*の／φ}まで外で待っていた。

(49) は「の」とゼロ (φ) の交替が自由な例 (a)，「の」のみが許される例 (b)，ゼロのみが許される例 (c) の 3 種類あることを示している。「項と付加

---

[17]　Murasugi (2000) の主語内在関係節を副詞として分析することの問題点については，Watanabe (2003: 536) と Kitagawa (2004: 1248f) を参照。

[18]　同様の例が Hiraiwa (2001)，Maki and Uchibori (2008) でも扱われている。吉村 (2008) の分析では「の」は基本的に D なのに対し，ゼロは C の残存とされている。本稿ではゼロは連体形語尾の [ru] が消失した結果であり，古語の連体形も現代語の「の」節も範疇としては統語環境により DP にも CP にもなる。次節でこの立場を更に明確にする。

詞の差」の仮説によれば，(b) で「母親が作ったの」は項なので「の」が義務的になり，(c) では「授業が終わるまで」全体は付加詞なので「の」は出ない。そして (a) では「私は花子が走る{の／φ}より」は項と付加詞で曖昧なのではないかと思われる。つまり，比較の基準という点で項の様に要求される側面があるが，「早く」という副詞により選択される訳ではないという点で付加詞のようでもある。恐らくこの曖昧な性質により，「の」とゼロ (φ) の交替が自由なのであろう。

また (48) の仮説は Horie (1993: 310) の観察とも合致する。Horie は部分的に Martin (1975: 889ff) の観察に基づき，(50) のような，現代語で「の」がない連体形のまま使われる成句は，「に」格を伴う場合 (a) が「が」格や「を」格 (b, c) よりも遥かに多いと指摘する。

(50) a. そうするに違いない。
　　 b. 勝手にするがいい。
　　 c. 認めざるを得ない。

(48) の観点から見ると，これは「の」が現れるのは付加詞 (「に」格) よりは項 (主語及び目的語，つまり「が」格や「を」格) の方が頻度が高いからだ，ということになる。[19]

節が項か付加詞かで違う振る舞いをする他の例として，Vilkuna (1998: 216) が挙げるエストニア語とフィンランド語の例がある。ここでは，不定節は付加詞の時の方が項（厳密には補部）の時よりも動詞が最後に来る傾向があるという。そして Kayne (2003: 15f [2005: 226]) はこれを移動は付加詞からよりも補部からの方が容易だという事実と関連づけている。更に Frellesvig and Whitman (2011) は関係節の後の「の」の有無と移動の可否を

---

[19] 以下の例では，名詞の補部が「の」を許さない。
　(i) 　ジョンがクビになった (*の) 事実 　　　(Murasugi and Sugisaki 2008: 259)
もしも名詞の補部が項なら (48) の反例になるが，「事実」が動詞のように意味役割を付与する訳ではない。むしろ，以下の様にはっきり意味役割を付与する名詞では，「の」が出てくる。
　(ii) 　オオカミが来たとの警告 　　　　　　(Grimshaw and Mester 1988: 209)
ここの「の」は様々な分析が可能で，Grimshaw and Mester (1988) は属格，Nishiyama (1999b) はコピュラ，Watanabe (2010) は連結詞 (linker) と分析している。しかしながら，(i) や (ii) は古語で連体形を使っていた環境かははっきりしないので，これ以上は本稿では立ち入らない。

関連づけている。彼等の分析は項か付加詞かの差には注目しておらず、基となるデータも本稿のものとは異なるが、いずれはこれと本稿の分析の整合性を探ることとしたい。

　本稿の分析のポイントは、連体形語尾の「る」が最終的に準体詞の「の」に置き換わったという点である。「の」の出現に関するこれまでの研究は連体形語尾の「る」を想定せず、「の」の前身としてゼロの名詞化辞を想定する（例えば Horie (1993) など）。(22) の主語節を例に取れば、

　　(22)　手たたけば山びこの答ふる、いとうるさし

この口語訳（「答える<u>の</u>は」）で「の」が必要な部分に、古語ではゼロ名詞があり、「答ふるφ」と分析される。本稿の立場からすればこうしたゼロ形態素は必要がなく、(48a) で示した通り、「答ふる」の「る」の部分が D に相当し、これが終止形との平準化によりゼロになり、その後同じ場所に「の」が出現したことになる。

　上記のゼロ名詞分析のメリットとして、(47) で示したように関係節に「の」が出てこないことを説明できる、ということがあるかもしれない（三宅知宏氏の指摘による）。つまり関係節には主要部の名詞があり、従ってゼロ名詞はないことになり、その子孫である「の」も出てこない、という訳である。しかし「の」には名詞 (D) に加えて属格や補文標識 (C)、更にコピュラの用法もあり、これらの可能性も考慮しなくては「*太郎が来たの理由」を完全に排除したことにはならない（注 10, 19 参照）。この点に関しては本稿の分析も妙案がある訳ではなく、関係節の統語範疇が CP と DP で曖昧だという分析（7.3 節）の理論的意味を明確にする必要があるが、これは今後の課題とする。

10.2　「の」の発達

　7.3 節で、古語の動詞の連体形は統語環境により DP と CP の 2 つの範疇を持つと分析した。そして現代語の「の」を主要部に取る節についても、同様の範疇的曖昧性があると提案した。つまり現代語の「の」を主要部に取る節が統語的に曖昧なのは、元の古語の連体形自体が統語的に曖昧だからだということになる。(48) では連体形語尾の「る」はゼロになり、その後主に項の位置で「の」に置き換わったと提案したが、p. 170 の表 3 の区別を取り入れ、構文と統語範疇に基づいて細分すれば、(48a) は以下のように書き変

えられる。

(51) a.　［_D ru］＞［_D φ］＞［_D no］（目的節など）
　　 b.　［_C ru］＞［_C φ］＞［_C no］（分裂文，「の（だ）」構文）

これが示すのは，「の」自体は範疇的に中立であり，それが置き換わった元の連体形の範疇をそのまま継承する，ということである。

　これに対し最近の研究では，「の」が文法化を経て統語範疇を変化させている，という分析がある。本節ではこれらの仮説を検証し，本稿の分析が現存の準体詞「の」の一般的な捉え方といかに整合するかを考える。

　本題に入る前に用語の統一をしておく必要がある。以下の2つが本節で扱う「の」の例である。

(52) a.　太郎が食べたのはリンゴだ。（=28aに下線追加）
　　 b.　[太郎が／の結婚した]のを知ってる？（=27aに下線追加）

「の」の発達を扱う研究の中には（例えば金水 (1995), Nishi (2006)），(52a) を代名詞，(52b) を補文標識 (complementizer) と呼ぶことがある。しかし7.3節で見た通り，(52a) の分裂文の「の」は名詞以外のものも焦点に来るので名詞ではなく，統語範疇はCである。逆に (52b) では補文が ga/no 交替を示すので，「の」の統語範疇はDである。こうした混乱を避けるため，本節では（一部の文献に見られる）意味に準拠した用語を用いる。(52a) の「の」は物体を指し示すのでモノ「の」と呼ぶ。一方 (52b) の「の」は命題を指し示すのでコト「の」と呼ぶ。そして2つを合わせて，『述語に続く「の」』と呼ぶ。これは以下の様な，『名詞に続く「の」』と区別するためである。

(53) a.　太郎の車　　　　　　　　（Saito, Lin and Murasugi 2008: (2a)）
　　 b.　太郎の

(53a) は属格の「の」で，(53b) は「太郎のもの」を意味する。(53b) の「の」は代名詞と分析されることもあるが，Saito, Lin and Murasugi (2008: 253) は (53b) は名詞削除があり，「の」は属格であると分析している。いずれにしろ (53a, b) の「の」を『名詞に続く「の」』と呼ぶ。まとめると，以下が本節で用いる「の」の用語である。

(54) 「の」の分類

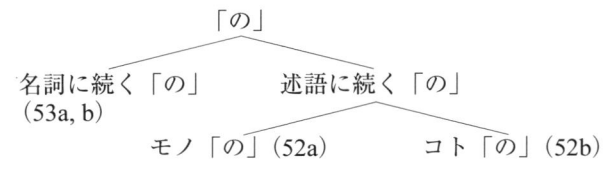

```
                    「の」
           ／           ＼
   名詞に続く「の」     述語に続く「の」
   (53a, b)         ／         ＼
              モノ「の」(52a)   コト「の」(52b)
```

上の用語を用いて，以下の2つの仮説を検証する。

(55) 仮説 A
述語に続く「の」は名詞に続く「の」を起源に持つ。

(56) 仮説 B
モノ「の」はコト「の」より早く確立した。

「の」の起源と発達については多くの研究があるが（吉川 (1950)，柳田 (1993)，Horie (1998)，Frellesvig (2001)，Simpson and Wu (2001)，Hirata (2002)，青木 (2005)，Nishi (2006)，Wrona（近刊）など），(55)と(56)が主流のようである。仮説Aは主に吉川 (1950)，Horie (1998) により，仮説Bは主に金水 (1995)，Horie (1998) により提唱されている。2つの仮説は基本的に独立しており，例えば吉川 (1950) は仮説Aを唱えながらも明確に仮説Bを否定している。しかし2つはHorie (1998) の提案のようにセットとして扱われることが多く，青木 (2005: 54) も名詞に続く「の」とモノ「の」は共に代名詞的だとして，両方の仮説を支持している。

仮説AはD＞Cという文法化の一種である。これは英語のthatについてKiparsky (1995) が提案しているもので，吉村 (2008) もこれを日本語の「の」の発達に適用している。Simpson (2003) も「の」がDからCに変化したという分析を，同様な機能を持つ中国語 (de) と韓国語 (kes) の名詞化接辞の分析と合わせて提案している。

しかしながら，少なくとも日本語の「の」に関しては，D＞Cという文法化を経ているか疑わしい。7.3節で見た通り，連体形は「の」が出現する以前から，統語範疇としてはDとCの間で曖昧だった。「の」が連体形の機能を継承したとすれば，「の」自体がD＞Cという範疇変化を経たと言う必然性はないだろう。

仮説Aの更なる問題点はNishi (2006: 130) によって指摘されている。名詞に続く「の」が8世紀に既にあったのに対し，述語に続く「の」は17世

紀になってようやく出現したことを基に，Nishi はもし 2 つの「の」が歴史的に関係があるなら，なぜこれほどの時間的なずれがあるのか，という疑問を投げかけている。

Nishi の代案は，名詞に続く「の」と述語に続く「の」は独立して発達したということであるが，これは (51) と両立する。(51) では述語に続く「の」は統語範疇としては中立であり，元の連体形の範疇（D または C）をそのまま継承した，と仮定している。

仮説 B も「具体的概念（モノ）から抽象的概念（コト）への変化」という点で，「意味の希薄化」を伴う文法化の例と言える。金水 (1995) は『浮世床』(1813) の調査を基に，モノ「の」はコト「の」より早く確立したと提案している。しかし「確立」ではなく「初出」に限って言えば，吉川 (1950) が示す通り 2 種類の「の」は同じ時期（17 世紀前半）に出現した。(Nishi (2006: 129f) が例を引用している。)

更に Wrona（近刊）によれば，全てではないにしろ多くの初期の述語に続く「の」の例は，モノ「の」なのかコト「の」なのか曖昧である。以下はその一例である。

　　(57)　腹が立つのは悪い　　　　　　　　（歌舞伎十八番集，暫，1840）

これは「腹が立つことは悪い」とも，「腹が立つ人は悪い」とも解釈でき，コトかモノか判別しにくい。こうした状況を踏まえ，Wrona はモノ「の」とコト「の」のどちらが早く確立したかを判断するのは不可能だと結論づける。

Wrona の代案は，そもそもモノ「の」とコト「の」を区別する必要はなく，共に「名詞化の『の』」の例として統合できる，というものである。本稿は述語に続く「の」は統語範疇として D と C の 2 つの可能性がある，と提案している点で Wrona の分析とは異なるが，モノ「の」とコト「の」という意味的区別は統語構造において反映させる必要はない，という点で，同じ考えを有する。(本稿の分析では，例えば (52a) のような分裂文の「の」は，コトを表すが範疇は C である。)

まとめると以下が本稿の立場である。

　　(58)　「の」が連体形を引き継ぐ際，範疇は中立であった。
　　(59)　モノ「の」とコト「の」の区別は（あるとしても）統語構造に反
　　　　　映されない。

残された問題の1つに，なぜ「の」が連体形の代わりになったのか，ということがある。標準的な説明によれば，終止形と連体形の平準化が要因だということになっている。つまり2つの活用形の区別を保持するために「の」が用いられたというのだが，Wrona（近刊）はこのシナリオの問題点を指摘する。まず終止形と連体形の平準化は鎌倉時代に起こったのに対し，「の」の出現は17世紀である（青木（2005: 55）も参照）。また，四段動詞や一段動詞のように，そもそも終止形と連体形の区別がない動詞が多い中で，この区別を保持する「理由」というのがはっきりしない。これに加え，筆者は連体形の中心的役割である関係節には「の」がつかないことを指摘しておく。つまり，平安時代まではあった主節（終止形）と関係節（連体形）の形態的区別が，鎌倉時代以降なくなり，その後は現在に至るまで区別は復活していない。Wrona（2005）は代案として，「の」の究極的な語源はコピュラ（Frellesvig 2001）だと仮定する。これ自体，なぜ「の」が連体形の代わりになったのかの問いの答えになる訳ではなく，筆者が現時点で言えることはないが，コピュラはDでもCでもないという点で，この代案は本稿の「の」の分析と矛盾しないことを指摘しておく。

11. 結語

　活用は国語学の伝統の中で体系づけられ，学校文法へと引き継がれた。活用の「活用」たるゆえんは，五段動詞の母音変化に典型的に現れる。一方アメリカ構造主義に始まる日本語動詞の言語学的分析では，動詞は語根と接尾辞に分けられ，「活用」する部分はなくなった。本稿では基本的には言語学の方法論を用いながらも，国語学の知見を生かした分析を提案した。例えば変化する母音に意味を持たせたり，現代語の終止形が古語の連体形に起源を持つという考えを踏襲することなどにこれは現れている。理論言語学の分野で，日本語動詞の活用形そのものが分析の対象になることは少なく，あったとしても一部の活用形の分析であったり，音韻論か統語論だけが扱われることが多い。本稿のタイトルが示す通り，活用形の理解には，形態論，統語論，音韻論の3つの視点全てが重要であり，それらを取り入れることで，活用形全体の体系が理解できる，というのが本稿の趣旨である。本稿で扱った例は基本的なものが多く，更に広範な例を取り込むには修正が必要になってくる部分も多いと思うが，本稿がそのための出発点となれば幸いである。

謝辞・付記

本稿の一部は日本言語学会（神田外語大学，2009 年 6 月），慶応大学（2010 年 3 月），中央大学（2012 年 3 月），レキシコン研究会（東京大学，2012 年 3 月）で発表した．聴衆の方々，査読者，John Whitman 氏，小川芳樹氏からコメントをいただいた．また本稿の研究遂行にあたり，科学研究費（課題番号 19520325, 20242010, 23520454）の補助を受けた．

引用文献

Akaso, Nobuyuki and Tomoko Haraguchi（2011）On the categorial status of Japanese relative clauses. *English Lingusitics* 28, pp. 91–106.

Akiba, Katsue（1978）*A historical study of old Japanese syntax*. Ph.D. dissertation, UCLA.

青木博史（2005）「複文における名詞節の歴史」『日本語の研究』1-3, pp. 47–59.

Aronoff, Mark（1994）*Morphology by itself*. Cambridge, MA: MIT Press.

Ayano, Seiki（2010）Revisiting beautiful dancers and complete fools in Japanese. *MIT Working Papers in Linguistics* 61, pp. 97–111.

Bloch, Bernard（1946）Studies in colloquial Japanese, Part I, Inflection. *Journal of the American Oriental Society* 66, pp. 97–109.［Reprinted in Miller, Roy Andrew（ed.）（1969）*Bernard Bloch on Japanese*. New Haven: Yale University Press.］

Borsley, Robert D. and Jaklin Kornfilt（2000）Mixed extended projections. In Robert D. Borsley（ed.）*The nature and function of syntactic categories: Syntax and semantics* 32. pp. 101–131. New York: Academic Press.

Bybee, Joan, Revere Perkins and William Pagliuca（1994）*The evolution of grammar: Tense, aspect, and modality in the languages of the world*. Chicago: The University of Chicago Press.

Calabrese, Andrea（2005）*Markedness and economy in a derivational model of phonology*. Berlin: Mouton.

Chew, John J.（1961）*Transformational analysis of contemporary colloquial Japanese*. Ph.D. dissertation, Yale University.［Published（1973）by Mouton: Berlin.］

Davies, William and Stanley Dubinsky（2001）Functional architecture and the distribution of subject properties. In William Davies and Stanley Dubinsky（eds.）*Objects and other subjects: Grammatical functions, functional categories and configurationality*. pp. 247–279. Dordrecht: Kluwer.

de Chene, Brent（1985）*r*-Epenthesis and the Japanese verb. *Papers in Japanese Linguistics* 10, pp. 172–207.

Frellesvig, Bjarke（2001）A common Korean and Japanese copula. *Journal of East Asian Linguistics* 10, pp. 1–35.

Frellesvig, Bjarke（2008）On reconstruction of Proto-Japanese and Pre-Old Japanese verb inflection. In Bjarke Frellesvig and John Whitman（eds.）*Proto-Japanese*. pp.

175–192. Philadelphia: John Benjamins.
Frellesvig, Bjarke (2010) *A history of the Japanese language*. Cambridge: Cambridge University Press.
Frellesvig, Bjarke and John Whitman (2011) Prenominal complementizers and the derivation of complex NPs in Japanese and Korean. *Japanese/Korean Linguistics* 18, pp. 73–87.
福田良輔 (1965)『奈良時代東国方言の研究』風間書房.
Grimshaw, Jane (2003) *Words and structure*. Stanford: CSLI Publications.
Grimshaw, Jane and Armin Mester (1988) Light verbs and theta-marking. *Linguistic Inquiry* 19, pp. 205–232.
Hiraiwa, Ken (2001) On nominative-genitive conversion. *MIT Working Papers in Linguistics* 39, pp. 66–125.
Hiraiwa, Ken and Shinichiro Ishihara (2001) Missing links: Cleft, sluicing and 'no da' construction in Japanese. *MIT Working Papers in Linguistics* 43, pp. 35–54.
Hirata, Yu (2002) Genitive *tu* in OJ and historical change of genitive particles. *Japanese/Korean Linguistics* 10, pp. 251–264.
Hockett, Charles F. (1954) Two models of grammatical description. *Word* 10, pp. 210–233.
Hoji, Hajime (1990) Theories of anaphora and aspects of Japanese syntax. Ms., University of Southern California.
Horie, Kaoru (1993) From zero to overt nominalizer *no*: A syntactic change in Japanese. *Japanese/Korean Linguistics* 3, pp. 305–321.
Horie, Kaoru (1998) On the polyfunctionality of the Japanese particle *no*: From the perspective of ontology and grammaticalization. In Toshio Ohori (ed.) *Studies in Japanese grammaticalization*. pp. 169–192. Tokyo: Kurosio Publishers.
Iwasaki, Shoichi (1993) Functional transfer in the history of Japanese language. *Japanese/Korean Linguistics* 2, pp.20–32.
Iwasaki, Shoichi (2000) Suppressed assertion and the functions of the final attributive in prose and poetry of Heian Japanese. In Susan C. Herring, Pieter van Reenen, and Lene Schosler (eds.) *Textual parameters in old languages*. pp. 237–272. Philadelphia: John Benjamins.
Kayne, Richard S. (2003) Antisymmetry and Japanese. *English Linguistics* 20, pp. 1–40.〔Reprinted 2005 in Kayne, Richard S., *Movement and silence*. New York: Oxford University Press.〕
金水敏 (1995)「日本語史からみた助詞」『言語』24-11, pp. 78–84.
Kiparsky, Paul (1995) Indo-European origins of Germanic syntax. In Adrian Bayette and Ian Roberts (eds.) *Clause structure and language change*. pp. 140–169. New York: Oxford University Press.
Kitagawa, Chisato (2004) Typological variations in head-internal relatives in Japanese.

Lingua 115, pp. 1243–1276.
Kizu, Mika (2000) A note on sluicing in wh-in-situ languages. *MIT Working Papers in Linguistics* 36, pp. 143–159.
Kizu, Mika (2005) *Cleft constructions in Japanese syntax*. New York: Palgrave Macmillan.
此島正年 (1962)「中古語における用言連体形の用法」『国語学』48, pp. 102–107.
Kuroda, S.-Y. (1992) *Japanese syntax and semantics*. Dordrecht: Kluwer.
Kuteva, Tania (2001) *Auxiliation*. New York: Oxford University Press.
Maki, Hideki and Asako Uchibori (2008) *Ga/no* conversion. In Shigeru Miyagawa and Mamoru Saito (eds.) *The Oxford handbook of Japanese linguistics*. pp. 192–216. New York: Oxford University Press.
Martin, Samuel E. (1975) *A reference grammar of Japanese*. New Haven: Yale University Press. [Reprinted 1988 by Tuttle, Tokyo, and 2003 by the University of Hawaii Press, Honolulu.]
Matsuda, Yuki (2000) An asymmetry in copular sentences: Evidence from Japanese complex nominals headed by *no*. *Gengo Kenkyu* 117, pp. 3–36.
McCarthy, John and Alan Prince (1993) Generalized alignment. *Yearbook of Morphology* 6, pp. 79–153.
McCawley, James (1968) *The phonological component of a grammar of Japanese*. The Hague: Mouton.
三原健一 (2012)「活用形から見る日本語の条件節」三原健一・仁田義雄 (編)『活用論の前線』pp. 115–151, くろしお出版.
三上章 (1953)『現代語法序説——シンタクスの試み——』刀江書院[くろしお出版復刻, 1972年].
Miyagawa, Shigeru (1989) *Structure and case marking in Japanese: Syntax and Semantics 22*. New York: Academic Press.
Miyagawa, Shigeru (1993) Case-checking and minimal link condition. *MIT Working Papers in Linguistics* 19, pp. 213–254.
Miyagawa, Shigeru (2011) Genitive subjects in Altaic and specification of phase. *Lingua* 121, pp. 1265–1282.
Murasugi, Keiko (1991) *Noun phrases in Japanese and English: A study in syntax, learnability and acquisition*. Ph.D. dissertation, University of Connecticut.
Murasugi, Keiko (2000) Japanese complex noun phrases and the antisymmetry theory. In Roger Martin, David Michaels, and Juan Uriagereka (eds.) *Step by step*. pp. 211–234. Cambridge, MA: MIT Press.
Murasugi, Keiko and Koji Sugisaki (2008) The acquisition of Japanese syntax. In Shigeru Miyagawa and Mamoru Saito (eds.) *The Oxford handbook of Japanese linguistics*. pp. 250–286. New York: Oxford University Press.
Nakau, Minoru (1973) *Sentential complementation in Japanese*. Tokyo: Kaitakusha.
Nishi, Yumiko (2006) The emergence of the complementizer *no* in Japanese revisited.

Japanese/Korean Linguistics 14, pp. 127–137.
Nishiyama, Kunio (1996) Historical change of Japanese verbs and its implications for Optimality Theory. *MIT Working Papers in Linguistics* 29, pp. 155–171.
Nishiyama, Kunio (1999a) Two levellings in Japanese verbal conjugation.『コミュニケーション学科論集』6, pp. 23–49. 茨城大学人文学部.［『日本語学論説資料』36-3, pp. 5–18 に再録.］
Nishiyama, Kunio (1999b) Adjectives and the copulas in Japanese. *Journal of East Asian Linguistics* 8, pp. 183–222.
Nishiyama, Kunio (2000a) Predicative and attributive forms in Classical Japanese. *MIT Working Papers in Linguistics* 36, pp. 263–275.
西山國雄 (2000b)「自他交替と形態論」丸田忠雄・須賀一好 (編)『日英語の自他の交替』pp. 145–165. ひつじ書房.
Nishiyama, Kunio (2008) V-V compounds. In Shigeru Miyagawa and Mamoru Saito (eds.) *The Oxford handbook of Japanese linguistics*. pp. 320–347. New York: Oxford University Press.
西山國雄 (2009)「日本語の語のかたち」畠山雄二 (編)『日本語の教科書』pp. 275–335. ベレ出版.
大野晋・佐竹昭広・前田金五郎 (1990)『岩波古語辞典』岩波書店.
Saito, Mamoru, T.-H. Jonah Lin, and Keiko Murasugi (2008) N' ellipsis and the structure of noun phrases in Chinese and Japanese. *Journal of East Asian Linguistics* 17, pp. 247–271.
佐々木冠 (2012)「未然形は存在しないのか」原口庄輔 (編)『科学研究費補助金 基盤研究 (A)「自律調和的視点から見た音韻類型のモデル」研究成果報告書 第 1 部』pp. 59–76. 明海大学.
Shibatani, Masayoshi (1990) *The languages of Japan*. Cambridge: Cambridge University Press.
Shinzato, Rumiko (1998) Kakari Musubi revisited: Its functions and development. *Japanese/Korean Linguistics* 8, pp. 203–216.
Simpson, Andrew (2003) On the re-analysis of nominalizers in Chinese, Japanese and Korean. In Yen-hui Li Audrey and Andrew Simpson (eds.) *Functional structure (s), from and interpretation*. pp. 131–160. London: RoutlegeCurzon.
Simpson, Andrew and Zoe Wu (2001) The grammaticalization of formal nouns and nominalizers in Chinese, Japanese and Korean. In Thomas E. McAuley (ed.) *Language change in East Asia*. pp. 250–283. London: RoutledgeCurzon.
田川拓海 (2009)「分散形態論による日本語の活用と語形成の研究」筑波大学博士論文.
田川拓海 (2012)「分散形態論を用いた動詞活用の研究に向けて──連用形の分析における形態統語論的問題──」三原健一・仁田義雄 (編)『活用論の前線』pp. 191–216. くろしお出版.

Takahashi, Shoichi (2010) The hidden side of the clausal complements. *Natural Language and Linguistic Theory* 28, pp. 343–380.

田窪行則 (編) (1994)『日本語の名詞修飾表現——言語学，日本語教育，機械翻訳の接点——』くろしお出版.

Tsujimura, Natsuko (2007) *An introduction to Japanese linguistics (second edition)*. Malden, MA: Blackwell Publishing.

角田太作 (1996)「体言締め文」鈴木泰・角田太作 (編)『日本語文法の諸問題』pp. 139–161. ひつじ書房.

Urushibara, Saeko (1993) *Syntactic categories and extended projections in Japanese*. Ph.D. dissertation, Brandeis University.

Vikuna, Maria (1998) Word order in European Uralic. In Anna Siewierska (ed.) *Constituent order in the languages of Europe*. pp. 173–234. Berlin: Mouton.

Watanabe, Akira (1996) Nominative-genitive conversion and agreement in Japanese: A cross-linguistic perspective. *Journal of East Asian Linguistics* 5, pp. 373–410.

Watanabe, Akira (2003) Wh and operator constructions in Japanese. *Lingua* 113, pp. 519–558.

Watanabe, Akira (2010) Notes on nominal ellipsis and the nature of *no* and classifiers in Japanese. *Journal of East Asian Linguistics* 19, pp. 61–74.

Wrona, Janick (2005) The Contemporary Japanese complementizers *no* and *koto* and their Old Japanese precursors: A diachronic explanation of free variation. In Anna McNay (ed.) *Oxford Working Papers in Linguistics* 10, pp. 123–142.

Wrona, Janick (近刊) The early history of *no* as a nominazalier. In Janick Wrona, Bjarke Frellesvig, and Jieun Kiaer (eds.) *Papers in Japanese and Korean Linguistics*. Aarhus: Aarhus University Press. [http://ling.bun.kyoto-u.ac.jp/~wrona/Project%201.html]

Yamakido, Hiroko (2000) Japanese attributive adjectives are not (all) relative clauses. *WCCFL* 19, pp. 588–602. Somerville, MA: Cascadilla Press.

柳田征司 (1993)「『の』の展開，古代語から近代語への」『日本語学』12-10, pp. 15–22.

Yokohama, Masako (1950) The inflections of 8th-century Japanese. *Language* 26-3, *Language Dissertation No. 45*, pp. 1–96.

吉川泰雄 (1950)「形式名詞『の』の成立」『日本文学教室』3, pp. 29–38.

吉村紀子 (2008)「『の』と空範疇の交替について——統語論からの視点——」日本言語学会第 137 回大会ワークショップ『名詞化辞「の」と「φ」の交替現象：日本語史・形式主義言語学・機能主義言語学のインターフェイス』

分散形態論を用いた
動詞活用の研究に向けて
―連用形の分析における形態統語論的問題―

田川 拓海

1. はじめに

　本稿では，生成文法理論の一形態である分散形態論（Distributed Morphology: Halle and Marantz 1993）を用いることによって，活用の形態と各形態が生起する文法環境が一対一対応しないという問題に対して形式的な言語理論による分析が与えられることを，連用形のケーススタディを通して示す。

　2節では形態統語論研究において動詞活用が提起する問題と研究の方向性についてまとめ，本稿の目的に沿って活用形態の分布および各名称について整理する。3節では分散形態論を導入し現代日本語（共通語）の動詞活用を分析するための形態規則・音韻規則を提示する。4節ではケーススタディとしていわゆる連用形の具体的な分析を田川（2009）を基に示す。5節では形式的な形態統語論研究において活用および連用形を分析する際に問題となる，連用形の具現に関わる規則における動詞素性の存在と形態同士の情報の参照可能性について主に理論的な観点からまとめる。6節では今後の課題と展望について述べる。

　なお，本稿では現代日本語（共通語）の動詞の活用のみを分析の対象とする。本稿で提示する分析・方法論が日本語の他のバリエーション（古典語・方言など）やあるいは形容詞・形容動詞の活用にどのように適用できるのか（あるいは適用できないのか）については，具体的な分析とともに慎重に研究を進めるべきであると考える。

2. 活用(形)の形態統語論的研究
2.1 活用(形)の形態統語論的研究の指針

　活用(形)については，いわゆる国語学・日本語学と呼ばれる研究領域では多くの研究の蓄積がある一方で，特に形式的な理論言語学的研究では動詞の活用の体系的な研究はほとんど試みられてこなかった。[1] しかし，近年活用に対する理論的研究そのものが活性化しつつある(内丸 2006, 戸次 2010, 三原 2011, 吉村 2011 など)。

　特に戸次(2010)では，活用研究の問題点と方向性について重要かつ具体的な指摘がなされている。戸次(2010)は「「活用体系」と「統語論」の間にある乖離」(戸次 2010: 2)を指摘し，次のように述べる。

> 理論言語学の論文中に描かれた樹形図には，末端に始めから正しい活用形が書かれており，理論がそこに間違った活用形を生成しないということは，いわば好意的に判断されているわけである。(戸次 2010: 4)

確かに，従来の研究でも「なぜその形態が現れるのか」という点について分析がなされることはあったが，「なぜ他の形態が現れないのか」という点についてはそれほど注意が払われてこなかったように見受けられる。[2]

　さらに本稿では，戸次(2010)で提案されている活用研究における「網羅性」という概念を重視したい。[3]「網羅性」は次のように規定される。

> 日本語の語幹，活用語尾，助動詞，接尾辞，態(ヴォイス)といった単文構造から，連体節(関係節)，連用節，条件節，引用節といった複文構造に至るまで，広範囲の現象をできるだけ例外のないように捉える。
>
> (戸次 2010: 8)

従来の研究も「広範囲の現象をできるだけ例外のないように捉える」ことを

---

[1] 理論言語学における活用研究の重要性についてはすでに奥津(1996)や三原(1997)による指摘があった。また，形容(動)詞の活用については Urushibara(1993), Nishiyama(1999), 内丸(2006)などの体系的な研究がある。

[2] もちろん「なぜその形態になるのか」についての分析が進めば，「なぜ他の形態にならないのか」についてもある程度は明らかになると期待することはできる。

[3] 戸次(2010)はこの他に「形式性」「統合性」という概念も提案しているが，これは「文科系言語学と，理科系言語学の間でプラットフォーム的に機能しうる日本語文法理論を提供すること」(戸次 2010: 7)という目的と密接に関連してのものなので，それらの概念が本稿で提案する研究・方法論にも適用できるかどうかについては改めて論じることとしたい。

目指しているものが多いのであるが，本稿では，戸次 (2010) が目指しているようなより厳しい基準での「網羅性」を活用 (形) についての形態統語論的研究は備えているべきであると考える。

以上の二点は次のようにまとめることができる。

（1） 活用 (形) についての形態統語論的研究の指針

あらゆる環境において「なぜある形態が現れるのか」と「なぜ他の形態が現れないのか」を合わせて過不足無く捉えられる分析およびモデルを示す。

これはいわゆる「例外」や古い形態の残存のようなものまで全て同レベルで体系的に扱うべきだということではない。それらが特定の環境にしか現れず，他の環境には現れないことをも明示的に規定した分析・モデルを目指すべきだということである。たとえば「すべき」という形態の存在について，「すべき」全体をひとまとまりのイディオムのように扱うならそれがどのような語彙項目の情報を持っているのかを明確に書くべきであるし，「べき」の前という環境においてのみ「する」が「す」という形態として現れてもよいと分析するならその形態論的規則を明確に書くべきである，ということである。

2.2 活用 (形) の形態統語論的問題

2.1 では活用 (形) の形態統語論的研究の指針を提案したが，ここではその研究において具体的にどのような問題を取り扱うのかということについてまとめる。

まず，本稿では「活用」を以下のように規定する。

（2） 活用：ある文法環境において述語（ここでは動詞）がある形態を取ること。

この規定では何か基本的な形態があり，それが特定の環境に応じて「変化する」というところまでは含意していないことに注意されたい。あくまで述語が文法環境に応じて異なる形態の現れを持つことがあるという側面が重要である。

このように活用の「文法環境」と「形態」の対応の問題に焦点を当てた時，形態統語論的研究ではその不一致が問題となってくる。もちろんこれまでの活用研究にもこの問題に取り組んできたものは多いし，活用研究に限ら

ず文法環境や意味と形態の不一致はむしろ言語研究のあらゆる場面で問題となるものである。ここでは本稿の目指す形式的な言語理論を用いた活用（形）の形態統語論的研究に合わせて問題の要点を具体的に整理しておく。

（3） 活用（形）の非一対一対応問題
　　　ある文法環境とある形態が一対一対応しないこと。
　a.　複数の文法環境に一つの形態が対応している。
　b.　一つの文法環境に複数の形態が対応している。

活用において文法環境と形態の対応が非常に複雑に見えるのは，(3a)と(3b)の二つの側面が存在しているからであると考えられる。

　(3a)の側面から見て最も顕著なのは本稿で取り上げる連用形である。連用形が現れる文法環境は非常に多彩であり，次に示すようにたとえば中止法節(4a)，複合動詞(4b)，名詞(4c)というかなり異なっているように見える三つの環境に同一の形態が現れる。

（4）a.　太郎は道路の脇まで車を押し，それから警察に電話をした。
　　b.　太郎は転んだ拍子に前の人を押し倒してしまった。
　　c.　太郎は押しに弱い。

　一方で，(3b)の問題の例としては条件節を挙げることができる。

（5）a.　太郎が行けば，きっと雨が降る。
　　b.　太郎が行ったら，きっと雨が降る。
　　c.　太郎が行くと，きっと雨が降る。

この場合は，「条件」という文法環境と複数の形態の対応関係が問題となる。

　本稿では(3a)の問題に焦点を当て，その中でも最も関係する文法環境が多岐に渡る連用形を取り上げる。(3b)の問題についての形式的な理論言語学的研究としてはたとえば三原(2012)を参照されたい。

　さらに，こちらはそれほど注目されてこなかった問題であるが，豊富な文法環境に対して活用形の種類が少ないという全体的な対応をどう考えればよいだろうか。たとえば，(6)に示すような活用形と日本語の句構造の対応を簡単に図式化するとおおよそ(7)のようになると考えられる。

（6）a.　命令形：kowas-e　（壊せ）
　　b.　意志形：kowas-oo　（壊そう）
　　c.　仮定形：kowas-eba　（壊せば）
　　d.　終止形：kowas-u　（壊す）

e.　未然形：kowas-a-nai　（壊さない）
　　　f.　連用形：kowas-i-masu　（壊します）
（７）　句構造と活用形の対応

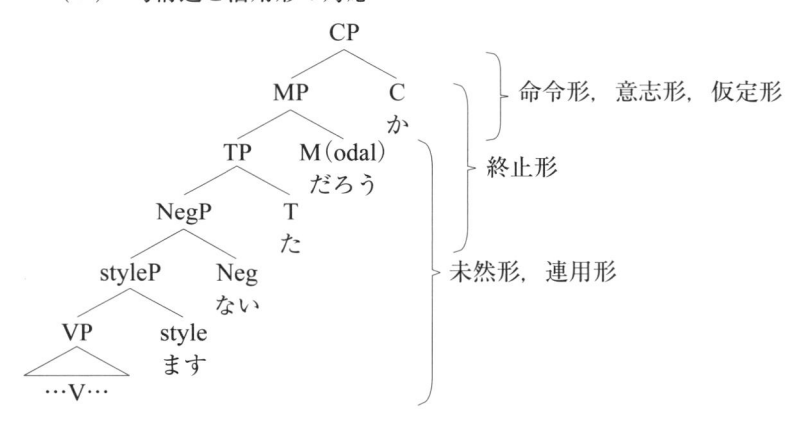

```
                    CP
                   /  \
                  MP   C    ⎫
                 /  \  か   ⎬ 命令形，意志形，仮定形
                TP   M(odal) ⎭
               /  \  だろう  ⎫
             NegP  T        ⎬ 終止形
            /   \  た       ⎭
        styleP  Neg
        /   \   ない        ⎫
       VP   style           ⎬ 未然形，連用形
       /\   ます            ⎭
      …V…
```

　具体的な分析を進めると異なった対応が見えてくる可能性もあるが，文法環境と形態はこのように不均衡かつゆるやかな対応をなしているのではないかと考えられるのである。なぜ活用形がこのような分布・対応をなしているのかというのは，（３）で整理した二種類の非一対一対応問題について具体的な研究を積み重ねていくことによって明らかにすることができるであろう。本稿では，連用形に対する具体的な分析を与えることによってその端緒としたい。

　記述的な面から見ても，命令形，仮定形，意志形，未然形は非常に限られた環境にしか現れないことは明らかであり，連用形および終止形でかなりの範囲をカバーしていることを考えると，連用形における文法環境と形態の対応の仕方を明らかにすることは活用（形）の形態統語論的研究において大変重要である。

2.3　非一対一対応問題へのアプローチ

　2.2 で述べた非一対一対応問題に対してはどのようなアプローチが可能なのであろうか。まず，これまでの研究で一般的に試みられてきたものとして還元的アプローチを挙げることができる。近年の研究ではたとえば澤西（2003）の連用形についての分析などがこれに当たる。

(8) 還元的アプローチ
その形態が出現する全ての環境に共通するなんらかの特性（文法機能／意味など）を一つ抽出し，それと形態が対応していると考える。

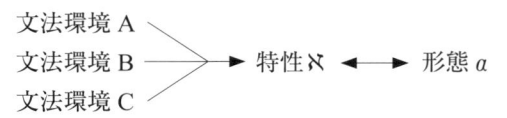

文法環境 A ＼
文法環境 B ――→ 特性 ℵ ←――→ 形態 a
文法環境 C ／

このアプローチでは，その形態が現れる全ての文法環境に共通する特性 ℵ を見つけ出すことが重要となる。このアプローチの利点は形態の同一性に根拠が与えられることであるが，多くの文法環境に共通する特徴を求めていくと抽象度が上がっていき，なぜその他の文法環境にはその特徴が当てはまらないのかという問題が出てきてしまうことが多い。

次に，リスト的アプローチを考えることができる。

(9) リスト的アプローチ
一つの特徴を抽出することはせず，形態と複数の特性（文法機能／意味など）の対応関係を列挙する。

文法環境 A ←――→ 形態 a
文法環境 B ←――→ 形態 a
文法環境 C ←――→ 形態 a

これは分析というよりは記述の方法と言ってよく，還元的アプローチと競合するようなものではない。このアプローチの利点は，複数の文法環境の共通性にとらわれないため網羅性の高い記述に結びつきやすいという点にあるが，その反面形態の同一性に対してなんらかの解決を与えることは難しくなってしまう。

実際の分析では両者のハイブリッド型というのも考えられる。たとえば複数の文法環境を一つではなく二つの特徴に還元し，なぜその二つの特徴が同一の形態に結びつくのかという点については両者を列挙するにとどめ，無理に追求しないといったような方法である。

本稿では，分散形態論の枠組みを導入することによって第三のアプローチが可能になると主張する。

(10) 分散形態論を用いた本稿のアプローチ
複数の文法環境と一つの形態の対応をなんらかの特性に還元する

ことなくそのまま捉える。

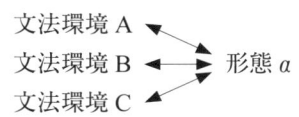

文法環境 A ⤦
文法環境 B ⇌ 形態 α
文法環境 C ⤴

これはすなわち，還元的アプローチを取らなくても複数の文法環境と一つの形態の対応関係を偶然のものとしてではなく分析できる可能性が存在するということである。

2.4 活用形の名称について

次に，活用形の体系とその名称について述べる。本稿の分析では形態の同一性と分布を重視するので，従来の研究とは少し違う整理の仕方をする。まず一点目は，活用形に対する「形態統語論的な名付け」は用いないということである。

(11) 活用形に対する形態統語論的な名付け
「A という環境に現れた時の動詞の形態」に対して同一の名称を与える方法

これは文法環境を重視した名付けだと言える。この名付けを採用すると，異なるタイプの形態に同一の名称が与えられるという事態が生じる。

(12) a. 話して
b. 走って

(12b)の促音便形を(12a)の非音便形と同様「連用形」と呼ぶのは「「て」の前」という文法環境が同じだという点を重視しているからである。また，同一の形態に異なる名称が与えられるという事態も生じる。

(13) a. 食べます
b. 食べない

(13)の下線部が同一の形態であるにも関わらず(13a)を「連用形」，(13b)を「未然形」と呼ぶのは，それぞれ「「ます」の前」「「ない」の前」という異なる文法環境であることを重視しているからである。

この名付け方自体に問題があるわけではないが，(1)の指針に従って非一対一対応に対する形態統語論的研究を行うためには，より形態の異同とその分布がわかりやすくなるような整理を行う必要がある。

さらに，本稿では子音語幹動詞と母音語幹動詞によって活用形の名称を使

い分ける。(13a, b)が同一形態であるにも関わらず異なる名称を持つことが多いのは、子音語幹動詞において両者が異なる形態を取るからであると考えられる。

(14) a. 走り<u>ます</u>
　　 b. 走ら<u>ない</u>

本稿では子音語幹動詞に合わせて母音語幹動詞の名称を設定することも、その逆もせず、形態の同一性によって活用形を整理する。

本稿で提案する活用形の体系と名称は以下の通りである。

(15)　活用形の体系と名称[4]

子音語幹動詞（飛ぶ）			従来	母音語幹動詞（食べる）		
<u>a 形</u>	tob-a	nai	未然		tabe	nai
<u>i 形</u>	tob-i	mas	連用		tabe	mas
<u>音便形</u>	toN	da	連用		tabe	ta
<u>従来通り</u>（基体形）	tob	u	終止	<u>基体形</u>	tabe	ru
	tob	eba	仮定		tabe	reba
	tob	e	命令		tabe	ro
	tob	oo	意志		tabe	yoo

母音語幹動詞の場合には語形変化とも見られる部分は全て後続要素によるものであり、活用形は基体形一つのみであると考える。「a 形」「i 形」は従来の「未然形」「連用形」と異なり、子音語幹動詞のみに適用される名称であることに注意されたい。また、「i 形」と「音便形」も分けて考える。子音語幹動詞の「終止」「仮定」「命令」「意志」は母音語幹動詞と同様に基体形と呼ぶべきであるが、便宜上、しばらく従来通りの名称を用いる。この点の厳密な取り扱いについては 5 節で再び取り上げることとする。

---

[4] 活用形が「パラダイム」あるいは「体系」を成しているかどうかは、本稿のようなアプローチにとってはそれほど重要ではない。たとえば未然形や仮定形を活用形として認定するかどうかという問題提起が三上 (1953) によってなされているが、未然形や仮定形が後続接辞の要素であったとしても、なぜ動詞がそのような形で接辞に接続するのかという点については説明が必要であると考えられるからである。未然形の /a/ がどのように分析されるのかという問題については田川 (2009)、小柳 (2010)、佐々木 (2012)、西山 (2012) を、仮定形の分析については西山 (2012) も参照されたい。

3. 分散形態論と活用研究
3.1 分散形態論

本稿では，分析の枠組みとして生成文法理論の一形態である「分散形態論（Distributed Morphology: Halle and Marantz 1993）」を用いる。分散形態論はその嚆矢である Halle and Marantz (1993) によると，形態理論におけるいわゆる IA, IP 両モデルの利点を併せ持った第三の形態論のモデルであるとされているが，実質は洗練された IA モデルに近い[5]ものであると考えられる。[6] この理論は，これまで生成文法の研究では積極的に取り上げられることの少なかった形態論的分析／現象を犠牲にすることなく，統語－形態のインターフェイス研究の推進を可能にしている。

分散形態論の仮定するモデルはおおよそ以下のとおりである。

(16) The Grammar[7]

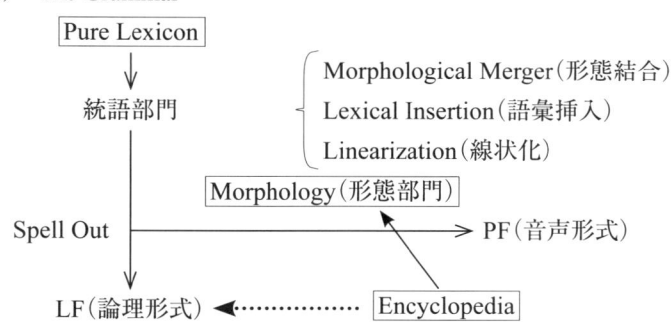

```
    Pure Lexicon
         ↓                 ┌ Morphological Merger（形態結合）
     統語部門               ┤ Lexical Insertion（語彙挿入）
         │                 └ Linearization（線状化）
         │          Morphology（形態部門）
  Spell Out │                  ↑
         ↓                          → PF（音声形式）
    LF（論理形式） ◄·············  Encyclopedia
```

分散形態論で特徴的なのは，囲み文字で示した三つの部門を仮定していることである。まず，"Pure Lexicon" とは統語計算の対象となる形式素性（formal feature）が存在する部門である。この部門における要素を用いて統語部門における計算が行われる。次に "Morphology" とは，具体的な

---

[5] すなわち，「語／形態素」がなんらかの要素の組み合わせによってできあがるという側面を捉えることのできる IA モデルの特徴を持つ一方で，その "なんらかの要素" が意味と形のペアである従来の「形態素」であると考えると起こってくる IA モデルの問題点を，後述する後期挿入（Late Insertion）を導入することによって回避している。

[6] 分散形態論の形態理論における位置付けについては Stump (2001)，西山（未公刊）も参考になる。

[7] 分散形態論の文法モデルについては Harley and Noyer (1999)，Embick and Noyer (2001)，森田 (2005) なども参照。

個々の語彙項目（音と意味の対応）が存在し，語彙挿入（Lexical Insertion）が行われ，統語計算の出力に対して具体的な形態／音形が決定される部門である。また，上記に示した形態結合（Morphological Merger），線状化（Linearization）といった操作がかかる部門でもある。最後に "Encyclopedia" とは，Morphology での操作と LF の後の意味解釈の際に参照される，特定の語彙項目に関する語彙的意味，非合成的意味や百科事典的知識が存在する部門であると考えられている。

　分散形態論には形態論・形態統語論を中心にした様々な研究テーマとその分析のための概念が存在するが，ここでは活用研究に関連するもののみを取り上げる。

　　(17)　後期挿入（Late Insertion）
　　　　　語彙挿入（Lexical Insertion）は Spell Out 後に行われ，その時点で各節点にある形式素性に対応する形態，音韻的内容が決定される（Halle and Marantz 1993, 1994 など）。

簡単に述べると，統語部門の計算が終わった後に具体的な形態／音形が決まるということである。[8]

　　(18)　単一動力仮説 [9]（Single Engine Hypothesis）
　　　　　二つの要素を組み合わせて新しい要素を作りだす操作は，全て統語部門で行われる（Marantz 1997, Arad 2003, Embick and Noyer 2007 など）。

これはすなわち，従来語彙（辞書）部門（Lexicon）で取り扱われてきた語形成も統語部門において行われるという主張である。[10] この主張は，語と句の振る舞いが（完全に）同質であると考えているというものではない点に注意されたい。たとえば「節」という単位は文法研究において重要であるが，生成文法ではその振る舞いは句構造の特性や局所性といった理論的装置によって

---

[8]　分散形態論においては，機能範疇要素は後期挿入の対象になるということで意見が一致しているが，いわゆる語彙範疇要素も後期挿入の対象になるのかという点については議論がある。Harley and Noyer (1999), Embick and Noyer (2007) を参照されたい。

[9]　管見の限り，今のところこの概念に対する定訳はもちろん，邦訳の試み自体も見受けられない。

[10]　このような特徴から，分散形態論では自らの立場を「反語彙主義（Anti-lexicalism）」と呼ぶことがある。

説明される。それと同様に「語」という単位およびその振る舞いも統語部門における局所性などによって捉えようとするアプローチである。

次に，この二つの概念が活用研究においてどのように機能するのかという点について述べる。

まず，後期挿入を導入すると，形態と文法環境の対応を統語部門における計算が終わった結果と形態の関係という形で捉えることができるようになる。その分析はある文法環境の統語分析を与えれば機械的に活用形が決定されるという形になるので，文法環境と形態の対応関係に不透明な部分が無くなることが期待される。[11]

単一動力仮説を採用する利点は，語形成のレベルに現れる活用形を句のレベルで現れる活用形とまとめて取り扱うことができるというところにある。

3.2　活用形の決定と形態規則

実際に分散形態論を用いた活用研究を行うに当たって，次の仮説を仮定する。

(19)　活用形の決定に関する仮説
　　　最終的にどの活用形が具現するかは，統語構造における情報によってのみ決定される（田川 2009）。

これは統語部門の出力が決まれば自動的に活用形が決まるということであり，3.1 で述べた後期挿入の導入によって可能になっている。

では次に，統語部門の出力に対して適用される形態規則および音韻規則を導入する。

(20)　動詞の活用形に関する形態規則・音韻規則（cf. 田川 2009）
　　　※ Vcf は子音語幹動詞，Vvf は母音語幹動詞を表す。
　　a.　{V[+V], Fin[+Irrealis], M[+Imp]}
　　　↔ Vcf に /e/, Vvf に /o/ を付加
　　b.　{V[+V], Fin[+Irrealis], M[+Woll[12]]} ↔ V に /yoo/ を付加 [13]

---

[11] 仮に不透明な部分が出てきたとしても，どの点がどのように不透明なのかがわかりやすくなると思われる。

[12] [+Woll]は意志を担う素性であるとする。

[13] 子音語幹動詞に付加した場合，子音連続を避けるために /y/ が削除されると考える。

  c. {V[+V], C[+Cond(itional)]} ↔ V に /eba/ を付加
  d. {V[+V], T[-Past]} ↔ V に /u/ を付加
  e. {V[+V]} ↔ Vcf に /a/ を挿入 /__Neg{ない，ず，ん，ねば，ねど}
  f. {V[+V]} ↔ Vcf に /i/ を挿入
  g. a, c, d の場合 /r/ を挿入 /Vvf__suffix

おおよそ，(20a) は命令形，(20b) は意志形，(20c) は仮定形，(20d) は終止形，(20e) は a 形，(20f) は i 形に対応していることが見て取れよう。(20g) は (20a, c, d) を適用した際に出現する環境に対して適用される二次的な規則である。

ここで，(20a, b, c, d) は Morphology で起こる語彙挿入の規則であるのに対して，(20e, f, g) は語彙挿入の後に音韻論的な要請によって適用される規則である[14]という点に注意されたい。(20e, f, g) の /a/, /i/, /r/ はいずれも音韻構造の調整のために導入される挿入音 (epenthesis) である。

ここで「壊した」を例に簡単な派生を見よう。

(21) a. [$_T$ /kowas/[+V] T[+Past]] ：統語部門の出力
   ↓ 規則 "T[+Past]↔/ta/" 適用 ：語彙挿入 (Morphology)
  b. [$_T$ /kowas/[+V]] /ta/[+Past]
   ↓ 規則 (21f) 適用   ：音韻規則
  c. [$_T$ /kowasi/[+V]] /ta/[+Past] （形態/音韻部門）

統語部門の出力の段階では T[+Past] は形態を持たない。Morphology において語彙挿入が行われ，T[+Past] に /ta/ が付与される。その後，規則 (20f) が適用されて子音連続が回避される。

(20) の規則を見ていると，活用形の分布をそのまま規則の形に書き写しただけだと思われるかもしれないが，分散形態論による分析で重要なのは，これらの規則が「競合 (competition)」していると考える点にある。

(22) 競合[15] (competition)
   形態論的規則は，指定の多いものから順に適用されていく (the

---

[14] i 形の /i/ が挿入母音であること自体は Poser (1984)，Davis and Tsujimura (1991) などによって提案されてきた。

[15] 競合について詳しくは Halle and Marantz (1993)，Halle (1997)，Embick (2008) などを参照されたい。

most highly specified wins（Embick 2008: 64））．かつ，aの競合が
bの競合より優先される．
a. context-free：素性の数が多いものから適用
b. context-dependent：素性の数が同じ場合，挿入の際に参照される環境（context）がより制限されているものから適用

（20）を例に取ると，たとえば（20d）と（20e）では（20d）の方が素性が多いので先に適用が試みられ，（20e）と（20f）では（20e）に挿入の際に参照される環境の指定があるので先に適用が試みられるということである．ここで，次の節で具体的な分析を試みるi形に関する規則は最も指定が少ない規則であるということがその分析の鍵となってくる．すなわち，i形は他の規則が全て適用できなかった時に最後に適用される規則であるということである．

この競合を用いたアプローチは，（1）で提示した「なぜ他の形態が現れないのか」という問題に対しての解決も与えてくれる．すなわち，活用形は基本的に競合関係にあるので，あらゆる文法環境において，適用可能な規則のうちで最も優先順位の高いものが適用されて形態が決定され，他の形態が挿入される余地は無いのである．[16]

以上，分散形態論を用いることによって，（1）の指針に従った形で非一対一対応問題に対する分析を提示する準備が整った．前節ではこの分散形態論を用いた分析を還元的アプローチともリスト的アプローチとも異なる第三のアプローチであると述べたわけであるが，（20）の規則を見ると各活用形が一つの形態規則あるいは音韻規則と対応しているわけで，結局還元的アプローチの一種なのではないのかという疑問が浮かぶであろう．確かに少ない数の規則によって形態の分布を取り扱うという側面のみを見ると還元的アプローチに近いところもある．しかし，後期挿入と競合を採用することによって複数の文法環境と複数の規則の間に一種ゆるやかな対応関係を構築することが可能になっている点が，形態となんらかの特徴の一対一対応をできるだけ求める還元的アプローチとは大きく違うところである．また，形態論的規則はできるだけ数が少ないように設定するのが望ましいが，それは方法論的

---

[16] このアプローチを用いると活用形が複数可能になる文法環境の分析が問題となる．そのような現象の記述と分析の可能性については田川（2009）を参照されたい．

作業仮説であり，実際にどの規則の集合が最も妥当なのかは経験的な議論によって検討されるべきであると考える。

4. ケーススタディ：i形の分布

本節では前節で提示した分散形態論を用いたアプローチのケーススタディとして，動詞の活用形の中で最も多彩な環境に現れるi形の分析を試みる。

4.1 非該当形としてのi形

3.2でも少し述べたが，i形の出現環境は「その他の活用形出現の条件を満たす環境に該当しない全ての環境」である。これは言い換えると，i形は他のどの活用形の出現条件も満たせない際に現れる「非該当形(elsewhere form)」であるということである。しかし，本稿のアプローチでは「i形が非該当形である」とか(20f)の規則が非該当規則(elsewhere rule)であるなどといった指定は一切していない点に注意されたい。分散形態論を用いる利点の一つは競合を採用することによってそのような指定自体が不要になり，何が非該当形になるのかというのは自動的に決定されるという点にある。

4.2 i形の出現環境と分析

i形が(20)の規則群の下で非該当形であることを確かめるには，まずi形の出現する環境をできるだけ細かく場合分けし，各環境がi形が具現する条件を満たしているかを個別に確認していく必要がある。ここから，i形の出現環境の記述と具体的な分析についてまず田川(2009)を基に見ていく。なお，場合分けについては三上(1953)，鈴木(1972)，影山(1993)，村木(2002)，澤西(2003)を参考にできるだけ多くの環境を取り上げられるように行った。

(23) 動詞の直後にとりたて詞が介在する場合に現れる
 a. 弟を殴り　すら　する。
 b. [[[弟を nagur]すら] する]

この環境では，とりたて詞の介在により動詞がT[-Past]およびそれより上位の機能範疇と関係を持てない。また，(20e)のa形の規則が適用される環境でもないため，i形が現れる。

(24) 一部のいわゆる助動詞や接続形式に前接する形態として現れる

a. 彼女は今にも泣きそうだ。
　　　b. 私がやります。
　　　c. 本を読みながらテレビを見た。
　　　d. 歩行者に注意を払いつつ徐行してください。
　　　e. 本を買いに行った。
これらの補文は，TPレベル以上の投射が現れることのできない小さな節を形成していると考えられる。

(25) a. *私がやったました。
　　　b. *テレビを見たながら論文を読んだ。
　　　c. *本を買ったに行った。

(25)に示したように，これらの環境ではT[+Past]に対応する「た」も現れず，Tのような投射自体が現れていないと思われる。このような環境では(20a–d)の規則は適用されず，また(20e)の規則が適用される文脈にも該当しないのでi形が現れる。

(26)　接頭辞／語彙的要素が付加する際，「X+動詞連用形+する」という連鎖の一部として現れる
　　　a. 走る→小走りする/*小走る
　　　b. はしゃぐ→大はしゃぎする/*大はしゃぐ
　　　c. 笑う→高笑いする/*高笑う
　　　d. 干す→陰干しする/*陰干す
　　　e. [TP [vP [VP ko-basir] v] する]

これらの環境では，なんらかの要素が動詞語幹に付加することによって，上位の主要部へ移動することができなくなり，T[-Past]およびそれより上位の要素と関係を持てなくなると考える。[17]

(27)　動詞句や動詞そのものに付加し範疇を変化させる接尾辞（影山1993，伊藤・杉岡2002）の前に現れる
　　　雨の降り方，政権の担い手，荷物の運び役，…

---

[17] この分析は動詞の時制辞への移動（V-to-T移動）を前提にしている。この現象において，V-to-T移動を仮定する根拠およびなんらかの要素が付加すると移動が不可能になる理論的根拠については田川（2009）を参照。

(28) 複合語の要素として現れる[18]
　　　　走り続ける，殴り殺す，張り紙，積み木，置き手紙，…

(27)(28)の二つの環境では上で取り上げた補文よりさらに小さな構造を形成すると考えられ，やはりTなど上位の機能範疇は投射しない。最も豊かな構造を持つと考えられる「-方」の場合でも，動詞句(VP)の投射にとどまることが先行研究によって明らかにされている(影山1993，伊藤・杉岡2002)。

(29) i形そのままで名詞として使用される(連用形名詞)
　　a. 泳ぎ，争い，眠り，へこみ，詰まり，つまみ，すり，…
　　b. [$_N$[$_V$ oyog[+V]] φ[+N]]

次にいわゆる連用形名詞の場合であるが，統語的に名詞になった時点で動詞自身が直接T[-Past]と関係を持つ可能性は無くなる。名詞述語として使用される場合も，時制辞と関係を持つのは繋辞類である。

(30) 思わせぶり：omow+(s)ase+bur+ φ [+A] (思わせぶりな態度)

連用形が名詞化の機能を持つと分析されることがしばしばあるが，(30)に示したように連用形が名詞以外の範疇にもなることを見ると，連用形自体が名詞化の機能を持つわけではないと考えた方がよいであろう。

本稿の分析は，さらに非過去の環境では終止形，過去の環境ではi形が現れることについても自然に捉えることができる。

(31) 非過去と過去の非対称性
　　a. 壊す：{V[+V], T[-Past]} → 終止形((20d)による)
　　b. 壊した：{V[+V], T[+Past]} → i形((20f)による)+「た」

下線部に示したように，非過去の環境では(20d)の規則が適用される素性の集合が存在するので終止形が具現し，過去の環境では(20f)が適用される環境になっているのでi形が現れるのである。この非対称性はTPという同じ大きさの統語的構成素を形成する場合でも素性の種類によって形態が異なるということを示しており，i形と投射などのなんらかの統語的なサイズを一対一対応させる分析が難しいことがわかる。

(32) テ節
　　　　太郎はおもちゃを壊して，母親に怒られた。

---

[18] 各複合語の詳しい分類に関しては影山(1993)を参照されたい。

(33) a. 太郎はおもちゃを壊し(*た)て，母親に怒られた。
　　 b. *太郎はいつもおもちゃを壊すて，母親に怒られる。

次にテ節であるが，(33)からテ節には時制形態が現れないことがわかる(内丸 2006)。そこで，テ節という環境を条件にして，素性 T[±Past]を形態部門で削除(impoverishment)する規則(Halle and Marantz 1993, Halle 1997)を仮定する。[19] そうすると，仮に T[-Past]が存在したとしてもテ節内であれば語彙挿入の前に削除されることになるので，(20f)の規則が適用され i 形が現れることになる。

(34)　i 形のみで節を形成する(中止法)
　　　太郎はおもちゃを<u>壊し</u>，母親に怒られた。

ここでは，Hirata(2006)の分析に従い中止法節は動詞句レベルまでの投射しか持たない(vP coordination 構造)と考える(cf. 三原 1997)。そうすると，中止法節内には T およびそれ以上の機能範疇は存在しないため i 形が現れると適切に予測される。中止法節とテ節の統語論的な違いについてはまだあまり研究が無いが，次に示すようにテ節と異なり中止法節には「ます」が現れないという事実から(三上 1953)，テ節より小さな構造を形成しているのではないかと考えられる。

(35) a. やっと台風も去り<u>まして</u>，家に帰ることができそうです。
　　 b. *やっと台風も去り<u>まし</u>，家に帰ることができそうです。

また，田川(2009)では取り上げられていないが，次のような環境にも i 形が現れる。

(36)　汗を<u>かきかき</u>，駅へ向かった。

この節は「ながら」や「つつ」と同じような意味を表すので，「ながら」や「つつ」が持つような小さい節を形成するために i 形が現れる環境になっているのではないかと推察される。しかし，この場合は動詞の後続要素が無いこと，重複形を取ることから節内にタ形が生起できるかどうかというテストによる検証が難しい。今後他の経験的議論によって検証したい。

---

[19] もう一つの分析として，「て」を T[-Tense]のような素性の具現形と考えるという可能性がある。この場合，規則(20d)の適用条件を満たさなくなるので過去の「た」の場合と同じような分析が可能となるが，どちらの分析が妥当なのかという点についてはテ節の詳細な分析を行い，経験的証拠による検討が必要である。この問題については今後の課題としたい。

以上，簡単にではあるがi形の現れる環境とその各環境において規則(20f)が適用されることを個別に見てきた。ここで重要なのは，i形が現れる（= 規則(20f) が適用される）要因は一つではなくいくつかあるということである。以下にまとめる。

　(37)　i形が現れる統語環境
　　　a.　動詞と T[-Past]などの間に要素が入り込む：(23)
　　　b.　動詞に要素が付加することによってTP など上位の構造に移動することができなくなる：(26)
　　　c.　形成される構造が小さく，TP 以上の機能範疇を投射しない：(24), (27), (28), (29), (30), (34), (36)
　　　d.　TP まで投射するが，素性の値が[-Past]ではない：(31)
　　　e.　TP まで投射し素性も[-Past]であるが，形態論的操作によって素性が削除される：(32)

(37c)に多くの環境が集中しているが，各環境で形成されている構造の種類や大きさは様々であることを思い出されたい。

　以上示したように，本稿で提案した分析を用いると，ある形態が現れる文法環境が多種多様であるという点をそのままに，それらの異なった環境に同一の規則が適用されるという形で活用形の非一対一対応問題に無理の無い分析を与えることが可能になる。言い換えると，i形とは「〜である」というポジティブな特徴付けによってではなく，「〜ではない」というネガティブな特徴付けによってうまく捉えられる形態なのである。

　これはi形，活用形にとどまらず，文法環境と形態の複雑な対応という一般的な問題に対して，還元的アプローチを採用することなく，リスト的アプローチによる記述を越えた形で説明が可能であるということを示唆している。また，3.2節でも述べたように本稿のアプローチを用いれば，（1）の指針で述べた「なぜある形態が現れるのか」だけでなく「なぜ他の形態が現れないのか」までも射程に入れることが可能になるし，還元を行わなくてすむので網羅性も犠牲にしない形で研究が進められることを改めて強調しておきたい。

　本稿の分析は連用形を「語幹形」や「不定(詞)形」だとする分析をより厳密に推し進めたものであると言うこともできる。従来も連用形がそのように分析される傾向にあったことを明示的に指摘しているものとして松本

(1995) を挙げることができる。

> 上代語から現代語に至るまで，連用形とされる形式の機能は，1) 他の用言への連接，2) 中止法，3) 動名詞ないし不定詞（infinitive）という三つの用法に要約できるであろう。<u>この中でもとくに3)を連用形のもっとも基本的な機能と見て，連用形の形成辞 -i にそのような名詞化の働きを帰するというのが，これまで比較的有力視された見方であった。</u>
>
> （松本 1995: 161）

連用形を「語幹形」や「不定（詞）形」だとする分析では，それら「語幹形」や「不定（詞）形」がどのような環境には現れ，どのような環境には現れないのかを「連用形がそこに出てきているから」という事実とは独立に示さないと「連用形」を言い換えたのとそれほど変わらないということになってしまう。本稿の分析では (20) の規則群と分散形態論を用いることによって，i 形の"不"定的特徴を明示的に捉えることができている。

5. 残された問題

本節では，i 形の分析についていくつかの残された問題について整理し，今後の研究の展望について述べる。

5.1 i 形の規則について

(20) で i 形の具現に関する規則は音韻規則であると規定したが，この規則の内容を見るとわかるとおり，純粋な音韻規則ではない。(20f) のみ再掲する。

(20) f. {V[+V]} ↔ Vcf に /i/ を挿入

ここでは規則の条件として "V[+V]" という素性を参照しており，純粋に音韻論的環境あるいは音韻論的条件によって適用される規則にはなっていない。しかし一方で，i 形の出現が次のような音韻論的環境によって要請されていることも明らかであるように思われる。

(38)　No-Coda: *C]_σ "Consonants are disallowed syllable-finally."

(Ito and Mester 2003: 26)

従って，(20f) の規則は形態音韻規則（morphophonological rule）とでも呼ぶ

しかないような性格を備えているのである。[20]

連用形名詞の存在を考えると，なぜ常に i 形の具現に"V[+V]"の存在が必要なのかという疑問が出てくるであろう。実際，分散形態論を用いて日本語の名詞化を分析した Volpe (2005) では連用形名詞は動詞であるという範疇特徴は持たず，√ (Root) と呼ばれる範疇未指定の要素から直接名詞化されるという分析を提案している。

しかし，Volpe (2005) の分析には経験的な反例が存在する。連用形名詞には次に示すように動詞化要素を含んだものも多く見られる。以下は形容詞派生動詞 (deadjectival verbs) からの連用形名詞化の例である。

(39)　　　形容詞　　　　動詞　　　　　　名詞
　　a.　　nemu(-i)　　　nemu-r　　　：　nemu-r-i　　　眠り
　　b.　　ama(-i)　　　 ama-e　　　　：　ama-e　　　　甘え
　　c.　　ita(-i)　　　　ita-m　　　　：　ita-m-i　　　　痛み
　　d.　　kowa(-i)　　　kowa-gar　　：　kowa-gar-i　　怖がり
　　e.　　taka(-i)　　　 taka-mar　　：　taka-mar-i　　高まり
　　f.　　hazukasi(-i)　 hazukasi-me　：　hazukasi-me　辱め

上記下線部の要素は明らかに動詞性 (V[+V]) を担っており，連用形名詞を全て √ (Root) からの直接派生だとすることはできない。

また，i 形の規則に V[+V] を仮定する最大の理由は，子音語幹動詞の語幹末子音の音韻論的特徴などに関わらず，一律に /i/ が挿入されるという点である。もし語幹末子音の種類や他の音韻論的環境によって異なる母音が挿入される場合があるのであれば，i 形に関する規則がより音韻的である可能性が高まるが，一律 /i/ が挿入されるという統一性を捉えるには，V[+V] という素性でくくるしか現状では解決法が無いように思われる。技術的には，子音語幹動詞に動詞のクラス素性などを仮定する方法も可能ではあるが，その場合はそのクラス素性があれば事足りてしまうので，逆に"子音"語幹動詞であるという音韻論的な特徴と i 形の出現の結びつきを捉えにくくなってしまうと考えられる。

この問題に対しては，上で紹介した連用形名詞の分析が一つの鍵となって

---

[20] これは特定の語彙に個別に適用される規則ではないという点で，分散形態論で用いられる再調整規則 (readjustment rule) とも異なっている (cf. Embick 2010)。

いる。Volpe (2005) の分析が全ての連用形名詞については成り立たないことは確かであるが，全ての連用形名詞が必ず V[+V] を持つような派生を経ているかどうかも明らかではなく，検証されなければならない。[21] もし i 形であるにも関わらず V[+V] が存在しない環境が見つかれば，それは (20f) の規則を書き換えなければならないということである。

5.2　形態同士の情報の参照可能性と局所性

まず，音便形から話を始める。従来指摘されてきたように，音便形はその種類が音韻論的環境によって規定されるのと同時に，同様の音韻論的環境でも音便が起きないことがある点から，形態音韻論的現象であると考えられる（佐々木 2005 など）。

(40) a.　odor+te → odorite（踊り手）
　　　　odor+te → odotte（踊って）
　　 b.　hasir+tai → hasiritai（走りたい）
　　　　hasir+ta → hasitta（走った）

(40) に示したように，子音語幹動詞に後続した要素の頭子音が同じでもその要素の文法的特徴によって音便が起こる場合と起こらない場合とがある。[22] これは，少なくとも音便が起こる場合は動詞から後続要素の情報が"見えている"と考えられる。

このような形態同士の情報の参照には線状的な隣接性 (adjacency) だけでなく，統語論における局所性が重要であるという研究が近年行われるようになってきた（田川 2009, Embick 2010 など）。もし (40) の差が形態同士の情報の参照の可否から説明できるのであれば，[23] 少なくとも「て」や「た」の場合には動詞語幹から TP や &P といった上位の機能範疇の要素の情報が参照できるように統語的に近い関係になければならない。

---

[21]　これは連用形名詞がいわゆる「語彙的」な性質を持つかどうかという問題とも密接に関係している (cf. 伊藤・杉岡 2002)。語形成の観点からも連用形名詞の性質についての研究を進めたい。

[22]　「追って」/「追っ手」,「取って」/「取っ手」のような例外も一部存在する。

[23]　しかし，起こらない場合については，後続要素の情報が見えていないから音便が起きないという可能性とともに，見えているが条件に合わないので音便が起きないという可能性もある。

この問題に関係してくるのが、子音語幹動詞の基体形の問題である。(15)において子音語幹動詞の「終止」「仮定」「命令」「意志」は母音語幹動詞の基体形に相当すると述べた。

(41) 壊す / 壊せば / 壊せ / 壊そう

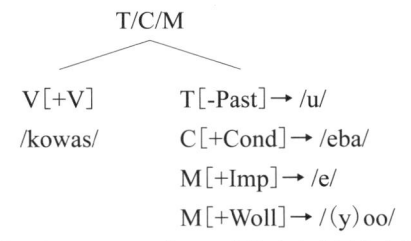

```
            T/C/M
          ┌───┴───┐
V[+V]      T[-Past]→ /u/
/kowas/    C[+Cond]→ /eba/
           M[+Imp]→ /e/
           M[+Woll]→ /(y)oo/
```

(41)を見るとわかるように、「終止」「仮定」「命令」の場合は語幹の末尾子音と後続要素の母音の組み合わせによって挿入音が必要ないような環境ができ上がっている。また、「意志」の場合は子音連続による削除が起こっていると考えられる。これはすなわち、動詞の方から後続要素の形態の情報が見えていなければならないということである。後続要素の音韻論的情報が参照できなければ、/i/ が挿入されi形が現れてもおかしくない。子音語幹動詞の基体形は母音語幹動詞の基体形とは異なり、「基体形のままでいてもよいかどうか」が決定されなければならないのであり、それは後続要素の情報を参照することによって可能になる。これはi形の規則がどのタイミングで適用されるのかという問題とも深く関係している。

　また、i形の /i/ については子音連続を避けるために挿入されると仮定されることがよくあるが、中止法や連用形名詞（による一語文）といった後続子音が無い場合にも現れることを考えると、その出現は(38)のような制約によるものであると考える方がよいであろう。そうすると、子音語幹動詞は最終的に子音で語が終わってしまい、i形が必要になるということをどのように決定しているのかという問題が生じる。これは上述の二つの問題とは少し種類が異なるが、やはり後ろにある要素の情報をどのように参照しているのかという問題としてまとめることができる。

　以上、音便形、子音語幹動詞の基体形、i形に共通する問題として形態同士（後続要素）の情報の参照可能性という観点があることを述べた。これはまだ若い理論である分散形態論においても比較的新しい研究領域であり、日本語の活用研究から記述・理論両面において大きな貢献ができる可能性があ

る。また，生成文法研究においてもいわゆる PF そのもののモデルの整備は統語部門の研究に比べてそれほど進んでいないように見受けられるが，統語部門における局所性と形態・音韻現象の関係は連濁など他の現象やテーマにも広く関わるものであり，PF の研究の推進や形態音韻論的現象の理論的分析にも新たな知見を提供できると思われる。

6. おわりに

本節では今後の課題と展望について簡単に述べる。

まず課題であるが，(1)で重要な指針であるとした「網羅性」については，i 形の分析についてのみある程度徹底できただけで，活用形・活用体系全体から見るとまだまだ追求していく必要がある。たとえば，(20)の規則にはいわゆる変格活用動詞についてのものが欠けている。「来る」「する」ともに子音語幹動詞だと仮定すると，(20)の規則に加えて次のような再調整規則（readjustment rule）を考えることができる。

(42) 「来る」：語幹 /k/
  a. /k/ → /ko/_Neg[+Neg], M[+Imp], /sase/, /rare/
  b. /k/ → /ku/_T[-Past], C[+Cond]

(43) 「する」：語幹 /s/
  a. /s/ → /se/_/yo/M[+Imp]
  b. /s/ → /su/_T[-Past], C[+Cond]

これらの規則はほとんど各形態の分布を記述したものと等しいが，このような個別の規則についても一つずつ整備していくことが全体的な網羅性を上げることにつながり，形式的な形態統語論的研究においては重要な作業である。2.1 で述べた「すべき」のような形態などについても同様である。また，このように明示的な規則の形に整備することによって新しく見えてくるものもあるであろう。

i 形が非該当形であるという分析は，その性格からしてその他の形態の出現についてもきちんと分析できていなければ完全には成り立たないものである。特に，(7)で見たように多くの文法環境を連用形とともにカバーしているいわゆる終止形の分布の分析をそれらの出現環境の統語分析とともに進める必要がある。これは連用形と同様，あるいはそれ以上に難しい課題かもしれないが，具体的な分析を積み上げたい。

また，分散形態論の枠組みにおいては，活用形に関する規則（20）はその他の形態規則，たとえばガ格に関する規則（Case[+Nom]↔/ga/）などと質的な差を仮定するわけではない。活用以外の統語‒形態のインターフェイスが問題となる日本語の諸現象へ分析対象を広げることによって活用研究もより深いものになっていくことが期待できるし，それらと整合性のある活用研究を追求しなければならない。

　以上，i形をケーススタディとして日本語の活用（形）に対する形式的な形態統語論的研究の方法論や分析を進めていく上での問題点・課題をできるだけ広く，また具体的に論じてきた。このような試みが活用研究，あるいは関連諸分野の研究を進めるだけでなく，いわゆる理論言語学的な研究といわゆる国語学・日本語学的な研究のより密接な交流のきっかけを提供することができれば幸いである。

謝辞

本稿は日本言語学会第134回大会公開シンポジウム（大阪大学，2011年11月）での発表を基にしている。シンポジウムおよびその前後に多くの方から貴重なコメントをいただいた。大変貴重な機会を与えてくださった仁田義雄氏・野田尚史氏・三原健一氏に厚くお礼を申し上げる。また西山國雄氏・佐々木冠氏・依田悠介氏・吉村大樹氏との議論からも多くの示唆を得た。記して感謝したい。本稿における不備や誤りは全て筆者の責任である。

引用文献

Arad, Maya (2003) Locality constraints on the interpretation of roots: The case of Hebrew denominal verbs. *Natural Language & Linguistic Theory* 21, pp. 737–778.

戸次大介 (2010)『日本語文法の形式理論——活用体系・統語構造・意味合成——』くろしお出版.

Davis, Stuart and Natsuko Tsujimura (1991) An autosegmental account of Japanese verbal conjugation. *Journal of Japanese Linguistics* 13, pp. 117–144.

Embick, David (2008) Variation and morphosyntactic theory: Competition fractionated. *Language and Linguistics Compass* 2-1, pp. 59–78.

Embick, David (2010) *Localism versus globalism in morphology and phonology*. Cambridge, MA: MIT Press.

Embick, David and Rolf Noyer (2001) Movement operations after syntax. *Linguistic Inquiry* 32, pp. 555–595.

Embick, David and Rolf Noyer (2007) Distributed Morphology and the syntax/

morphology interface. In Gillian Ramchand and Charles Reiss (eds.) *The Oxford handbook of linguistic interfaces*. pp. 289–324. Oxford: Oxford University Press.

Halle, Morris (1997) Distributed Morphology: Impoverishment and fission. *MIT Working Paper in Linguistics* 30, pp. 425–449.

Halle, Morris and Alec Marantz (1993) Distributed Morphology and the pieces of inflection. In Ken Hale and Samuel Jay Keyser (eds.) *The view from building 20: Essays in linguistics in honor of Sylvan Bromberger*. pp. 111–176. Cambridge, MA: MIT Press.

Halle, Morris and Alec Marantz (1994) Some key features of Distributed Morphology. *MIT Working Paper in Linguistics* 21, pp. 275–288.

Harley, Heidi and Rolf Noyer (1999) Distributed Morphology. *Glot International* 4-4, pp. 3–9.

Hirata, Ichiro (2006) Predicate coordination and clause structure in Japanese. *The Linguistic Review* 23, pp. 69–96.

Ito, Junko and Armin Mester (2003) *Japanese morphophonemics*. Cambridge, MA: MIT Press.

伊藤たかね・杉岡洋子 (2002)『語の仕組みと語形成』研究社.

影山太郎 (1993)『文法と語形成』ひつじ書房.

小柳智一 (2010)「未然形の向こう側」『福岡大学研究部論集 A 人文科学編』10-7, pp. 253–260.

Marantz, Alec (1997) No escape from syntax: Don't try a morphological analysis in the privacy of your own lexicon. *UPenn Working Paper in Linguistics* 4-2, pp. 201–225.

松本克己 (1995)『古代日本語母音論――上代特殊仮名遣の再解釈――』ひつじ書房.

三原健一 (1997)「連用形の時制指定について」『日本語科学』1, pp. 25–36, 国立国語研究所.

三原健一 (2011)「活用形と句構造」『日本語文法』11-1, pp. 71–87.

三原健一 (2012)「活用形から見る日本語の条件節」三原健一・仁田義雄 (編)『活用論の前線』pp. 115–151, くろしお出版.

三上章 (1953)『現代語法序説』刀江書院.

森田順也 (2005)「派生名詞表現の分析――分散形態論的見方――」大石強他 (編)『現代形態論の潮流』pp. 35–54, くろしお出版.

村木新次郎 (2002)「連用形の範囲とその問題点」『国文学解釈と鑑賞』67-1, pp. 135–139.

Nishiyama, Kunio (1999) Adjectives and the copulas in Japanese. *Journal of East Asian Linguistics* 8, pp. 183–222.

西山國雄 (2012)「活用形の形態論, 統語論, 音韻論, 通時」三原健一・仁田義雄 (編)『活用論の前線』pp. 153–189, くろしお出版.

西山國雄 (未公刊)「屈折形態論」漆原朗子 (編)『朝倉日英対照言語学シリーズ・形態論』朝倉書店.

奥津敬一郎（1996）「第1章 "せしめたしるこ"――学校文法活用論批判――」『拾遺 日本文法論』pp. 9–21，ひつじ書房．
Poser, William J. (1984) *The phonetic and phonology of tone and intonation in Japanese*. Ph.D. dissertation, MIT.
佐々木冠（2005）「日本語動詞形態論における韻律的単一性」『第130回日本言語学会予稿集』pp. 152–157．
佐々木冠（2012）「未然形は存在しないのか」原口庄輔（編）『科学研究費補助金 基盤研究（A）「自律調和的視点から見た音韻類型のモデル」研究成果報告書 第1部』pp. 59–76，明海大学．
澤西稔子（2003）「動詞・連用形の性質」『日本語・日本文化』29，pp. 47–66．
Stump, Gregory (2001) *Inflectional morphology: A theory of paradigm structure*. Cambridge: Cambridge University Press.
鈴木重幸（1972）『日本語文法・形態論』むぎ書房．
田川拓海（2009）「分散形態論による動詞の活用と語形成の研究」筑波大学博士論文．
内丸裕佳子（2006）「形態と統語構造の相関――テ形節の統語構造を中心に――」筑波大学博士論文．
Urushibara, Saeko (1993) *Syntactic categories and extended projections in Japanese*. Ph.D. dissertation, Brandeis University.
Volpe, Mark (2005) *Japanese morphology and its theoretical consequences: Derivational morphology in Distributed Morphology*. Ph.D. dissertation, Stony Brook University.
吉村大樹（2011）「Word Grammarによる動詞活用へのネットワーク的アプローチ――現代日本語における動詞連用形の形態統語論的分析――」『大阪大学世界言語研究センター論集』6，pp. 85–111．

執筆者一覧

仁田義雄（にった・よしお）　　　　大阪大学名誉教授

益岡隆志（ますおか・たかし）　　　神戸市外国語大学教授・
　　　　　　　　　　　　　　　　　国立国語研究所客員教授

野田尚史（のだ・ひさし）　　　　　国立国語研究所教授

吉永　尚（よしなが・なお）　　　　園田学園女子大学准教授

三原健一（みはら・けんいち）　　　大阪大学大学院教授

西山國雄（にしやま・くにお）　　　茨城大学教授

田川拓海（たがわ・たくみ）　　　　筑波大学助教

（論文掲載順）

<ruby>活用論<rt>かつようろん</rt></ruby>の<ruby>前線<rt>ぜんせん</rt></ruby>

発　行	2012 年 11 月 15 日　　第 1 刷発行
編　者	三原健一・仁田義雄
装　丁	工藤亜矢子
発行所	株式会社　くろしお出版
	〒 113-0033　東京都文京区本郷 3-21-10
	TEL: 03-5684-3389　FAX: 03-5684-4762
	URL: http://www.9640.jp　e-mail: kurosio@9640.jp
印刷所	シナノ書籍印刷株式会社

©MIHARA Ken-ichi, NITTA Yoshio 2012　Printed in Japan
ISBN 978-4-87424-571-2　C3081
● 乱丁・落丁はおとりかえいたします。本書の無断転載・複製を禁じます。